内蒙古科技大学创新基金项目（2016YQW01）资助

资源型地区创新驱动发展研究

刘那日苏 ◎ 著

Research on Innovation-driven Development in Resource-based Regions

图书在版编目（CIP）数据

资源型地区创新驱动发展研究／刘那日苏著. —北京：经济管理出版社，2019.4
ISBN 978-7-5096-6532-9

Ⅰ.①资… Ⅱ.①刘… Ⅲ.①资源产业—区域经济发展—研究—中国 Ⅳ.①F127

中国版本图书馆 CIP 数据核字（2019）第 071194 号

组稿编辑：丁慧敏
责任编辑：丁慧敏　韩　峰
责任印制：黄章平
责任校对：张晓燕

出版发行：经济管理出版社
　　　　　（北京市海淀区北蜂窝 8 号中雅大厦 A 座 11 层　100038）
网　　址：www.E-mp.com.cn
电　　话：(010) 51915602
印　　刷：三河市延风印装有限公司
经　　销：新华书店
开　　本：720mm×1000mm/16
印　　张：14.75
字　　数：234 千字
版　　次：2019 年 5 月第 1 版　2019 年 5 月第 1 次印刷
书　　号：ISBN 978-7-5096-6532-9
定　　价：59.00 元

·版权所有　翻印必究·

凡购本社图书，如有印装错误，由本社读者服务部负责调换。
联系地址：北京阜外月坛北小街 2 号
电话：(010) 68022974　邮编：100836

前言

当前,科技创新更加广泛地影响着经济社会发展和人民生活水平。党中央已做出实施创新驱动发展的战略部署,一直以来主要依靠天然资源发展起来的广大资源型地区如何理解和实施创新驱动发展战略,是一个崭新的课题,必须进行认真扎实的研究。本书试图围绕我国资源型地区创新驱动转型这一关键问题,采用规范与实证相结合的研究方法,从国家创新驱动发展战略入手,深入分析资源型地区创新驱动发展的现实基础及面临的障碍,试图探索资源型地区实现创新驱动发展的路径和政策支持。

资源型地区在我国区域发展战略中具有特殊地位,是重要的区域经济决策板块。我国资源型地区(或城市)具有数量多、分布广的特点。因此,我国资源型地区的创新驱动转型对于加快转变经济发展方式、维护国家能源安全、全面建成小康社会有着极其重要的意义,同时也是促进区域协调发展、统筹推进新型工业化和新型城镇化、维护社会和谐稳定、建设生态文明的重要任务,也就是说,资源型地区的创新发展无论对资源型城市本身,还是对国家可持续发展,都具有重要的理论和现实意义。

我国资源型地区的创新转型面临着诸多困难和急需破解的关键难题,相较于其他地区,既有宏观方面的共性问题,也存在自身特殊的短板问题;既有认识上的分歧,也存在创新资源不足的短板;既有体制机制上的问题,也有人才的保有量和匹配度不够等问题。

资源型地区的创新转型是其经济社会发展方式的长期转变过程,需要资源、资本、劳动、技术等要素创新的支撑,以及体制机制改革的保障。在我国资源型地区创新转型过程中,应以习近平新时代中国特色社会主义思想为指导，必须把创新摆在发展全局的核心位置，不断推进理论创新、制度创新、科技创新、文化创新等各方面创新，让创新在全社会蔚然成风。坚定不移地把改革创新精神贯彻到转型的各个环节，以解放思想、转变观念为先导，以发展目标创新为方向，以供给侧结构性改革为主线，以科技创新为动力，以体制机制创新为保障，通过不断完善各项政策制度，推动资源型地区经济发展从资源依赖型向创新驱动型转变。

目录

第一章 导论 ……………………………………………………… 1

第一节 选题背景和意义 ……………………………………… 3
一、选题背景 ……………………………………………… 4
二、研究意义 ……………………………………………… 6

第二节 研究思路、方法与内容 ……………………………… 8
一、基本思路 ……………………………………………… 8
二、研究方法 ……………………………………………… 9
三、研究内容 ……………………………………………… 10

第三节 我国创新驱动发展战略 ……………………………… 12
一、创新驱动发展战略的提出 …………………………… 12
二、实施创新驱动发展战略的必要性 …………………… 14

第二章 理论回顾与文献述评 …………………………………… 23

第一节 自然资源与资源型地区 ……………………………… 25
一、资源与自然资源 ……………………………………… 25
二、资源型地区（城市）…………………………………… 28

第二节 创新理论及其演进 …………………………………… 41
一、创新内涵 ……………………………………………… 41
二、创新过程 ……………………………………………… 43

第三节 创新驱动发展理论与研究综述 ……………………… 47
一、创新驱动发展理论 …………………………………… 48
二、资源型地区创新驱动发展研究 ……………………… 52

第四节 区域创新研究综述 …………………………………… 54
一、政府支持与企业创新 ………………………………… 54
二、协同创新与时空关联 ………………………………… 59

第五节 "资源诅咒"假说研究综述 ································· 63
　　一、"资源诅咒"的实证验证 ································· 65
　　二、"资源诅咒"的机理解释 ································· 72
　　三、"资源诅咒"的规避和治理 ······························· 81

第三章　创新驱动发展国际经验借鉴 ································· 85

第一节 日本创新驱动发展模式 ·· 87
　　一、日本创新驱动发展的演进历程 ···························· 90
　　二、日本创新驱动发展的特点 ································ 92
第二节 美国创新驱动发展路径与特征 ································ 97
　　一、美国创新驱动发展的演变历程 ···························· 98
　　二、美国创新驱动的特征 ··································· 102
第三节 国外资源型地区创新转型的经验借鉴 ························ 105
　　一、日本九州 ··· 105
　　二、德国鲁尔 ··· 109
第四节 世界主要国家和地区创新驱动发展的经验启示 ················ 112
　　一、创新驱动发展需要政府科学引导 ························· 112
　　二、顶层设计与任务落实是实现创新驱动发展的关键 ··········· 113
　　三、完善的制度框架是创新驱动发展的重要保障 ··············· 113
　　四、构筑多元化的 R&D 投入体系 ····························· 115
　　五、培育创新文化是创新驱动的根基 ························· 116
　　六、充分发挥企业和企业家在创新驱动发展中的核心作用 ······· 116
　　七、创新驱动发展要重视人才培养，改善人力资本 ············· 117
　　八、创新主体相互协同，创新要素形成合力 ··················· 117

第四章　我国资源依赖的空间分布与地区差异 ······················· 119

第一节 资源产业依赖的空间分布特征及其演变趋势 ·················· 121
　　一、研究方法与数据描述 ··································· 122
　　二、中国资源产业依赖的地区差异及分解 ····················· 125

三、资源产业依赖的分布动态演进分析 …………………… 129
第二节　资源产业依赖效应的地区差异及其机制解释 …………… 134
　　一、计量模型、变量说明与数据描述 …………………… 137
　　二、假说检验及讨论 …………………………………… 141

第五章　中国区域创新的空间关联网络结构 ………………… 147

第一节　方法与数据 ……………………………………………… 151
　　一、区域创新空间关联网络的构造 ……………………… 151
　　二、网络结构特征刻画方法 ……………………………… 151
　　三、样本数据与指标选取 ………………………………… 152
第二节　中国区域创新空间关联的网络结构特征 ………………… 152
　　一、网络总体结构特征 …………………………………… 152
　　二、网络个体结构特征分析 ……………………………… 154
　　三、空间聚类分析 ………………………………………… 156
第三节　中国区域创新空间关联网络的动态变化 ………………… 159
　　一、网络动态密度分析 …………………………………… 159
　　二、动态网络空间聚类分析 ……………………………… 160
　　三、时滞网络内部个体分析 ……………………………… 162

第六章　我国资源型地区创新驱动发展面临的困境 ………… 165

第一节　资源依赖型发展路径仍未破解 …………………………… 167
　　一、资源依赖型发展模式仍占主导 ……………………… 168
　　二、生产要素向资源部门过度集中 ……………………… 173
第二节　科技基础薄弱与外部溢出依赖 …………………………… 177
　　一、科技基础薄弱 ………………………………………… 177
　　二、外部创新依赖 ………………………………………… 178
第三节　思想观念固化与创新动力缺乏 …………………………… 180
第四节　科技人才短缺与 R&D 投入不足 ………………………… 181
第五节　体制机制不完善与制度变迁滞后 ………………………… 186

第七章 促进我国资源型地区创新驱动发展的对策 ······ 189

第一节 摆脱资源依赖的对策 ······ 192
一、转变思维定势,明确发展目标 ······ 192
二、探索实施资源产业退出机制,孕育壮大接续替代产业 ······ 195
三、调控矿业收益,促进产业多样化 ······ 197

第二节 培育创新理念的对策 ······ 198
一、积极塑造创新文化 ······ 198
二、培育创新友好的社会环境 ······ 200

第三节 改善创新投入不足的对策 ······ 200
一、壮大创新主体,引领创新发展 ······ 200
二、加大创新投入,筑牢创新根基 ······ 201
三、充分利用国内外的创新资源 ······ 203

第四节 完善创新驱动体制机制的对策 ······ 204
一、建立和完善创新驱动发展的顶层设计 ······ 205
二、依法行政为创新驱动提供优质服务 ······ 206
三、加强"政产学研用"协同创新,着力构建区域创新体系 ······ 207

参考文献 ······ 208

后记 ······ 225

第一章

导 论

党的十八大以来，党中央、国务院对加快国家创新体系建设作出全面部署，提出和实施了创新驱动发展战略，强调把创新摆在国家发展全局的核心位置，将其作为国家和民族向前发展的重要力量。① 党中央做出创新驱动发展战略的重大决策：一是我国传统发展模式难以为继，如经济结构单一、低端产能过剩，已成为我国经济运行中的突出矛盾和问题的根源。二是我国经济发展大量消耗不可再生资源，带来环境污染严重、高新技术产业和现代服务业滞后等诸多问题。三是我国自主创新能力较弱，企业核心竞争力不强，对外技术依存度很高，出口的仍然是劳动和资源密集型的低附加值产品。

当前，人类社会已步入科技创新不断涌现的重要时期，科学技术作为第一生产力的作用日趋凸显。近年来，主要国家竞相抢占未来发展的战略制高点，全球科技竞争日趋激烈。创新驱动发展战略代表着当代世界发展的趋势，它自英国工业革命以来一直不停地强化。② 全球新一轮科技革命与中国特色社会主义进入新时代和我国经济由高速增长阶段转向高质量发展阶段形成历史性交汇，我们面临的最大机遇是依靠科技创新实现赶超的机遇，我们面临的最大挑战是创新能力和体制机制能不能适应新时代要求的挑战。创新驱动不同于传统意义上的劳动力、土地和资本对经济增长的驱动，本质是创新成为国民财富增长的主要源泉，发展动力主要依靠全社会持续的知识积累、技术进步和劳动力素质提升。

第一节

选题背景和意义

随着中国经济持续高速增长，我国资源型地区也获得了长足发展，发展

---

① 习近平. 在中国科学院第十七次院士大会、中国工程院第十二次院士大会上的讲话 [N]. 人民日报, 2014-06-10.
② 潘恩荣. 创新驱动发展与资本逻辑 [M]. 杭州：浙江大学出版社, 2016.

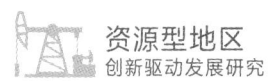

绩效令人瞩目。但是，长期过度依赖投资和资源的粗放增长模式所积累的矛盾日益凸显，这些深层矛盾已成为资源型地区经济持续稳定增长的"瓶颈"。而我国改革开放40年取得的巨大成就和世界发达国家的发展历程均充分证明，技术进步是经济社会长期稳定繁荣的核心动力，是实现国民财富的积累和提高人民生活水平的根本途径。因此，对于我国资源型地区来讲，从基于廉价劳动力、高资源依赖、高投资率的粗放发展方式转向基于技术进步和资源充分利用的集约发展方式，是实现区域经济可持续发展的关键路径，也就是说，要重构经济增长动力机制，实现经济增长由粗放型向集约型转变是保持经济长期稳定增长的必然选择。那么，我国资源型地区或资源型产业怎样才能更好地吸引创新资源和推动创新？这些问题值得政府和学者深入思考和探究。

一、选题背景

（一）资源型地区是我国重要的区域经济板块

1949年以来，我国许多地区依托丰富的煤炭、石油、天然气、稀土、有色金属等自然资源，发展形成了许多资源型城市，并成为我国重要的能源资源战略保障基地，为建立我国独立完整的工业体系、促进国民经济持续健康发展做出了巨大贡献。但是，随着矿产资源的大规模开发利用，绝大多数资源型地区相继出现资源枯竭、环境污染、区域衰退、经济波动、产业结构单一、收入差距扩大、发展活力下降、失业和贫困人口增多等诸多经济和社会矛盾，因而这类地区的经济转型逐渐成为政府、社会和学者们高度关注的热点问题。

21世纪初以来，中央和各级政府高度重视资源型城市尤其是资源枯竭型城市的发展转型问题，加大支持力度，先后出台了许多措施和优惠政策，政策体系和工作机制逐步完善。例如，2001年12月，国务院将辽宁省阜新市确定为全国第一个资源型城市经济转型试点，拉开了资源型城市转型的序幕，在相关政策方面对阜新市经济转型进行大力支持，经过多年的努力，取得了明显成效。从2005年开始，大庆、伊春、辽源和白山市也被入选为转型试点城市，各试点城市都编制了转型方案，有序开展后续工作。2007年国务院常务会部署促进资源型城市可持续发展工作。2006年我国《国民经济和社会发展第十一个五年规划纲要》中强调指出要建立资源开发补偿机制和衰退产业援助机制，抓好阜新、大庆、伊春和辽源等资源枯竭型城市经济转型试点，搞好棚户区改造和采煤沉陷区治理。2007年党的十七大报告和《国务院关于促进资源型城市可持续发展的若干意见》提出要积极推进资源枯竭地区实现经济转型，建立健全资源型城市可持续发展长效机制，使资源型城市经济社会步入可持续发展轨道。2013年国务院印发《全国资源型城市可持续发展规划（2013～2020年）》，强调统筹协调与分类指导，明确不同类型城市的发展方向和重点任务，引导各类城市探索各具特色的发展模式。2017年10月党的十九大报告强调，要坚定实施创新驱动发展战略，支持资源型地区经济转型发展，加快建设创新型国家，最大限度解放和激发科技蕴藏的巨大潜能。

（二）从资源依赖转向创新驱动是必然选择

资源型地区是以本地区矿产、森林等自然资源开采、加工为主导产业的区域。在自然资源、人力资源、创新资源中，资源型地区最为典型的是以自然资源主导的经济增长模式。随着经济发展外部需求环境和内在支撑条件的变化，以消耗自然资源为特征的粗放型发展模式已不具备比较优势。① 相应地，自然资源依赖型发展模式带来的资源枯竭与区域衰退、反工业化与产业结构单一、内生动力不足与市场活力不充分、"荷兰病"、水资源缺乏、耕地（草场）退化、寻租腐败等资源诅咒现象日渐凸显。此外，进入21世纪以来，资源价格波动、再生能源对石化能源的逐步替代等问题，进一步加剧并激发了资源型经济体的危机和矛盾。②

长期以来，资源型地区的欠发达地区、能源基地、老工业基地等特殊定位导致思维固化，使得资源依赖型增长模式向创新驱动转变的难度非常大。例如，内蒙古2013年全区投资总额达1.55万亿元，投资与地区生产总值的比例接近持平，充分表明内蒙古的经济发展仍然处于要素与投资并重的阶段。

---

① 杨臣华.资源型地区创新驱动引领质量效益提高的路径选择［J］.中国发展观察，2017（24）.
② 张复明.破解"资源诅咒"：矿业收益、要素配置与社会福利［M］.北京：商务印书馆，2016.

还有,资源型地区受资源收益影响,接受教育的意愿普遍较低,再加上基础科研条件和科研投入不足,人才流失非常严重(Gylfason[①]、Blanco and Grier[②]、邵帅和杨莉莉[③])。以内蒙古为例,2015年全区R&D人员全时当量(科技人力投入)居全国第20位,仅是江苏、广东等发达省份的6.6%和7.1%。

当前,我国经济进入新常态,国家实施创新驱动发展战略,是一个大发展大调整大变革时期,各地区纷纷把深度开发人力资源、实现创新驱动发展作为战略选择。创新驱动是转变经济发展方式的客观要求,也是资源型经济转型的必然选择,是实现区域经济可持续发展的重要途径。作为我国重要的增长极,资源型地区应更加积极主动地适应创新驱动战略,提升发展质量和科技实力,不断优化产业结构,促进工业化、信息化、城镇化、农业现代化同步发展,使自身资源优势切实转化为经济优势。只有通过技术创新推动产业升级和转型,才能逐渐摆脱过度资源依赖,实现经济发展模式的根本性转变。

目前,我国资源型地区科技发展和创新驱动还存在一些制约因素,如创新需求尚未得到充分释放、基础前沿研究不够厚实、先进技术供给及深度应用不足、创新人才队伍缺乏、创新激励政策环境不完善等。换言之,既有宏观方面的共性问题,也存在自身的特殊短板问题;既有认识上分歧,也存在创新能力不足的问题;既有科技人才不足的难题,也存在体制机制上的问题。

在科学技术突飞猛进的时代背景下,摆脱资源依赖型发展模式,提升高端科技实力,顺利实现创新发展转型,培育高质量、高效率、"青山绿水"式可持续发展新动力,开辟优势充分释放的发展新路子是资源型地区主动适应经济新常态的必然选择。

二、研究意义

我国资源型地区创新驱动转型是资源型区域经济发展中的战略性调整,

---

① Gylfason T. Nature, Power and Growth [J]. Scottish Journal of Political Economy, 2001, 48 (5).
② Blanco L, Grier R. Natural resource dependence and the accumulation of physical and human capital in Latin America [J]. Resources Policy, 2012, 37 (3).
③ 邵帅,杨莉莉. 自然资源丰裕、资源产业依赖与中国区域经济增长 [J]. 管理世界, 2010 (9).

是一项复杂的系统工程。本书可以说是基于我国实施创新驱动发展战略背景，识别和破解我国资源型地区创新驱动转型面临的难题的需要。因此，就资源型地区创新驱动发展问题进行理论与实证相结合的研究，既是对我国创新驱动发展战略的理论拓展，又可以为我国资源型地区的创新驱动发展提供现实指导。

（一）理论意义

本书通过剖析国家创新驱动发展战略与资源型地区现实条件之间的冲突，力图找到资源型地区实现创新驱动转型路径，为当代中国资源型地区的创新实践提供理论支持。

首先，从资源型地区特殊的区域特征出发，建立适用于资源型地区创新驱动发展的理论分析框架，通过分析资源型地区创新驱动发展面临的现实难题及其成因，探索其破解机制和突破路径，厘清能源开发与创新转型中存在的问题，揭示资源型地区创新驱动转型的特质和规律，以期丰富资源经济学、区域经济学、区域可持续发展理论，并给资源型地区创新驱动发展提供一定的理论指导。

其次，资源型经济转型是20世纪末以来发展兴起的一个热点研究问题，虽然其发展之迅疾超出想象与预期，也涌现出了大量富有价值的文献和研究成果。但总体看来，现有文献基本集中在创新驱动路径、转型能力测度、转型对策等方面，而从创新活动空间溢出的角度探讨创新驱动转型的文献凤毛麟角。区别于以往规范研究，本书所提供的区域创新空间关联网络结构及其分析方法能够更加科学清晰地揭示资源型地区创新活动在我国整体创新网络中的地位及其作用，可以为后续研究提供研究方法上的借鉴。

（二）现实意义

我国经济已进入从高速增长向高质量发展、从传统经济向现代经济过渡的转型升级新阶段。提高资源型地区经济发展质量和效益，其重点在于减少对传统发展路径的依赖，转变传统习惯思维定式，切实转变发展方式，优化经济结构，其难点在于转换增长动力，培育发展创新驱动能力，加快推动新旧动能转换接续。

（1）为资源型地区创新驱动转型提供现实依据。本书中，我们大量借鉴其他国家和地区创新驱动转型的成功经验和失败教训，探索适合我国资源型地区实际的创新发展路径和政策保障机制。这对于我国创新驱动发展战略的顺利实施，实现全面建成小康社会目标以及提高资源型区域经济发展质量，促进区域协调可持续发展具有重要的实际意义。

（2）为平衡地区间差距过大，推动区域间协调发展提供决策依据。我国正处于经济体制和社会改革的关键时期，缩小地区差距，实现区域协调均衡发展是当前亟待解决的重要经济和社会问题。由于受到过去国家宏观政策倾斜等外部因素的影响，东部沿海地区率先发展，而广阔的中西部地区依然落后。虽然党中央国务院从20世纪末开始实施一系列区域发展战略，例如，西部大开发、振兴东北地区等老工业基地、大力促进中部地区崛起、积极支持东部地区率先发展、实施主体功能区战略等区域发展总体战略，但是目前我国区域发展不协调的问题依然客观存在。中西部地区地域辽阔，资源富集，如何充分发挥资源优势，顺利实现创新转型，成功避免"资源诅咒"，依托资源与科技振兴经济，加快区域发展步伐，无疑是实现我国区域经济均衡协调发展目标的一项重要内容。

第二节 研究思路、方法与内容

一、基本思路

本书立足于我国资源型地区实际，从创新驱动转型面临的难题与解决途径入手，首先梳理创新驱动发展的理论脉络，以及对国内外资源型经济发展转型问题的研究成果进行系统梳理和比较分析，为阐释我国资源型地区创新转型发展问题提供有益的理论借鉴。

其次，对国内外创新驱动发展典型案例进行比较分析，借鉴其他国家和地区创新驱动发展的经验，深入分析资源型地区创新转型面临的新问题、新挑战。

最后，基于前文分析，探索资源型地区创新驱动转型障碍的破除机制和提高经济发展质量效益的突破路径。

二、研究方法

（一）文献研究法

根据本书的目的，收集并归纳和总结了创新驱动发展、资源型区域可持续发展以及资源诅咒方面的相关文献和研究成果，注重对现有研究成果的分析与借鉴，掌握本书命题的研究现状及研究缺陷，为理论分析奠定基础。此外，系统研究和学习与自然资源开发、区域经济发展相关的发展经济学理论、资源环境经济学理论、经济增长理论和创新系统理论以及近年来出台的相关政策法规文件，为资源型地区创新驱动发展研究奠定理论基础。

（二）定性分析与定量分析相结合的方法

任何事物的发展过程都是量变和质变的有机统一，是不可分割的。定性分析是通过运用经验归纳和逻辑演绎、抽象与概括等方法，对获得的信息材料进行综合分析和思维加工，从而达到认识事物本质和揭示事物发展的内在规律。定量分析则是主要利用统计数据和数学工具来分析计算研究对象的各项量化指标，进而揭示事物发展的程度和水平。定量分析与定性分析应该是有机统一和相互补充的，各自有不同的属性和逻辑，只有将二者有机地结合起来才能正确认识事物发展的规律性，才能得到更具说服力的研究结论。采用定性分析和定量分析相结合的方法，并结合经济学、管理学相关理论进行经验判断和逻辑推演。

（三）规范分析与实证分析相结合的方法

本书主要运用经济学基本理论与方法，融合传统经济学理论与区域创新

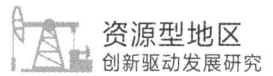

系统论，试图通过理论推理揭示创新驱动发展的内涵与特征，然后再结合统计数据和构建计量模型等实证分析方法来检验创新驱动的空间溢出时滞特征及其影响因素，进而阐释资源型地区创新驱动发展的内在规律。采用规范分析与实证分析相结合的研究方法，尽可能避免脱离实际状况的主观推论，使研究结论更科学、合理。

（四）系统研究与区域研究相结合

区域创新驱动发展是一项复杂的系统工程。它涉及的因素众多、系统内外关系错综复杂。资源型地区创新驱动转型发展会受到众多复杂且关联密切的社会经济因素的影响。本书在分析具体问题时注重整体和局部分析相结合，采取微观分析和宏观分析相结合，从多角度研究问题的本质内涵及其关联。本书分析资源型区域创新驱动转型发展面临的困境时，力图系统把握社会经济发展条件影响。

（五）国内研究和国外研究相结合的方法

立足我国资源型地区的经济发展实际，我们深入学习和借鉴国外创新驱动发展的实践经验和学术成果。相对于国内而言，国外发达国家及一些资源富集地区经济社会发展走过的道路，包括遇到的困难与积累的经验，更值得我们分析和研究。

（六）其他常规研究方法

除了上述主要研究方法，个案研究法、静态分析与动态分析相结合、描述性研究法、比较分析法、图形分析等方法在本书均有一定程度的运用。

三、研究内容

本书基于我国实施创新驱动发展战略背景下，在前人研究的基础上就我国资源型地区创新驱动发展问题进行了专题研究。全文共分为七章，各章节的研究内容安排如下：

第一章，导论。主要介绍研究背景和意义、研究内容和研究方法以及我国创新驱动发展战略的提出与实施的必要性。

第二章，理论回顾与文献述评。先梳理自然资源与资源型地区的相关理论概念与具体划分，介绍创新理论及其演进过程。再围绕创新驱动发展的内涵、特征、条件，回顾了创新驱动发展理论。之后梳理了学术界对创新驱动发展和资源型地区面临的"资源诅咒"难题开展的现有研究成果，分析其研究的可借鉴之处和局限性，以明晰本书的逻辑起点和理论基础，并提出本书需要开展的创新性工作和需要解决的问题。

第三章，创新驱动发展国际经验借鉴。本章先介绍了日本、美国创新驱动发展的演变历程和特征，然后以日本九州地区和德国鲁尔地区作为资源型地区创新转型的典型案例进行经验分析，最后重点分析和阐释了上述主要国家和地区实现创新驱动转型的经验启示。

第四章，我国资源依赖的空间分布与地区差异。本章先利用中国省际面板数据样本，以采矿业固定资产投资占全社会固定资产投资的比重对资源产业依赖度予以度量，采用基尼系数分解方法来考察中国资源产业依赖的地区差异及其来源问题。依据 Dagum（1997）提出的基尼系数及其按子群分解方法，我们将总体地区差异分解为地区内差异、地区间净值差异和超变密度三个部分，进而有效刻画地区差异的来源。在此基础上，利用 Kernel 核密度估计方法，进一步分析资源产业依赖地区差异的分布动态演进过程，详细考察其分布形态和延展性等特征。再针对资源依赖效应的地区差异进行了实证考察。对于中国资源产业依赖的空间分布格局及其动态演进过程的准确测度以及资源依赖效应地区差异的经验考察，不仅有助于揭示资源型地区过度依赖资源产业的现实情况，更有助于揭示资源型地区普遍面临资源诅咒难题、创新驱动能力薄弱的根源，也能为采取措施降低资源依赖强化创新转型提供现实依据。

第五章，中国区域创新的空间关联网络结构。本章基于关系数据与网络视角，利用中国省际数据样本，借助 VAR 模型框架下格兰杰因果关系检验确定区域创新的空间关联关系，在此基础上着重运用网络分析法探讨区域创新的空间关联网络结构特征及其动态变化。旨在揭示省际创新关联的整体特征以及各区域在关联网络中的功能特征，以此考察我国资源富集的中西部省份在全国创新网络中的地位及其主要的创新来源。

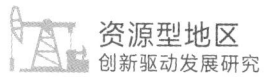

第六章，我国资源型地区创新驱动发展面临的困境。我国资源型地区实现创新驱动发展面临诸多难题。本章充分分析和采纳吸收现有文献研究成果，并结合实际调查资料，主要从资源依赖型发展模式、创新发展理念认识、科技创新基础、外部创新依赖以及创新的体制机制方面，就我国资源型地区实现创新驱动发展所面临的现实难题进行了较为全面的剖析。

第七章，促进我国资源型地区创新驱动发展的对策。本章重点依据前几章中得出的主要问题，提出破解我国资源型地区创新发展困境的政策机制和实现路径。在我国资源型地区创新驱动转型过程中，应以习近平新时代中国特色社会主义思想为指导，坚定不移地把改革创新精神贯彻到创新转型的各个环节，以摆脱资源依赖为根本方向，以解放思想、转变观念为先导，以改造升级传统资源产业和培育发展新兴产业的产业多样化发展为主线，以加大创新投入和聚集创新人才为保障，以体制机制创新为动力，通过不断完善各项政策制度，推动资源型地区经济发展从资源依赖型向创新驱动转变。

第三节

我国创新驱动发展战略

一、创新驱动发展战略的提出

在5000多年文明发展进程中，中华民族创造了高度发达的文明，我们的祖先发明了造纸术、火药、印刷术、指南针，在天文、算学、医学、农学等多个领域创造了累累硕果，为世界贡献了无数项科技创新成果，对世界文明进步贡献巨大。1949年特别是改革开放以来，我国社会主义现代化建设取得了举世瞩目的伟大成就。党中央高度重视科技事业，团结带领广大科技工作者和全国各族人民自力更生、艰苦奋斗，建立起全面、独立的科研体系，形成了规模宏大的科学技术队伍，取得了一个又一个举世瞩目的科技成就。"两弹一星"、多复变函数论、高温超导、中微子物理、量子反常霍尔效应、纳米科技、干细胞研究、人类基因组测序等基础科学突破，超级杂交水稻、汉字激光照排、高性能计算机、三峡工程、载人航天、探月工程、移动通信、量子通讯、北斗导航、载人深潜、高速铁路、航空母舰等工程技术成果，为我国经济社会发展提供了坚强支撑，为国防安全做出了历史性贡献，也为我国成为一个有世界影响的大国奠定了重要基础。

与此同时，我们也清楚地看到，在我国经济快速发展过程中也衍生出过度依赖能源资源消耗、环境污染、经济结构不合理、高技术产业和现代服务业发展滞后、自主创新能力弱、企业核心竞争力不强、经济效益低、增长方式粗放等诸多问题。进入发展新阶段，我国在国际上的低成本优势逐渐消失。而与低成本优势相比，技术创新具有不易模仿、附加值高等突出特点，由此建立的创新优势持续时间长、竞争力强。我们比以往任何时候都更加需要紧紧依靠科技进步和创新，带动生产力质的飞跃，推动经济社会的全面、协调、可持续发展。实施创新驱动发展战略，加快实现由低成本优势向创新优势转换，可以为我国持续发展提供强大动力。

当前，新科技革命迅猛发展，正孕育着新的重大突破，将深刻改变经济和社会的面貌。纵观全球，许多国家都把强化科技创新作为国家战略，把科技投资作为战略性投资，大幅度增加科技投入，并超前部署和发展前沿技术及战略产业，实施重大科技计划，着力增强国家创新能力和国际竞争力。面对国际新形势，我们必须更加坚定地把科技进步作为经济社会发展的首要推动力量，把提高自主创新能力作为调整经济结构、转变发展方式、提高国家竞争力的中心环节，把建设创新型国家作为面向未来的重大战略选择。

为此，党的十八大明确提出要坚定不移地走有中国特色的自主创新道路，实施创新驱动发展战略，推动大众创业、万众创新，打造发展新引擎。2014年6月9日，习近平总书记在中国科学院第十七次院士大会、中国工程院第十二次院士大会上的讲话中指出："我国能否在未来发展中后来居上、弯道超车，主要就看我们能否在创新驱动发展上迈出实实在在的步伐。"[①] 中共十八

---

① 习近平.在中国科学院第十七次院士大会、中国工程院第十二次院士大会上的讲话[N].人民日报，2014-06-10.

届五中全会提出了以创新为首的五大发展理念，把未来五年着力实施创新驱动发展提高到国家战略层面。2016年5月30日，习近平总书记在全国科技创新大会、中国科学院第十八次院士大会和中国工程院第十三次院士大会、中国科学技术协会第九次全国代表大会上的讲话中指出："在我国发展新的历史起点上，把科技创新摆在更加重要位置。"① 国家"十三五"规划建议把"创新"作为"十三五"时期我国经济社会发展必须贯彻的"五大"基本理念之一，提出："必须把创新摆在国家发展全局的核心位置，不断推进理论创新、制度创新、科技创新、文化创新等各方面创新，让创新贯穿党和国家一切工作，让创新在全社会蔚然成风。"这是党中央在新的发展阶段确立的立足全局、面向全球、聚焦关键、带动整体的国家重大发展战略。创新驱动发展是面向未来的一项重大战略，科技创新必须摆在国家发展全局的核心位置，是建设创新型国家的行动指南，具有非常重大的现实意义和深远的历史意义。我国要适应经济新常态，就必须转变经济发展方式，从高投入、高消耗、高污染的粗放增长方式向注重效率和质量的新的发展方式转变，创新驱动已成为我国经济发展的必然选择。创新驱动发展战略，不仅需要从主观上加以自觉认识与把握，更有赖于通过客观创造性的实践活动予以实现。

二、实施创新驱动发展战略的必要性

创新驱动发展既是认识现实世界的过程中思辨的产物，也是解决现实问题的根本出路。② 在世界新一轮科技革命的推动下，科学技术越来越成为推动经济社会发展的关键力量，国民财富增长和人民生活水平的提高越来越有赖于创新发明。党中央、国务院立足当前我国面临的发展难题、发展需要和发展任务，综合分析国内外大势，提出实施创新驱动发展战略，要把创新摆在国家发展全局的核心位置，这是我们党放眼世界、立足全局、面向未来做出的重大战略决策，有其深刻的必要性和紧迫性。

---

① 全国科技创新大会两院院士大会中国科协第九次全国代表大会在京召开［N］. 人民日报，2016-05-31.
② 王常青. 习近平创新驱动发展思想述要［J］. 岭南学刊，2017（4）.

第一章 导 论

(一) 实施创新驱动发展战略是实现新时代战略目标的必然选择[①]

新时代实现发展阶段从高速增长向高质量发展转变，关键是转变发展方式和动力，促进经济结构的优化升级。经过长期努力和积累，我国经济总量已居世界第二，科技整体能力不断提升，一些领域跻身世界先进行列。但我国经济发展质量和效益还不高，仍处于粗放式发展阶段，具体表现为：低水平产能过剩、投资收益下降、要素利用效率不高、创新能力不足；一些领域大而不强，实体经济水平有待提高。此外，公共服务数量和质量还不能满足广大人民群众的需求，快速发展带来的环境问题依然突出。因此，迫切需要调整经济结构，转变发展方式，提高要素生产率。

从国内来看，支撑发展的条件发生变化，传统发展动力不断减弱，出现如下问题：劳动力、资源、土地等要素的成本增加，低成本优势减弱；自然资源和环境容量已经接近警戒红线，长期积累的环境欠账亟待解决；人口老龄化趋势显现，新增适龄劳动人口增长放缓，人口红利下降。我国许多行业大而不强，处于产业价值链的中低端，关键核心技术与高端装备对外依存度高，缺乏世界知名品牌；中低端产能过剩，中高端产品有效供给不足，难以满足人民群众日益增长的多样化需求。

从全球来看，国际竞争加剧，我国面临"双重挤压"。一方面，发达国家新一轮贸易保护主义抬头，美欧等发达国家开始重新重视制造业发展，如美国实行大规模减税计划，试图吸引制造业回流。我国部分创新型企业进入技术前沿，与国外的差距逐步缩小，局部实现赶超，引进技术的可获得性降低。另一方面，周边发展中国家利用低成本优势，积极参与全球产业再分工，承接产业及资本转移，我国部分劳动密集型企业向外转移。新的形势下，依靠大规模低成本要素投入和低价竞争的发展模式不可持续，必须转变经济发展方式，依靠技术进步、劳动者素质提高和创新，提升发展质量和效益，培育经济增长新动能。

在国内外新形势下，党的十八大报告提出实施创新驱动发展战略，明确指出科技创新是提高社会生产力和综合国力的战略支撑，必须摆在国家发展

[①] 吕薇. 新时代中国创新驱动发展战略论纲[J]. 改革，2018（2）.

全局的核心位置。2016年中共中央、国务院印发了《国家创新驱动发展战略纲要》，提出分三步走，到21世纪中期建成科技强国的战略目标：2020年进入创新型国家行列，基本建成中国特色国家创新体系；2030年跻身创新型国家前列，发展驱动力实现根本转换，经济社会发展水平和国际竞争力大幅提升；2050年建成世界科技创新强国，成为世界主要科学中心和创新高地，为建成社会主义现代化国家提供强大支撑。

（二）创新发展是国际竞争的大势所趋

科学技术越来越成为推动经济社会发展的主要动力，创新成为国家之间的核心竞争力。新一轮科技革命和产业变革蓬勃发展，以信息技术和人工智能为代表的高新科技突飞猛进，生物、能源、材料、海洋、空间等应用科学领域不断取得突破。高新科技的发明、推广和应用，不断催生新产品、新需求、新业态，可为整个社会的发展引擎提供源源不断的内生动力，推动着经济格局和产业形态深刻调整。因此，寻找科技创新的突破口，通过科技创新抢占科技和产业发展制高点成为世界各国的发展战略。当前，新兴科学不断涌现，前沿领域不断延伸，全球科技创新呈现出新的发展态势和特征，新技术替代旧技术、智能型技术替代劳动密集型技术趋势明显。传统意义上的基础研究、应用研究的边界日趋模糊，技术更新和成果转化更加迅速，产业更新换代不断加快，创新层面的竞争愈演愈烈。

从全球化视角来看，发达国家依靠高端科技获得高额经济利益，而发展中国家或低收入国家主要依靠劳动力成本、天然资源等方面的优势来参与国际竞争，中国虽然是世界第二大经济体，但正在加速失去这两方面的优势。2014年6月9日，习近平总书记在中国科学院第十七次院士大会、中国工程院第十二次院士大会上的讲话中指出："历史告诉我们一个真理：一个国家是否强大不能单就经济总量大小而定，一个民族是否强盛也不能单凭人口规模、领土幅员多寡而定。近代史上，我国落后挨打的根子就是科技落后。"[①] 全球化已成为不可逆转的历史潮流。伴随经济、科技全球化的进程，创新全球化

---

① 习近平. 在中国科学院第十七次院士大会、中国工程院第十二次院士大会上的讲话[N]. 人民日报, 2014-06-10.

的程度日益加深。对一个国家或地区来说,创新驱动发展既可以降低对可耗竭资源的依赖程度,也可以提升其在全球产业链中的位置,通过大力发展高新技术产业以获取更高额的利益。

改革开放40年来,中国经济发展主要依靠天然资源、体力和资本的投入来拉动,并成为世界范围的制造业大国,但是中国还不是创造型的大国。我国依靠要素成本优势驱动、大量投入资源和消耗环境的经济发展方式已经难以为继,要摆脱处于世界经济竞争价值链低端的困境,必须要把优化资源配置的重点放在打造智力资本上。

谁在科技创新方面占据优势,谁就能掌握未来发展的主动权,在竞争中获胜。面对新一轮科技进步浪潮,我国既面临赶超跨越的难得历史机遇,又面临差距拉大的严峻挑战。我国必须抓住科技革命的机遇,实施创新驱动发展战略,坚持走中国特色自主创新道路,加快各领域科技创新,提高原始创新能力,促进产业价值链从中低端转向中高端、结构更合理的方向发展。

(三) 经济适应新常态需要创新驱动

经济新常态是辩证分析我国经济发展阶段性特征的判断,是在"三期叠加"(增长速度换挡期、结构调整阵痛期、前期刺激政策消化期)概括的基础上,对宏观经济运行和发展阶段认识的进一步深化。目前,我国经济正进入由高速增长转向中高速增长的"新常态",要素的规模驱动力减弱,经济增长将更多依靠人力资本积累和技术进步。要努力实现经济行稳致远,从中低端迈向中高端水平,主要增长动力必须做相应转换,让创新成为驱动发展的新引擎。加快从要素驱动、投资规模驱动发展为主向以创新驱动发展为主的转变,是我国经济增长动力适应新常态的一个显著特征。

认识新常态、适应新常态、引领新常态,是当前和今后一个时期我国经济发展的大逻辑。认识经济新常态,要继续解放思想,着力创新思维,用创新思维引领新常态,适应科技创新和产业变革的大趋势,加快转变发展理念。适应经济新常态要形成发展新动力,突出创新驱动,推动全面创新,让创新成为发展的新引擎。引领经济新常态,关键是要依靠科技创新转换发展动力。[①]

---

① 白津夫,刘中伟. 经济新常态亟须创新驱动发展 [J]. 中国党政干部论坛,2015 (4).

改革开放40年来，中国经济之所以能够实现腾飞，以年均近10%的GDP增速傲视全球，最重要原因在于推动制度创新，坚定不移地发展社会主义市场经济和实施外向型发展战略。但是，随着我国剩余劳动人口的减少，劳动力成本逐步上升，加之供给侧存在的制度、结构等一系列问题，以及需求侧的内需不足、外需疲软等，我国经济增速明显放缓。在这一经济新常态背景下，推动产业优化升级迫在眉睫，提升自主创新能力尤为关键。

（四）传统粗放发展模式难以为继

毋庸置疑，经过40多年的高速增长，我国经济已经取得举世瞩目的成就，经济总量居全球第二。从投入要素的视角看，我国经济主要依靠劳动力、资本、资源三大传统要素投入，是一种典型的要素驱动增长模式。而从当前情况看，这三大要素均面临诸多"瓶颈"约束，低效率粗放型发展模式已到尽头。

从资源环境角度看，其承载能力已达到或接近上限。虽然我国从资源总量看是一个资源大国，但人均资源占有量却低于世界平均水平。改革开放以来，我国如石油、淡水、天然气、煤炭、森林、草原、有色金属等各类原生资源的消耗急剧增长，一方面导致了资源的耗竭，减弱了国家可持续发展的能力，另一方面造成了严重的环境污染和生态破坏问题，迫切需要采取更为有效的措施加以解决。提高经济运行的科技含量，切实提高资源产出率，[①]减少自然资源的消耗和对环境的破坏，这一点对我国来说尤为重要。资源的过度消耗不仅削弱了经济社会发展的长期基础，而且带来了严重的环境污染和生态退化问题。以汽车行业为例，我国于2009年取代美国，成为世界最大的汽车产销国，2013年汽车产销量达到2200万辆，约占全球汽车产销的1/4。与此同时，我国车用汽、柴油消费总量从2005年的8000万吨增加到2013年的1.7亿~1.8亿吨。2030年，在综合政策情境下，我国车用能源消费达到峰值油耗约为3.6亿吨标油，受车用石油消费快速增长的影响，2030年我国石油对外依存度预计将超过70%。在城市环境保护方面，传统汽车尾气排放的

---

① 资源产出率是经济系统内地区生产总值与资源利用量的比值，是反映资源节约和环境保护的综合性指标。资源产出率的提高可直接说明资源利用效率的提高和污染排放的相应减少。大幅度提高资源产出率将有利于解决我国资源压力，促进产业结构调整，提高经济运行质量和效益，是实现全面协调可持续发展的基本要求。

一氧化碳、碳氢化合物和氮氧化合物,已占城市空气污染物的 60%,成为城市空气污染的主要来源,近年来,对形成"雾霾"的原因,机动车也是千夫所指。① 传统的以资源和环境为代价的经济增长模式,已不再适应可持续发展的需要,创新驱动发展刻不容缓。

从资本角度看,资本曾经是我国经济增长的决定性力量。通过多年的国内经济发展和利用外资所形成的积累,我国资本总量已十分充足。据中国人民银行数据显示,2014 年 12 月末人民币储蓄存款余额达 113.86 万亿元,2017 年末全部金融机构本外币各项存款余额 169.3 万亿元,实际使用外资 8775.6 亿元。② 但是,我国储蓄向投资转化还存在许多障碍,储蓄投资的结构性问题比较突出。主要表现在居民大都以银行存款为主要的储蓄形式,政府投融资平台控制了大量的金融资源,储蓄投资转化率偏低且存在地区差异性,东部地区的投资渠道比中西部更丰富。与此同时,投资流向仍主要为基本建设投资、房地产业等相关领域,投资流向结构单一。因此,需要加大重点投资方向的投资力度,科学合理地调整国有资本投资的领域和方向,加大科技创新方面的资金投入,提高企业的自我创新能力和竞争能力。

从劳动力角度看,一直以来我国是个人口大国,劳动力资源丰富,劳动力成本长期处于相对低水平状态,因此,廉价劳动力是我国的一个优势。然而,根据近年来的调查研究,我国劳动适龄人口已经开始减少,人口老龄化日趋发展,经济学意义上的"刘易斯拐点"正在或者已经出现,劳动力短缺问题将会越来越严重。在劳动力供给越来越紧张的情况下,一些劳动密集型的传统产业面临着严峻的挑战,特别是在经济增长放缓的背景下,这种经济转型要求更为迫切。在这种背景下,只有寻找新的经济增长动力,更多依靠智力资本和技术进步,才能走出劳动力成本优势丧失所带来的困境。

主导国家发展命运的决定性因素是社会生产力发展和劳动生产率提高,只有不断推进科技创新,不断解放和发展社会生产力,不断提高劳动生产率,才能实现经济社会持续健康发展。③ 随着支撑过去快速发展的传统人口红利和

---

① http://finance.sina.com.cn/hy/20141114/101920818933.shtml.
② http://www.sohu.com/a/217193497_161623.
③ 习近平总书记在中央财经领导小组第七次会议上的讲话[EB/OL]. http://www.gov.cn/xinwen/2014-08/18/content_2736502.htm.

资源红利的消失，我国传统发展道路难以为继，亟须通过结构调整和技术进步，提高质量效益，有效解决不协调、不可持续问题，是适应时代发展的迫切要求。

（五）创新发展是民族复兴的国运所系

国家实力归根结底由创新能力决定。近代以来，世界经济中心几度转移，其中有一条清晰的脉络，就是科技中心一直是支撑经济中心地位转移的强大力量。领先科技和尖端人才流向哪里，发展的制高点和经济的竞争力就转向哪里。实现中华民族伟大复兴的中国梦，比以往任何时候都更加需要强大的科技创新力量，实施创新驱动发展战略刻不容缓。

习近平总书记在中国科学院第十七次院士大会、中国工程院第十二次院士大会上的讲话中指出，回首我国近代史，中华民族遭受的苦难之重、付出的牺牲之大，在世界历史上是罕见的。面对厄运和苦难，中国人民没有屈服，奋起抗争，前仆后继，终于在中国共产党领导下找到了实现中华民族伟大复兴的正确道路，掌握了自己的命运。习近平总书记指出："现在，我们比历史上任何时期都更接近中华民族伟大复兴的目标，比历史上任何时期都更有信心、有能力实现这个目标。"① 要实现中国梦，我们就必须坚定不移贯彻科教兴国战略和创新驱动发展战略，坚定不移走科技强国之路。

科技是国家强盛之基，创新是民族进步之魂。自古以来，科学技术就以一种不可逆转、不可抗拒的力量推动着人类社会向前发展。16世纪以来，世界发生了多次科技革命，每一次都深刻影响了世界力量格局。从某种意义上说，科技实力决定着世界政治经济力量对比的变化，也决定着各国各民族的前途命运。实现中华民族伟大复兴的"中国梦"，创新驱动发展具有重大的现实意义。"中国梦"的具体表现是国家富强、民族振兴、人民幸福，要实现这个具体目标，必须发挥科技创新对经济社会发展的支撑和引领作用，坚定不移地贯彻科教兴国战略和创新驱动发展战略，坚定不移地走科技强国之路，把体制创新、经济发展模式创新与科技创新作为经济社会发展的根本动力。

当前，全国上下为实现中华民族伟大复兴的中国梦而团结奋斗。我们比以往任何时候都更加需要强大的科技创新力量。党的十八大做出了实施创新

---

① 中共中央宣传部. 习近平总书记系列重要讲话读本 [M]. 北京：学习出版社，2014.

驱动发展战略的重大部署，强调科技创新是提高社会生产力和综合国力的战略支撑，必须摆在国家发展全局的核心位置。这是党中央综合分析国内外大势、立足我国发展全局做出的重大战略抉择。

（六）创新驱动发展是适应所处发展阶段的要求

波特将国家经济发展划分为四个阶段，即要素驱动阶段、投资驱动阶段、创新驱动阶段以及财富驱动阶段，而我国与之对应的正是由要素驱动和投资驱动转向创新驱动的阶段，推动其转变的原因在于依靠要素驱动和投资驱动在我国越来越暴露其弊病。

我国作为世界上最大的发展中国家，经过几十年的持续快速发展，经济总量达到跃居世界第二，人均GDP接近9000美元，达到中等偏上水平。但是科技经济竞争能力与发达国家相比仍旧存在较大差距，而在资源环境、劳动力成本等方面又失去了和世界上低收入国家相互竞争的优势，造成了在发展过程当中面临着发达国家和落后国家前后夹击的被动形势，可以说，如果不能有效摆脱这样一种不利的局面，我国的高速发展势头存在后继无力的威胁。因此，国际竞争的激烈态势迫切要求我国实行创新驱动发展。同时，当前我国经济发展进入新常态，实现从传统要素驱动向创新驱动的转变，克服经济发展中的矛盾和问题，提高发展的质量和效益，是适应和引领经济发展新常态的应有之义。此外，未来几年是我国全面建成小康社会的决定性阶段，能否成功转变发展方式，能否成功推进产业升级，能否成功跨越中等收入陷阱，关键是看能否依靠创新打造发展新引擎、培育发展新动力，为我国创造一个新的、更长的增长周期。

依靠创新驱动发展的优势在于，一方面摆脱对物质生产要素的依赖程度，减少低收入国家利用廉价资源和劳动力等成本优势与我国竞争的局势；另一方面，推动我国在国际分工产业链中由低端走向高端，通过大力发展高新技术产业以获取更高额的利润，摆脱发达国家试图利用科技经济方面的垄断地位制约我国深度发展的局面。因此，创新驱动发展有助于提高我国经济的整体实力，提升我国核心竞争力，强力维护并保障国家的经济主权。

第二章

理论回顾与文献述评

从人类社会发展的历史过程看,新产业的诞生或老产业的演化、整合、裂变乃至消亡,无一不是技术进步的结果。技术体系的本质决定了产业结构的基本格局。如果说历史上技术进步对产业结构的演变所起的作用基本上是自发的话,那么近代经济格局的变化已经表明,这种作用已发生了根本性的变化,越来越多的国家正致力于运用各种政策手段能动地、有目的地、有步骤地推动技术进步,以促使产业结构更快地向更高层次演进。本章试图从相关理论及概念的回顾分析入手,深层次揭示创新驱动理论的发展脉络,阐释创新驱动的本质内涵及特征,进而总结、梳理资源型地区创新驱动发展的研究进展。

第一节
自然资源与资源型地区

一、资源与自然资源

"资源"的概念源于经济学,是作为生产实践的自然条件和物质基础提出来的,具有实体性。马克思在《资本论》中指出:"劳动和土地,是财富两个原始的形成要素。"恩格斯的定义是:"劳动和自然界在一起它才是一切财富的源泉,自然界为劳动提供材料,劳动把材料转变为财富。"① 马克思、恩格

---

① 中央编译局. 马克思恩格斯选集(第四卷)[M]. 北京:人民出版社,1995.

斯的定义，既指出了自然资源的客观存在，又把人（包括劳动力和技术）的因素视为财富的另一不可或缺的来源。《经济学解说》将"资源"定义为"生产过程中所使用的投入"，这一定义很好地反映了"资源"一词的经济学内涵，资源从本质上讲就是生产要素的代名词。① 万建中（1992）② 指出，人类在生产、生活和精神上所需求的物质、能量、信息、劳动力、资金和技术等"初始投入"均可称为资源。总体而言，资源是指一国或一定地区内一切可被人类开发和利用的物质、能量和信息的总称，它广泛地存在于自然界和人类社会中，是一种自然存在物或能够给人类带来财富的财富。可见，资源的来源及组成可分为自然资源和社会资源两大类，前者如阳光、空气、水、土地、森林、草原、动物、矿藏等，后者包括人力资源、信息资源以及经过劳动创造的各种物质财富等。

自然资源是人类社会生存与发展最基本的物质与能量基础。人类社会发展的历史实际上是人类不断认识、获取自然资源的历史。人类社会的每一重大进步和变革，都紧紧伴随着对自然资源的认识和开发、利用的革命性变化而变化。因此，自然资源是相对于人类的，它依人类的存在而存在，依人类的发展而发展（李润田，2003）③。人类认识和利用自然资源的历史久远，自然资源这个名词已经是生产和生活中经常引用的一个词汇了，但自然资源这个基本的科学概念，到20世纪70年代才逐步形成的，目前仍在不断发展和完善中。

自然资源是一个庞大的集合名词，它所涉及的内涵非常广泛。作为人类生存和发展的基础，自然资源是一切可供人类利用的自然物质和自然能量的总体。由于人口不断增长和生产规模的日益扩大，从而引起物质和能量的加速消耗，一系列与资源、环境和生态有关的社会问题便不断出现。这就迫使许多学科将自然资源作为重要的研究对象。

对于自然资源的理论定义有许许多多，最为权威和学术意义的不外乎三个：第一个是《辞海》中关于自然资源的定义；第二个是《英国大百科全书》中关于自然资源的定义；第三个是联合国环境规划署给自然资源下的定

---

① ［英］蒙德尔等.经济学解说［M］.胡代光等译.北京：经济科学出版社，2000.
② 万建中.农业自然资源经济学［M］.北京：中国农业出版社，1992.
③ 李润田.中国资源地理［M］.北京：科学出版社，2003.

义。《辞海》指出，自然资源是天然存在的并有利用价值的自然物。《英国大百科全书》指出，自然资源是指人类可以利用的自然生成物及生成这些成分的环境功能。1972年，联合国环境规划署（UNEP）指出："所谓自然资源，是指在一定的时空和技术经济条件下，能够产生经济价值以提高人类当前和未来福利的自然物质和自然环境的总称。"在上述三个经典定义的基础上，我国一些学者对自然资源的定义进行了拓展和丰富，他们指出自然资源是存在于自然界中并且在一定技术经济和社会条件下能作为生产和生活资料的自然物质。我国著名地理学家牛文元先生吸取了不同研究方向的精髓，给自然资源下了如下定义：人在自然界中可以认识的、可以获取的、可以利用的一切要素及其集合体，包括这些要素相互作用的中间产物或最终产物；只要它们在生命建造、生命维系、生命延续中不可缺少，只要它们在社会系统中能带来合理的福祉、愉悦和文明，即称之为自然资源（牛文元，1989）[①]。还有些学者提出，自然资源是当前人类资源发现、资源开发利用能力条件下，为了满足社会生产和生活需要而被利用的自然物。由上述自然资源的含义可以看出，自然资源是存在于自然界中，并且在一定的技术经济条件下能够被人类所开发利用，进而满足其生产、生活需要的所有天然生成物。

显而易见，虽然不同学科对于自然资源概念的文字表述不同，但究其实质它们又有共同的脉络。概括起来可以发现，它们都包含三个共同的方面：①自然资源不是脱离生产应用而对客观物质的抽象研究的对象，而是在不同的时空组合范围内有可能为人类提供福利的物质和能量。②自然资源的范畴不是一成不变的，随着社会进步和科学技术的发展，人类对自然资源的理解不断加深，资源开发和保护的范围不断扩大。③自然环境是指人类周围所有的外界客观存在物，自然资源则是从人类的需用角度来理解这些因素存在的价值，因此，自然资源和自然环境密不可分，但两者的概念又互有差异。

综上所述，自然资源是自然界中一切有生命和无生命的物质资源，通常在一定技术经济条件下能够被人类所利用且满足人类生产生活需要的天然物质，如耕地、森林、草原、矿藏、阳光、河流、空气等。自然资源是个历史范畴，它的含义和外延将随着人类社会的发展而发展，随着人类社会的不断

[①] 牛文元. 自然资源开发原理［M］. 开封：河南大学出版社，1989.

发展和人类认识、利用自然资源能力的不断提高,自然资源定义也不断扩充着内涵。许多过去人类没有认识和未能利用的自然物质,随着新知识的不断出现和科学技术的不断进步,现在已经成为推动社会经济发展和改变人类生活方式的重要资源,如铀、潮汐能等(陈建宏,2009)。①

按照不同的分类标准,可将自然资源分为不同的类型。出于研究的需要,本书主要按照自然资源的可耗竭性和地理特征对其进行分类,而对其他划分依据,本书不做赘述。按照其能否再生的性质,将自然资源分为可再生自然资源和不可再生自然资源两大类。可再生自然资源是指能够通过自然力作用或人工活动再生更新,从而保持或增加蕴藏量进而被人类反复利用的自然资源,如各种自然生物群落、植物、地热能、气候资源等。不可再生自然资源是指被人类开发利用后在任何对人类有意义的时间范围内,不可能再生更新和繁衍增长的自然资源,如煤炭、金属矿产等。不可再生资源的使用,只会减少其储量,而不可能增加或保持原有储量水平。需要说明的是,如果不注意保护、盲目开发和过度利用,可再生资源也可能成为不可再生资源,动物种群的减少和一些动物种类的灭绝充分说明了这一点。按照其地理特征,自然资源可以分为矿产资源、气候资源、水力资源、土地资源和生物资源五大类。基于研究目的,本书将自然资源的种类限定在矿产资源上。

二、资源型地区(城市)

(一)资源型地区的内涵及分类

资源型地区(城市)是以本地区矿产、森林等自然资源开采、加工为主导产业的区域类型(包括地级市、地区等地级行政区和县级市、县等县级行政区),即资源型地区是因自然资源的开采而兴起或发展壮大,且资源型产业在其工业中占有较大份额的地区。② 资源型地区广义上是指依靠开发自然资源为主要职能而建立起来的经济区域,狭义上是指依托矿产资源开发而建立起

---

① 陈建宏. 矿产资源经济学 [M]. 长沙:中南大学出版社,2009.
② 国家计委宏观经济研究院课题组. 我国资源型城市的界定与分类 [J]. 宏观经济研究,2002 (11).

来的经济区域（张抗私，2007）。①长期以来，作为我国重要的基础能源和重要原材料的供应地，资源型地区为我国经济社会发展做出了突出贡献，是国民经济持续健康发展的重要支撑。

资源型地区（城市）的识别，通常遵循以下原则：其一，发生原则。城市的产生和发展与资源开发有密切关系。其中，一种为"先矿后城式"，即城市完全是因为资源开采而出现的，如大庆、金昌、攀枝花、克拉玛依、鄂尔多斯康巴什新区等。另一种为"先城后矿式"，即在资源开发之前已有城市存在，资源的开发加快了城市的发展，如大同、邯郸、包头等。其二，动态原则。假如某资源型城市对资源型产业的依赖度逐渐变低，此时不能称之为资源型城市。其三，定性与定量相结合。仅从定性角度判断主观因素太多，仅从定量角度判定难以将不宜用数据表示的复杂因素进行综合考虑。科学的方式是定性和定量相结合，定量为主，定性为辅。2013年4月，中国科学院地理研究所张文忠课题组提出，界定资源型城市有三个基本定量指标：资源产业增加值占城市工业增加值的10%以上，资源产业从业人员占城市全部工业从业人员的5%以上，资源市场占有率（某种资源在全国市场占有率）3%以上，满足三个指标中任意一项的城市，属于资源型城市。

我国资源型城市历史久远。一些矿业名城邯郸、自贡、景德镇等属古代资源型城市，淮南采煤历史可以追溯到17世纪。1949年以前，矿产资源的开发带动形成了一批资源型城市，如唐山、萍乡、大同、徐州、铜陵、东川、个旧、黄石、鞍山、玉门等。当时的资源型城市矿业规模很小，1949年中国原油产量仅12万吨、钢铁产量15.8万吨、原煤产量3243万吨、有色金属产量1.33万吨，还不到今天一座矿业城市的产量，甚至不到一个中小型矿山企业的产量水平。1949年以后，形成和发展了一大批现代资源型城市，如大庆、东营、盘锦、鄂尔多斯、乌海、包头、攀枝花、金昌、克拉玛依等。由于国防需要和生产力空间布局的安排，国家重点在中、西部勘探、开发矿藏，那些原是穷乡僻壤和人烟稀少的地区逐渐转变成高楼林立的矿业城市。

国家计委宏观经济研究课题组在2002年的研究中认为，我国资源型城市有

---

① 张抗私. 资源枯竭型地区就业问题：基于劳动力市场运行机制视角的研究［J］. 管理世界，2007（9）.

118个（其中典型资源型城市60个），占全国城市的18%，总人口1.54亿，面积141万平方公里，占我国领土面积的14.7%，分布在22个省区（见表2-1）。

表2-1 我国2002年界定的118个资源型城市名单和地区分布

省区	数量（个）	城市名称
河北	5	唐山、邯郸、邢台、武安、迁安
山西	11	大同、阳泉、长治、晋城、朔州、古交、霍州、孝义、介休、高平、原平
内蒙古	9	乌海、赤峰、满洲里、牙克石、东胜、锡林浩特、霍林郭勒、根河、阿尔山
辽宁	7	抚顺、本溪、阜新、盘锦、葫芦岛、铁法、北票
吉林	10	辽源、白山、敦化、珲春、桦甸、蛟河、松原、舒兰、临江、和龙
黑龙江	13	鸡西、鹤岗、双鸭山、七台河、大庆、伊春、五大连池、铁力、尚志、海林、穆棱、宁安、虎林
安徽	4	淮南、淮北、铜陵、马鞍山
福建	2	永安、漳平
江西	5	萍乡、丰城、德兴、乐平、高安
山东	9	枣庄、东营、新泰、龙口、莱州、滕州、邹城、肥城、招远
河南	8	平顶山、鹤壁、焦作、濮阳、义马、汝州、灵宝、登封
湖北	2	潜江、大冶
湖南	6	耒阳、冷水江、郴州、资兴、涟源、临湘
广东	3	韶关、云浮、乐昌
广西	2	凭祥、合山
四川	5	攀枝花、广元、华蓥、达州、绵竹
贵州	2	六盘水、福泉
云南	4	东川、个旧、开远、宣威
陕西	2	铜川、韩城
甘肃	3	白银、金昌、玉门
宁夏	1	石嘴山
新疆	5	克拉玛依、哈密、阿勒泰、库尔勒、富康

资料来源：国家计委宏观经济研究课题组. 我国资源型城市的界定与分类[J]. 宏观经济研究，2002（11）：37-59.

我国资源城市多以煤炭、石油、铁矿、铜矿产业为主。在我国118座资源型城市中，煤炭城市有63个，占53%；森工城市有21个，占18%；有色冶金城市有12个，石油城市有9个，黑色冶金城市有8个，其他城市有5个，分别占10%、8%、7%和4%。从城市的行政级别构成看，地级市47座，县级市71座。

2013年国务院《全国资源型城市可持续发展规划》明确提出，规划范围包括262个资源型城市，其中地级行政区（包括地级市、地区、自治州、盟等）126个，县级市62个，县（包括自治县、林区等）58个，市辖区（开发区、管理区）16个（见表2-2、表2-3）。

表2-2 2013年全国资源型城市名单

所在省（区、市）	地级行政区	县级市	县（自治县、林区）	市辖区（开发区、管理区）
河北（14）	张家口市、承德市、唐山市、邢台市、邯郸市	鹿泉市、任丘市	青龙满族自治县、易县、涞源县、曲阳县	井陉矿区、下花园区、鹰手营子矿区
山西（13）	大同市、朔州市、阳泉市、长治市、晋城市、忻州市、晋中市、临汾市、运城市、吕梁市	古交市、霍州市、孝义市		
内蒙古（9）	包头市、乌海市、赤峰市、呼伦贝尔市、鄂尔多斯市	霍林郭勒市、阿尔山市、锡林浩特市		石拐区
辽宁（15）	阜新市、抚顺市、本溪市、鞍山市、盘锦市、葫芦岛市	北票市、调兵山市、凤城市、大石桥市	宽甸满族自治县、义县	弓长岭区、南票区、杨家杖子开发区
吉林（11）	松原市、吉林市*、辽源市、通化市、白山市*、延边朝鲜族自治州	九台市、舒兰市、敦化市*	汪清县*	二道江区
黑龙江（11）	黑河市*、大庆市、伊春市*、鹤岗市、双鸭山市、七台河市、鸡西市、牡丹江市*、大兴安岭地区*	尚志市*、五大连池市*		

续表

所在省（区、市）	地级行政区	县级市	县（自治县、林区）	市辖区（开发区、管理区）
江苏（3）	徐州市、宿迁市			贾汪区
浙江（3）	湖州市		武义县、青田县	
安徽（11）	宿州市、淮北市、亳州市、淮南市、滁州市、马鞍山市、铜陵市、池州市、宣城市	巢湖市	颍上县	
福建（6）	南平市、三明市、龙岩市	龙海市	平潭县、东山县	
江西（11）	景德镇市、新余市、萍乡市、赣州市、宜春市	瑞昌市、贵溪市、德兴市	星子县、大余县、万年县	
山东（14）	东营市、淄博市、临沂市、枣庄市、济宁市、泰安市、莱芜市	龙口市、莱州市、招远市、平度市、新泰市	昌乐县	淄川区
河南（15）	三门峡市、洛阳市、焦作市、鹤壁市、濮阳市、平顶山市、南阳市	登封市、新密市、巩义市、荥阳市、灵宝市、永城市、禹州市	安阳县	
湖北（10）	鄂州市、黄石市	钟祥市、应城市、大冶市、松滋市、宜都市、潜江市	保康县、神农架林区*	
湖南（14）	衡阳市、郴州市、邵阳市、娄底市	浏阳市、临湘市、常宁市、耒阳市、资兴市、冷水江市、涟源市	宁乡县、桃江县、花垣县	
广东（4）	韶关市、云浮市	高要市	连平县	
广西（10）	百色市、河池市、贺州市	岑溪市、合山市	隆安县、龙胜各族自治县、藤县、象州县	平桂管理区

续表

所在省（区、市）	地级行政区	县级市	县（自治县、林区）	市辖区（开发区、管理区）
海南（5）		东方市	昌江黎族自治县、琼中黎族苗族自治县*、陵水黎族自治县*、乐东黎族自治县*	
重庆（9）			铜梁县、荣昌县、垫江县、城口县、奉节县、云阳县、秀山土家族苗族自治县	南川区、万盛经济开发区
四川（13）	广元市、南充市、广安市、自贡市、泸州市、攀枝花市、达州市、雅安市、阿坝藏族羌族自治州、凉山彝族自治州	绵竹市、华蓥市	兴文县	
贵州（11）	六盘水市、安顺市、毕节市、黔南布依族苗族自治州、黔西南布依族苗族自治州	清镇市	开阳县、修文县、遵义县、松桃苗族自治县	万山区
云南（17）	曲靖市、保山市、昭通市、丽江市*、普洱市、临沧市、楚雄彝族自治州	安宁市、个旧市、开远市	晋宁县、易门县、新平彝族傣族自治县*、兰坪白族普米族自治县、香格里拉县*、马关县	东川区
西藏（1）			曲松县	
陕西（9）	延安市、铜川市、渭南市、咸阳市、宝鸡市、榆林市		潼关县、略阳县、洛南县	

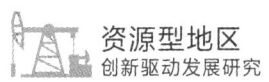

续表

所在省（区、市）	地级行政区	县级市	县（自治县、林区）	市辖区（开发区、管理区）
甘肃（10）	金昌市、白银市、武威市、张掖市、庆阳市、平凉市、陇南市	玉门市	玛曲县	红古区
青海（2）	海西蒙古族藏族自治州		大通回族土族自治县	
宁夏（3）	石嘴山市	灵武市	中宁县	
新疆（8）	克拉玛依市、巴音郭楞蒙古自治州、阿勒泰地区	和田市、哈密市、阜康市	拜城县、鄯善县	

注：①带 * 的城市表示森工城市。②资源型城市名单将结合资源储量条件、开发利用情况等进行动态评估调整。

资料来源：国务院关于印发全国资源型城市可持续发展规划（2013~2020年）的通知。

表2-3 我国资源型城市综合分类

成长型城市（31个）
地级行政区20个：朔州市、呼伦贝尔市、鄂尔多斯市、松原市、贺州市、南充市、六盘水市、毕节市、黔南布依族苗族自治州、黔西南布依族苗族自治州、昭通市、楚雄彝族自治州、延安市、咸阳市、榆林市、武威市、庆阳市、陇南市、海西蒙古族藏族自治州、阿勒泰地区
县级市7个：霍林郭勒市、锡林浩特市、永城市、禹州市、灵武市、哈密市、阜康市
县4个：颍上县、东山县、昌乐县、鄯善县

成熟型城市（141个）
地级行政区66个：张家口市、承德市、邢台市、邯郸市、大同市、阳泉市、长治市、晋城市、忻州市、晋中市、临汾市、运城市、吕梁市、赤峰市、本溪市、吉林市、延边朝鲜族自治州、黑河市、大庆市、鸡西市、牡丹江市、湖州市、宿州市、亳州市、淮南市、滁州市、池州市、宣城市、南平市、三明市、龙岩市、赣州市、宜春市、东营市、济宁市、泰安市、莱芜市、三门峡市、鹤壁市、平顶山市、鄂州市、衡阳市、郴州市、邵阳市、娄底市、云浮市、百色市、河池市、广元市、广安市、自贡市、攀枝花市、达州市、雅安市、凉山彝族自治州、安顺市、曲靖市、保山市、普洱市、临沧市、渭南市、宝鸡市、金昌市、平凉市、克拉玛依市、巴音郭楞蒙古自治州

续表

县级市29个：鹿泉市、任丘市、古交市、调兵山市、凤城市、尚志市、巢湖市、龙海市、瑞昌市、贵溪市、德兴市、招远市、平度市、登封市、新密市、巩义市、荥阳市、应城市、宜都市、浏阳市、临湘市、高要市、岑溪市、东方市、绵竹市、清镇市、安宁市、开远市、和田市	
县（自治县、林区）46个：青龙满族自治县、易县、涞源县、曲阳县、宽甸满族自治县、义县、武义县、青田县、平潭县、星子县、万年县、保康县、神农架林区、宁乡县、桃江县、花垣县、连平县、隆安县、龙胜各族自治县、藤县、象州县、琼中黎族苗族自治县、陵水黎族自治县、乐东黎族自治县、铜梁县、荣昌县、垫江县、城口县、奉节县、秀山土家族苗族自治县、兴文县、开阳县、修文县、遵义县、松桃苗族自治县、晋宁县、新平彝族傣族自治县、兰坪白族普米族自治县、马关县、曲松县、略阳县、洛南县、玛曲县、大通回族土族自治县、中宁县、拜城县	
衰退型城市（67个）	
地级行政区24个：乌海市、阜新市、抚顺市、辽源市、白山市、伊春市、鹤岗市、双鸭山市、七台河市、大兴安岭地区、淮北市、铜陵市、景德镇市、新余市、萍乡市、枣庄市、焦作市、濮阳市、黄石市、韶关市、泸州市、铜川市、白银市、石嘴山市	
县级市22个：霍州市、阿尔山市、北票市、九台市、舒兰市、敦化市、五大连池市、新泰市、灵宝市、钟祥市、大冶市、松滋市、潜江市、常宁市、耒阳市、资兴市、冷水江市、涟源市、合山市、华蓥市、个旧市、玉门市	
县（自治县）5个：汪清县、大余县、昌江黎族自治县、易门县、潼关县	
市辖区（开发区、管理区）16个：井陉矿区、下花园区、鹰手营子矿区、石拐区、弓长岭区、南票区、杨家杖子开发区、二道江区、贾汪区、淄川区、平桂管理区、南川区、万盛经济开发区、万山区、东川区、红古区	
再生型城市（23个）	
地级行政区16个：唐山市、包头市、鞍山市、盘锦市、葫芦岛市、通化市、徐州市、宿迁市、马鞍山市、淄博市、临沂市、洛阳市、南阳市、阿坝藏族羌族自治州、丽江市、张掖市	
县级市4个：孝义市、大石桥市、龙口市、莱州市	
县3个：安阳县、云阳县、香格里拉县	

资料来源：国务院关于印发全国资源型城市可持续发展规划（2013~2020年）的通知。

（二）我国资源型城市发展变化特征

1. 空间结构形态松散，空间格局逐步向西部转移

受到自然条件、资源的空间分布及其开发导向等影响，资源型城市在空间形态上大都表现出明显的松散性特征。我国大部分资源型城市普遍"依矿而建"，城市随着资源开发的地域扩展，往往呈现出"点多、线长、面广"的松散特征。如白银市呈典型的"哑铃"状结构，市辖白银区和平川区相距60余公里。东川市政府驻地新村镇与东川矿务局驻地汤丹镇、主要铜矿区因民

镇和落雪镇均相距 20~40 公里，呈典型的"卫星"式结构。

1949 年后，战前遗留下来的资源型城市得到恢复，这些城市主要分布在辽宁、山西和河南等资源丰富的地区。改革开放后，中国经济重心转向沿海地区，从而带动了东中部地区的资源开发和资源型城市的兴起。资源型城市的空间格局向东倾斜。随着大规模的资源开采，东部资源型城市的资源已经或正在枯竭，城市转型成为历史的必然。伴随着"西部大开发"和"中部崛起"战略的实施，到 2007 年，东—中—西部资源型城市所占比重分别为 36%、33.7% 和 30.7%。中部六省有资源型城市 59 个。同时，我国森林资源主要分布在东北和西南地区，煤炭、石油、盐类矿产资源主要分布在中西部的大型沉积盆地，而黑色和有色金属则位于中西部的褶皱山系，西部大开发的深入、中国经济重心的转移和基于资源地的指向性，都决定了资源型城市空间格局的西移。

2. 资源依赖与结构单一

资源型地区在发挥比较优势的区域分工理论指导下，通过矿产等初级产品输出积累资本以推进区域工业化进程，资源部门或资源产业更易于成为区域支柱或主导产业。随着区域发展和工业化升级，资源产业或部门逐渐退出。但从资源型地区的现实情况来看，资源依赖成为常态，甚至资源部门有自我强化态势。

对资源开发的过度依赖，造成资源型城市产业结构单一且逆向演进，既阻止了区域的工业化进程，也强化了经济增长的风险性。资源型城市大都由资源开发基地演变而来，资源开发企业在城市中占有举足轻重的地位。通常这些企业在规模上都是大型或特大型，在所有制上大都是国有企业。在国家政策和资源支持下，这些企业一般发展较为迅速，在城市经济结构中占有主导地位。但是，受其专业化和产业关联度的影响，资源型城市通常也表现出产业结构单一畸形的特征。从国内外资源型城市的产生和发展的实践来看，由于自然禀赋的优越和资源开发的丰厚利润，资源型城市普遍形成了以矿产开采和初加工为主的产业结构，造成城市的多数其他产业都被资源开发企业所控制或影响，并和资源主导产业形成千丝万缕的联系。在这种情况下，虽然相关的其他产业也有所发展，但是受制于地区发展条件，大都发展规模小、速度慢，无法对资源开发主导企业产生根本性的触动。城市产业结构大都表现为单一畸形的特征。

资源型城市普遍存在要素向资源部门流动和聚集现象,其结果是具有规模报酬递增特点的制造业发展受阻即出现"反工业化"现象和区域发展对资源部门或资源产业的过度依赖。从大多数资源型城市的产业结构来看,普遍呈单一性和初级化,进而又强化了经济增长的风险性,如短期经济波动和长期经济增长滞缓,也阻止了经济增长方式的转变(见图2-1)。

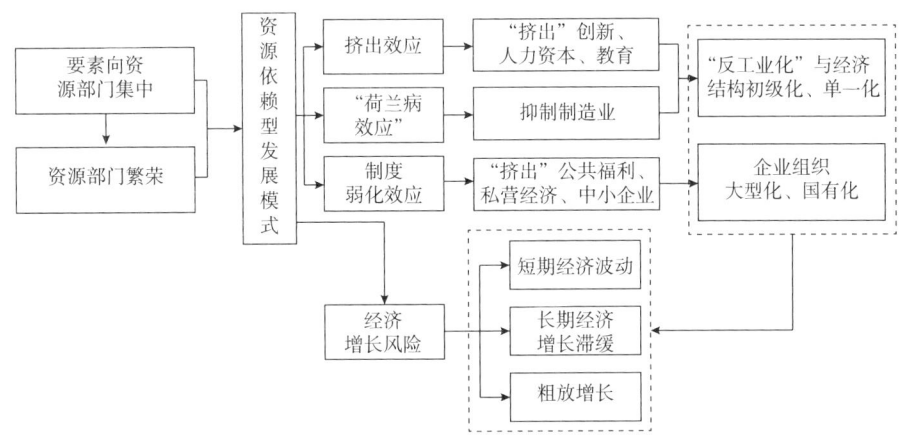

图2-1 资源型地区资源依赖、结构失衡与经济增长风险

资源型地区通常受国家和区域发展战略和工业化起步影响,往往需要通过大规模的资源开发为工业化积累原始资本。此外,基于比较优势理论,资源型地区往往成为国家能源、原材料生产基地,以资源开发作为其主导产业。还有,新资源的意外发现和巨大的资源收益,推动资源部门的迅速繁荣。无论是哪种原因,比较利益吸引大量生产要素包括资本、劳动力、技术、企业家等,源源不断地向资源部门流动和聚集。与此同时,资源部门本身具有的黏滞效应、吸纳效应和锁定效应,也具有自我强化的功能,资源部门更易于成为资源型地区的主要部门,在经济体系和区域发展中占有举足轻重的地位。无论是国家发展或区域分工需要形成的比较利益,还是矿产品价格持续上升带来的"横财"或新能源的发现,利益驱使引致要素向资源部门流动和聚集,造成"一枝独大"现象。

资源型经济体对资源产业的过度依赖体现在以下几个层面:一是要素层面,劳动力、资本、企业家等不断向资源部门或资源型产业流动,导致本来有限的生产要素大量集中于资源产业或资源部门。二是产业层面，资源部门产出增加，区域经济体系主要依赖资源部门或资源型产业，具体表现在产值比重和输出比重。作为最基本的生产要素，资源开发本身对区域经济增长具有促进作用，而当经济体对资源开发形成过度依赖，长期来看，更倾向于引发资源诅咒。经济体系对资源产业的依赖程度，往往以资源依赖度来度量。在现有文献中常见的资源依赖度指标有：一是投入要素比重，即资源部门要素投入占地区总要素的比重，例如资源部门固定资产投资占全社会固定资产的比重。二是产值比重，例如资源部门增加值占地区生产总值比重、资源产业增加值占工业增加值比重、资源产品输出占地区总输出比重等。

综上所述，资源型地区产业结构呈单一化和初级化特点，区域发展更多依赖于资源部门或资源产业。单一的产业结构具有明显的脆弱性和不稳定性，同时意味着产品种类少、产业链条短，对其他产业的带动能力有限，不利于工业化进程，甚至出现"反工业化"现象。此外，一旦资源枯竭或者资源主导产品需求下降，区域经济发展也必然面临危机。

3. 矿企大型化、国有化

我国资源型城市多数是因资源而立、因资源而兴，这种发展历程与我国长期以来实行计划经济有关，使资源型城市带有十分显著的计划经济体制的烙印。从所有制结构来看，国有企业经济成分偏重，据有关数字显示，至2004年底，就黑龙江省双鸭山、七台河、鹤岗、大庆4个城市的工业增加值来看，国有及国有控股工业企业均占到60%以上，最高达到75.8%。

相比于国有化大型企业，中小企业、民营企业具有经营灵活、善于适应市场等优势，更有利于激发区域发展活力。但是，资源型经济往往对中小企业产生挤出效应，地区产业结构向资源产业集中的专业化调整对私营工业企业产生了显著抑制（刘庆岩、孙早，2009）。[①] 资源产业的战略属性也往往决定了国有经济为主导的所有制结构，资源型地区民营经济发展不足。矿产资源通常为国家所有，并且资源产业作为基础产业，国家对能源、矿产资源开发具有很大的控制权。同时，矿产开发需要巨大的初始投资，在建设初期也

---

① 刘庆岩，孙早. 私营企业发展中的资源开发效应——基于中国 1998～2006 年省际面板数据的经验分析 [J]. 中国工业经济, 2009 (6).

多为国家投资建设，形成了以国有大型企业为主的所有制结构，民营经济发展严重不足。此外，资源产业链条短、前后向关联产业少、附加值低属性也弱化了国有化大型企业集团对中小企业的带动发展。

以内蒙古为例，从20世纪90年代末开始，以矿产开发为主的乡镇企业快速发展，矿业开发能力显著提升，但同时也加剧了资源浪费、矿业安全和严重的生态环境破坏问题。因此，从2005年底以来，自治区政府为发挥资源优势，提高资源回采率和安全水平，实现集约开发和机械化操作以及矿业经济可持续发展，全区全面推进矿产资源整合与专项整治工作。重点整治开采方法和技术装备落后，生产规模长期达不到设计要求、资源利用水平低、存在重大安全生产隐患、存在生态环境突出问题的矿山和企业，导致中小企业逐步退出，进入了资源整合的大矿经济时代。自治区矿产资源整合总体方案（内政办发〔2007〕49号）明确要求：①所有单井技改、整合技改煤矿的设计、施工，必须符合煤矿安全质量标准，整合技改工作要与推进采煤机械化、安全质量标准化工作相互衔接、同步推进。②建立产权明晰的现代企业制度，提高矿山企业、选矿厂、冶炼企业管理水平。淘汰落后开采、生产工艺，应用先进技术，改进生产工艺，资源利用水平达到目标要求。③坚决关闭不具备安全生产条件、未领取安全生产许可证的矿山，以及严重污染和破坏环境的非煤矿山企业、选矿厂，推进清洁生产，发展矿业循环经济，切实保护生态环境。④采取大矿兼并小矿、小矿联合做大、矿产品下游企业整合上游矿山企业等方式，加大矿区之间、采矿企业与选治加工企业之间的整合力度。

4. 社会经济发展的低效性

在资源型城市的长期发展中，国家非常重视对能源、原材料工业基地的建设，这使资源型城市大都拥有比较雄厚的产业基础。但20世纪80年代经济体制改革之后，使资源型城市的社会经济发展状态发生了不同程度的变化，人均GDP水平低于全国平均水平。尤其是西部偏远的资源型城市和一些老城市，下滑的速度更快。促使资源型城市出现低效特征的原因客观上主要在于20世纪80年代以来发展环境和条件的变化，主观上主要归结于资源型城市发展中对主导资源的过分依赖性，从而导致主导资源的类型决定了资源型城市的发展水平和效益分布。如石油产品由于市场需求量大，国内竞争压力小，有较好的利润。但目前原油的价格受国际市场的影响较大，导致其价格波动

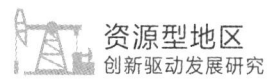

也随之增强。

同种类型的资源型城市发展的差异主要取决于主导资源的储量和周围地区的发展状况。如东北地区的资源型城市，由于其开发历史较长，普遍面临资源枯竭的危机。而东部和中原地区在改革开放后成为投资的重点区域，资源型城市的社会经济发展状况相对较好。

5. 就业形势严峻

资源丰裕国家/地区，失业、收入不平等现象较为严重。[①] 一般而言，资源型地区要经历资源开采期、成熟期、衰退期和枯竭期等经济发展阶段。据统计，我国已有2/3国有大中型资源企业进入枯竭期，400多座矿山因资源枯竭而关闭。此外，长期以来，国有大型企业是我国资源型城市的微观主体，民间资本投入不足，非公经济发展相对缓慢，这就使得资源型城市在资源枯竭以后的转型过程中，随着大量失业工人的出现，就业岗位少与求职人员多的矛盾开始凸显。资源型地区也是我国大型或特大型国有企业的集中之地，在这里，制度和机制的创新、观念和意识的进步，都存在或多或少的障碍。极其严峻的就业问题，直接影响了这类地区的经济发展与社会稳定。

6. 城市开发的突发性

一般来说，资源型城市都是在开发资源基础上兴起和发展起来的，它并没有经过一个漫长的经济积累、准备阶段，而有一个突发的启动阶段。这是资源型城市与自然形成的城市的主要区别。在发现资源之后，由于国家对资源的需求，往往加大了资源开发的力度，在国家政策、方针的指导下，大规模的人力、物力和资本如闪电般注入，从而获取大量的能源、矿产品的输出。在聚集经济和规模经济的作用下，资源型城市的发展是极其迅速的，少则几年、多则几十年。同时，资源型城市往往不是区域经济发展的产物，而是为了满足国家对资源的需求而设立的。其发展过程受制于国家的统一规划，如城市开发所需要的物资流、人才流、资金流等大多并非来自本区域，城市生产的产品（主要是资源产品）也不主要是顾及本地区的需求，而是考虑全国生产发展的统一要求。因此，资源型城市的开发具有突发性特征。

---

① 张复明等. 破解"资源诅咒"：矿业收益、要素配置与社会福利 [M]. 北京：商务印书馆，2016.

第二节 创新理论及其演进

一、创新内涵

"创新"一词,在我国古代就已出现,但词意与现代不同。据目前所见资料,"创新"最早见于《魏书》"革弊创新者,先皇之志也。"① 按照《现代汉语词典》的解释,创新意指变革、革新和改造,主要有三层含义:一是抛开旧的,创造新的;二是在现有的基础上改进更新;三是创造性、有新意。由此,可以看出,创新主要强调的是新事物的出现。

创新作为科学理论概念,是1912年美籍奥地利经济学家熊彼特在其著作《经济发展概论》中首次提出的。他认为,创新是把一种新的生产要素和生产条件的"新结合"引入生产体系过程。熊彼特界定了创新的五种形式:开发新产品,引入新的生产方法,开辟新市场,获得原材料或半成品的一种新的供应来源,实现一种新的组织形式和管理模式。② 熊彼特的创新概念包含的范围很广,如涉及技术性变化的创新及非技术性变化的组织创新。可以看出,熊彼特是从技术与经济相结合的角度理解和阐释"创新"。

熊彼特提出创新思想之后,许多学者继承和发展了熊彼特的创新理论。如20世纪60年代,美国经济学家华尔特·罗斯托提出了"起飞"六阶段理论,将"创新"概念发展为"技术创新",把技术创新提高到创新的主导地位。联合国经合组织(OECD)认为,技术创新是使一种设想成为在工业或商业活动中销路好的产品或改进的产品的变换。1962年,伊诺思在其《石油加工业中的发明与创新》一文中首次从行为的集合角度对技术创新下定义,认

---

① 杨新华. 创新驱动发展战略的理论与实践路径 [M]. 长春:吉林人民出版社,2015.
② 约瑟夫·熊彼特. 经济发展理论 [M]. 郭武军,吕阳译. 北京:华夏出版社,2015.

为技术创新是几种行为综合的结果,这些行为包括发明的选择、资本投入保证、组织建立、制定计划、招用工人和开辟市场等。而林恩从创新时序过程角度来定义技术创新,认为技术创新是"始于对技术的商业潜力的认识而终于将其完全转化为商业化产品的整个行为过程"。迈尔斯和马奎斯在1969年其研究报告《成功的工业创新》中将创新定义为技术变革的集合,认为技术创新是一个复杂的活动过程,从新思想、新概念开始,通过不断解决各种问题,最终使一个有经济价值和社会价值的新项目得到实际的成功应用。厄特巴克在1974年发表的《产业创新与技术扩散》中认为,"与发明或技术样品相区别,创新就是技术的实际采用或首次应用"。著名经济学家弗里曼认为,技术创新在经济学上的意义只是包括新产品、新过程、新系统和新装备等形式在内的技术向商业化实现的首次转化。之后,他在1982年的《工业创新经济学》(修订本)中明确指出,技术创新就是指新产品、新过程、新系统和新服务的首次商业性转化。美国工业调查协会认为,创新是指实际应用新的材料、设备和工艺,或某种已经存在的事物以新的方式在实践中有效使用。

国内学者也从不同角度对技术创新的概念进行了阐释。傅家骥等(1990)认为,技术创新是企业家抓住市场的潜在盈利机会,以获取商业利益为目标,重新组织生产条件和要素,建立起效能更强、效率更高和费用更低的生产经营方法,从而推出新的产品、新的生产(工艺)方法和开辟新的市场,获得新的原材料或半成品供给来源或建立企业新的组织,它包括科技、组织、商业和金融等一系列活动的综合过程。[①②] 许庆瑞(1991)指出,技术创新是指某一技术的新的商业性应用,它具体体现为得到市场承认的、获取经济利益的新产品或新工艺。彭玉冰、白国红(1999)指出,企业技术创新是企业家对生产要素、生产条件、生产组织进行重新组合,以建立效能更好、效率更高的新生产体系,获得更多利润的过程。王常青(2017)认为创新的本质特征是革故鼎新,是打破固有思维定势,更为有效地认识世界、改造世界的实践活动。

创新从哲学上说是一种人的创造性实践行为,这种实践为的是增加利益总量,需要对事物和发现的利用和再创造,特别是对物质世界矛盾的利用和

---

① 傅家骥,姜彦福,赵军等.技术创新与我国经济发展道路的选择[J].改革,1990(6).
② 傅家骥,施培公.技术积累与企业技术创新[J].数量经济技术经济研究,1996(11).

再创造。人类通过对物质世界的利用和再创造，制造新的矛盾关系，形成新的物质形态。社会学把创新定义为人们为了发展需要，运用已知的信息和条件，突破常规，发现或产生某种新颖、独特的有价值的新事物、新思想的活动。创新的本质是突破，即突破旧的思维定势和旧的常规戒律。

综上所述，创新的应用领域十分广泛，不同学科背景的研究者从不同角度对创新的概念和含义进行了界定。创新已经从技术层面逐步扩展到整个经济、社会领域，从企业行为上升到国家战略。

充分借鉴学者们对创新的定义描述，本书认为创新是一种上升的、向前的、进步的变化，是新事物代替旧事物或对旧事物的变革和新事物的创立，是事物的发展。创新是人类特有的认识能力和实践能力，是人类主观能动性的高级表现。创新活动的核心是"新"，它或者是产品的结构、性能和外部特征的变革，或者是造型设计、内容的表现形式和手段的创造，或者是内容的丰富和完善。其中，技术创新是由技术发明的新构想经过研究开发到获得实际应用，并产生经济、社会效益的商业化全过程的活动。由此可以看出，技术创新是技术和经济相结合的概念。熊彼特指出，如果创造没有应用到实际中，没有产生经济价值或经济效益，那就不是创新。总之，创新概念的严格定义是个相当广泛而复杂的问题，难以用简单的定义将它涵盖。

二、创新过程

创新是一个总体线性、局部反复性的周期变革过程，需要从创新过程和具体的创新阶段入手，才能得到全面和深入的理解。创新深受众多因素的影响，创新过程是个极为复杂的社会经济过程，因此，不同学派对创新过程的观点也存在分歧，即创新过程呈多样性。

古典经济学派认为，创新（技术变化）是工作替代的一个可能的原因（Petit and Soete，2001）。[①] 新古典学派认为，作为外生的普通过程的技术变化，如同"天上掉的馅儿饼"，推动经济增长，并导致充分就业。这种观点限

---

① Petit P. & L. Soete. Technology and the future of European employment [M]. Elgar, Cheltenham, 2001.

制了创新过程中的异质性及其对就业不同影响的研究（朱英明、张珩、童毛弟，2014）。① 在过去十几年里，创新的多样性概念已经成为经济学家分析技术变化的目标，尤其是源于 Nelson 和 Winter②、Dosi 和 Nelson③ 开创性贡献的"演化流"领域。

在早期新熊彼特主义的文献中，创新活动被概念化为源于正式 R&D 的科技进步的线性过程（Freeman，1991）。④ 由于强调激进式创新在驱动经济增长中的作用，所以这类文献重视"创造性破坏"力，而不是平稳的渐进式创新过程。主要由科学技术发现驱动的不连续性激进式创新，往往创造和扩大新的技术部门，同时取代更传统的部门。创新过程的多样化意味着创新战略及其决定因素的多样性，因而将创新战略及其决定因素概念化为一项艰巨的任务。从 Pavitt 开创性的工作开始，创新战略被定义为三个要素的组合：企业追求的目标、实现目标体系开展的活动以及利用现有技术机会提供的来源。

Zaltman⑤ 首先提出了一个离散线性的创新过程模型，将其分为两个主要的阶段：创始期和实施期，即采用创新前后的决策和行动。这两个阶段又分为一些子阶段。创始阶段包括知识感知期、观点形成期和决策期。实施阶段包括创建期和持续实施期。但由于创新过程并没有固定不变的阶段，不同类型的创新所具有的阶段也是不同的。Schroeder 等⑥ 提出了离散非有序模型。他对六种正在进行的主要创新进行了详细的观察，认为创新主要由六个事件组成，这些事件逻辑上有一定顺序，但实际中并没有固定的顺序。随后不少研究者从不同研究层面——个人、团队、组织和社会，提出了创新过程模型（Damanpour，2001⑦），并且通过纵向观察研究对这些模型进行了修正。这些研究证实了组织的创新过程是一个反复的、非单纯线性的、分离性的、周期性的过程。如 Utter-

---

① 朱英明，张珩，童毛弟. 创新驱动发展论 [M]. 北京：经济管理出版社，2014.
② Nelson R. R., Winter S. G. In Search of a Useful Theory of Innovation [J]. Research Policy, 1977 (6).
③ Dosi G. & R. Nelson. An Introduction to Evolutionary Theories in Economics [J]. Journal of Evolutionary Economics, 1994, 4 (3).
④ Freeman C. Networks of innovators: A synthesis of research issues [J]. Research Policy, 1991, 20 (5).
⑤ Zaltman G., Duncan R., Holbeck J. Innovations and Organizations [M]. NewYork: Wiley, 1973.
⑥ Schroeder R. G., Van de Ven A. H., Scudder G. D., Polley D. The Development of Innovative Ideas [M]. New York: Harper & Row, 1989.
⑦ Damanpour F. & Gopalakrishnan S. The Dynamics of the Adoption of Product and Process Innovation in Organizations [J]. Journal of Management Studies, 2001, 38 (1): 45-65.

back 和 Abernathy① 提出的产品生命周期模型、Lee 和 Stone② 提出的创新效应发展模型、Bartezzaghi③ 提出的持续产品创新模型、Dorothy④ 提出的创新通道模型、Wheeler⑤ 提出的商业创新周期（NEBIC）模型。美国管理学家加里·哈默（Gary Hamel）提出的创新塔模型⑥，位于顶端的是管理创新，然后是战略创新，再次是产品创新和服务创新，最低层的是营运创新。层次越高，创新对价值创造以及竞争地位的维系就越重要（陈劲、贾根良，2013⑦）。

从创新模型综述可以发现，人们对创新过程的描述已从最初的线性阶段上升到反复性阶段，从单一创新上升到一系列产品创新，并逐步发展到结合隐性知识开发和组织学习的反复创新。然而这些模型仍没有将创新过程阶段具体化，难以指导企业创新的实际运作。

基于上述创新模型，蒋贵凰⑧提出了如图 2-2 所示的企业创新过程模型。该模型把创新分为六个阶段：知识创造与选择、技术开发、匹配、生产开发、市场开发、评估反馈。并强调了该过程中对创新的选择能力、匹配能力、执行能力和评估能力，以及在知识创造和市场匹配阶段中思想发散和收敛的重要性。

（1）知识创造与选择阶段。在这个阶段企业广泛收集内外部信息，对其进行加工处理，并结合知识共享和知识交流，使企业不断产生新的知识。此过程中企业会意识到创新的存在，发现组织或企业中的机会，并将其显性化。由于创新是一个很复杂的过程，无论是在技术开发、生产开发还是在市场开发阶段，都会遇到各种难以预料的困难，例如创意不符合顾客的实际需要、技术与市场需求不匹配、新需求或新技术过于超前以及创新主体缺乏对创新

---

① Abernathy W. J., Utterback J. M. Innovation and the Evolving Structure of the Firm [J]. Apmis, 1975.
② Lee H. H., Stone J. A. Product and Process Innovation in the Product Life Cycle: Estimates for U. S. Manufacturing Industries [J]. Southern Economic Journal, 1994, 60 (3).
③ Bartezzaghi E., Corso M., Verganti R. Continuous Improvement and INTER-project Learning in New Product Development [J]. International Journal of Technology Management, 1997, 14 (1).
④ Dorothy Leonard, Sylvia Sensiper. The Role of Tacit Knowledge in Group Innovation [J]. California Management Review, 1998, 40 (3).
⑤ Wheeler B. C. NEBIC: A Dynamic Capabilities Theory for Assessing Net-Enablement [J]. Information Systems Research, 2002, 13 (2).
⑥ Hamel G. Innovation Now [J]. Fast Company, 2002 (December).
⑦ 陈劲, 贾根良. 理解熊彼特：创新与经济发展的再思考 [M]. 北京：清华大学出版社, 2013.
⑧ 蒋贵凰. 企业创新过程解析 [J]. 改革与战略, 2008, 24 (12).

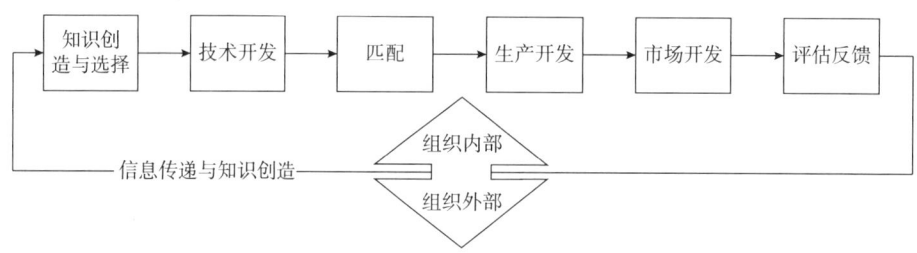

图 2-2　企业创新过程模型

设想的严格筛选等,因此企业需要认真评估各个阶段,并及时反馈和分析,通过知识创造解决难题,使创新能够顺利进行,也可能因此引发出新的系列产品。

(2)技术开发阶段。技术开发阶段是指企业把新思想、新构思转变为新的产品原型或样品的过程。具体而言,它是对企业开发新产品而组织技术研究人员进行的构思创意,对预期商业化前景比较好的项目,进行实验室研究、设计、制出样品,对产品原型或样品进行测试、评价及筛选等工作的总称。但是对于很多企业来说,创新产品的产生并不是基于自主开发,而是在其他地方,如研究机构等,已经研制出的新技术,结合自己的产品创造出的,因此技术开发阶段也可以简化为新技术与企业产品设计的结合。企业需要在众多新技术中,选择并采用最适合自身发展的技术,因此需要进入匹配阶段。

(3)匹配阶段。为了提升创新的成功率,除了正确的选择机遇外,还需要使企业的创新技术与市场需求、商业战略相匹配,如果创新产品缺少市场需求或与企业整个发展方向不一致,必然会导致创新失败或使企业进入误区。匹配是在实验室的研究开发与正式生产定型之间的技术经济活动,包括进行一系列技术的、生产的和市场的试验活动,以解决有关生产技术(如工艺、原辅料、质量)等方面的问题,将生产出的小批量产品在一定的市场范围内试销,取得可靠的数据。

(4)生产开发阶段。生产开发是指企业把新的产品原型或样品转变为新产品的过程。它是企业在确定将要投放市场的产品原型或样品之后,即技术开发和匹配过程结束之后,到新产品正式投入批量生产之前而进行的中试、工艺流程设计、产品标准制定、工装及模具设计和制造、工作方法与劳动定额确定等一系列工作的总称。

(5)市场开发阶段。市场开发是指企业把新产品转变为市场上所需要的新商品的过程。实际上，从构思开始，企业就得考虑市场开发问题，它应该包括企业从构思，到新商品正式投放市场之前所做的市场调查与研究、市场测试与评价、制定市场营销计划以及最终的销售等各项工作。

(6) 评估反馈阶段。评估能够帮助企业更好地认识顾客对自己产品的认可程度及产品给顾客带去的价值，从而帮助企业更好地做出预测和改进。由于创造顾客价值的能力取决于企业的知识创造能力、选择能力、匹配能力和执行能力，而每一个阶段的能力又取决于前一个阶段的能力表现，因此，企业不仅需要在一个创新过程的末期通过顾客进行反馈，还要在创新过程的每一个阶段进行反馈，必要时，重新执行上一个阶段，确保每一个阶段的有效性。

回顾历史我们不难发现，近代以来人类文明进步所取得的丰硕成果，主要得益于科学发现、技术创新和工程技术的不断进步，得益于科学技术应用于生产实践中形成的先进生产力，得益于近代启蒙运动所带来的人们思想观念的巨大解放。换言之，人类社会从低级到高级、从简单到复杂、从原始到现代的进化历程，就是一个不断创新的过程。

第三节

创新驱动发展理论与研究综述

党的十八大报告明确提出实施创新驱动发展战略。创新驱动发展是经济新常态下解决发展动力问题的核心，也是国家发展全局的核心。驱动经济发展的创新是多方面的，包括科技创新、制度创新和商业模式创新，其中科技创新是关系发展全局的核心。实现高质量发展，迫切需要加快用创新驱动改造发展的动力系统，改变我国产业在全球价值链中的位置，推动全要素生产率持续提高。当今时代，创新是经济社会发展中一种内生而不是外在的、稳定而不是随机的、全面而不是局部选择性的关键因素。实施创新驱动发展战略正是适应这种规律所提出的重大决策，就是要用创新催生新的经济发展方式，这与传统发展方式有本质不同，是经济社会发展质量的系统性提升。实

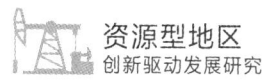

现高质量发展可能有千条路、万条路，但创新驱动是必由之路。

一、创新驱动发展理论

（一）创新驱动发展的内涵

在不同的发展阶段，驱动经济发展的主动力和国家或地区竞争优势有所不同。创新驱动的概念最早由管理学大师迈克尔·波特提出，他把国家经济发展划分为生产要素驱动、投资驱动、创新驱动和财富驱动四个阶段。创新驱动发展是指驱动经济发展的主要动力不再是生产要素的巨大投入或者技术设备的改善和投资规模的扩大，而是创新能力和水平的提高，经济发展是以知识和科技为先导的创新型发展。具体而言，首先，创新驱动是以人的知识、智力等具有无限增长性的要素为驱动力量，这些要素的生产率远高于传统生产要素。人的知识和智力是创新驱动发展的关键因素，缺乏人的知识和智力，创新驱动发展将无从谈起。其次，创新驱动强调科技创新与经济的融合，也就是说，创新驱动发展，要实现科技创新与经济社会发展的紧密结合，大幅提高科技创新对经济发展的贡献率；科技创新不能脱离经济发展，二者是一种相互融合的过程；创新驱动的成果需应用于实践，才能推动社会经济发展，而能否推动社会经济发展又成为检验科技创新成果实效性的标准，市场发展的不断需求是创新驱动的持续动力。最后，创新驱动发展是全面的创新，不仅包括科技创新，还包括理念创新、体制创新、机制创新和管理创新等各个方面，这些方面相辅相成，以科技创新为出发点和归宿。创新驱动发展的核心要义是以科技进步和创新为支撑，加大改革力度，实现经济转型发展，增强自主创新能力，推动中国经济的跨越式发展和可持续发展。

创新驱动是一种新的经济增长方式，不只是解决效率问题，更为重要的是通过对知识、技术、机制和管理模式等要素的创新，实现对有形资本、劳动力、物质资源等要素的重新组合，以创新的知识和技术，形成新的生产力（陈强、余伟，2015[①]）。各种物质要素经过新技术和新发明的介入和组合，使科学技术

---

① 陈强，余伟.创新驱动发展国际比较研究［M］.上海：同济大学出版社，2015.

成果在生产和商业上得到迅速应用和扩散，创造了新的增长要素，提高了创新能力，形成了内生性增长。创新驱动可以在减少物质资源投入的基础上实现经济的快速增长。创新驱动发展，要依靠科技创新，要实现创新主体与经济密切结合，关键是要注重企业自主创新能力的提高。具体来说，创新包括科技创新、产业创新、企业创新、市场创新、产品创新、理念创新、业态创新、管理创新、机制创新等诸多领域。创新驱动发展战略就是加快形成以创新为主要引领和支撑的经济体系和发展模式，推动以科技创新为核心的全面创新，增强科技进步对经济增长的贡献度，形成新的经济增长动力源，推动经济持续健康发展。[①]

创新驱动发展意味着国家或地区的竞争优势不再严重依赖自然资源、劳动力数量和资本投资，而是主要依靠科技进步和创新能力。从20世纪80年代以来，特别是随着计算机和信息技术的发展，很多国家的经济发展都从要素依赖阶段、投资驱动阶段逐渐进入了创新驱动阶段。对于我国资源型地区而言，创新驱动发展转型，就是要将科技创新摆在区域发展全局的核心位置，以全球视野谋划和推动创新，坚持走中国特色自主创新道路，下大力气解决影响未来发展的重大科学和关键技术问题，抓住新一轮科技革命和国家实施创新驱动发展战略的历史机遇，推动地区经济发展尽快走上创新驱动的轨道。

（二）创新驱动发展的特征

实施创新驱动发展战略，就是要推动以科技创新为核心的全面创新，坚持需求导向和产业化方向，坚持企业在创新中的主体地位，发挥市场在资源配置中的决定性作用和社会主义制度优势，增强科技进步对经济增长的贡献度，形成新的增长动力源泉，推动经济持续健康发展。虽然世界主要国家由于历史文化、经济体制及自然资源禀赋的不同而走上了不同的发展道路，但是这些国家创新驱动发展的过程存在一定的共性，这些共性构成了创新驱动发展不同于"生产要素驱动发展"和"投资驱动发展"的基本特征。

（1）创新驱动发展是以科技创新为引领。实现创新驱动，需要科技创新继续冲锋陷阵，奋勇向前。党的十八大提出："科技创新是提高社会生产力和

---

① 习近平总书记在中央财经领导小组第七次会议上的讲话：加快实施创新驱动发展战略，加快推动经济发展方式转变，2014年8月18日。

综合国力的战略支撑,必须摆在国家发展全局的核心位置。"我国"十三五"规划建议提出:"发挥科技创新在全面创新中的引领作用,加强基础研究,强化原始创新、集成创新和引进消化吸收再创新。推进有特色高水平大学和科研院所建设,鼓励企业开展基础性前沿性创新研究,重视颠覆性技术创新。实施一批国家重大科技项目,在重大创新领域组建一批国家实验室。积极提出并牵头组织国际大科学计划和大科学工程。"

(2) 企业是创新的主体。企业是经济活动的主体,技术创新本质上是一个经济过程,只有以企业为主体,才能坚持市场导向,反映市场需求。企业创新主体地位能否确立,主导作用能否发挥,很大程度上决定了创新驱动战略的成败。"十三五"规划建议提出:"强化企业创新主体地位和主导作用,形成一批有国际竞争力的创新型领军企业,支持科技型中小企业健康发展。依托企业、高校、科研院所建设一批国家技术创新中心,形成若干具有强大带动力的创新型城市和区域创新中心。完善企业研发费用加计扣除政策,扩大固定资产加速折旧实施范围,推动设备更新和新技术应用。"创新驱动企业先行。创新是企业在激烈的市场竞争中的生存之道,是企业获得长期领先优势、在市场竞争中立于不败之地的法宝。发挥企业的创新主导作用,需要成熟、开放、公平竞争的市场环境,需要健全、合理的法律法规和良好的政策环境。2013年10月,中共中央政治局以实施创新驱动发展战略为题举行第九次集体学习。中共中央总书记习近平在主持学习时强调:"要加大政府科技投入力度,引导企业和社会增加研发投入,加强知识产权保护工作,完善推动企业技术创新的税收政策,加大资本市场对科技型企业的支持力度。"在中央财经领导小组第七次会议上习近平指出:"要围绕使企业成为创新主体、加快推进产学研深度融合来谋划和推进。"

(3) 创新驱动发展是由人才驱动的发展。从长期看,经济发展取决于人的智力和技术。诺贝尔经济奖得主舒尔茨教授说:"经济发展主要取决于人的质量,而不是自然资源的丰富贫瘠或者资本存量的多寡。"我国"十三五"规划建议提出:"扩大高校和科研院所自主权,赋予创新领军人才更大人财物支配权、技术路线决策权。实行以增加知识价值为导向的分配政策,提高科研人员成果转化收益分享比例,鼓励人才弘扬奉献精神。"在中央财经领导小组第七次会议上习近平总书记强调:"创新驱动实质上是人才驱动。"人才强国战略是科教兴国战略与创新驱动战略的重要内容,创新驱动战略以人力资源为第一资源，人是科技创新最关键的因素。加快形成一支规模宏大、富有创新精神、敢于承担风险的创新型人才队伍，要重点在用好、吸引、培养上下功夫。我国各省市区尤其是资源型地区要用好科学家、科技人员、企业家，激发他们的创新激情；要学会招商引资、招人聚才并举，择天下英才而用之，广泛吸引各类创新人才特别是最缺的人才；要破除体制机制障碍，充分保障科研人员的合理权益，调动科学家和科技人员、企业家、技能型人才和大众创新创业者等各类人才的积极性，形成人才辈出、人尽其才的良好局面。实施创新驱动发展战略，根本在于增强自主创新能力。人才是创新的根基，谁拥有一流的创新人才，谁就拥有了科技创新的优势和主导权。

（4）政府承担创新服务，建立健全体制机制。创新驱动"新引擎"需要友好的创新环境。创新驱动需要国家的政策保驾护航，需要不断破除旧的体制机制作为保障。因此，政府职能从研发管理向创新服务转变，要进一步解放思想，加快科技体制改革步伐，破除一切束缚创新驱动发展的观念和体制机制障碍。要抓紧出台实施创新驱动发展的政策和部署，要面向世界科技前沿、面向国家重大需求、面向国民经济主战场，精心设计和大力推进改革，让机构、人才、装置、资金、项目都充分活跃起来，形成推进科技创新发展的强大合力。同时，加快研究提出创新驱动发展顶层设计方案，修改完善相关法律法规，尽快形成适应创新驱动发展要求的制度环境和政策法律体系，为顺利推进创新驱动发展战略提供有力保障。

(三) 创新驱动的条件

从美国、日本、芬兰、韩国等创新型国家的发展历程来看，进入创新驱动的条件一般包括（童爱香、孙艳艳，2011[①]）：

(1) 创新综合指数明显高于其他国家，科技贡献率70%以上。

(2) 从创新投入来看，研发投入占GDP的比例一般在2%以上，研发投资的较大部分投向产业领域。

(3) 从创新过程来看，大量创新活动是原始创新，对外技术依存度指标一般在30%以下。

---

① 童爱香，孙艳艳. 美国与日本创新驱动模式比较 [J]. 全球科技经济瞭望，2011，26（10）.

（4）从创新产出来看，创新产出高，发明专利多。

（5）从产业发展来看，创新不仅体现在科技优势上，而且体现在产品或服务的国际竞争优势上，这个阶段会形成较为完善的产业集群，对经济的变动和外部事件影响的免疫力强。

（6）从社会发展来看，创新驱动不仅体现在经济增长上，而且扩散到社会发展、环境改善、体制优化等多领域。

二、资源型地区创新驱动发展研究

目前，对于我国资源型地区创新驱动转型的研究文献非常匮乏，只有少量文献对创新转型面临的问题以及实现路径进行了探讨。张复明[①]认为上述难题的产生源于矿产开发的特殊性与收益分配制度的缺失。他进一步指出，在资源环境与经济社会协调发展的内在需求，与全球气候变暖、低碳经济和绿色发展的外在压力下，要破解资源型经济所面临的诸多发展难题，应该围绕矿业收益的分配、调控与转化，建立矿产资源产权与收益分配机制、生态环境补偿机制、资源财富转化机制、绿色创新激励机制以及产业结构优化升级机制，通过制度创新、产业规制与政府监管等手段来推进资源型区域的可持续发展。张治河等[②]认为，解决科技资源匮乏地区的创新发展问题，必须跳出传统产业结构演化思维及自然资源禀赋优势思考问题，不能局限于传统的优势产业进行布局，要根据经济社会的发展趋势和前沿技术，着眼于未来，强化全球视野和战略思维，把目标区域置于全国和世界经济大格局中谋划，以局部优势带动区域发展，科学选择实施创新驱动发展的路径。牛胜强[③]以甘肃为例，分析了资源型经济向创新驱动型经济的转型，并提出了从资源型经济向创新驱动经济转变的政策建议。他认为调整经济结构、转变经济发展方式不仅是西部欠发达地区更好发挥资源优势的重要举措，而且是争夺未来发展制高点的核心主题和战略。资源型经济体必须采取综合策略，尽快实现资源优势向经济优势转化，和从资源依赖型经济向创新驱动型经济的成功转型。

---

① 张复明. 资源型区域面临的发展难题及其破解思路 [J]. 中国软科学, 2011 (6).
② 张治河, 焦贝贝, 李怡等. 科技资源匮乏地区创新驱动发展路径研究 [J]. 科研管理, 2018, 39 (2).
③ 牛胜强. 西部欠发达地区经济从资源型向创新驱动型的转变 [J]. 开放导报, 2012 (2).

他进一步指出资源型地区的创新转型需要在以下几个方面取得重点突破：立足现有产业基础，提升优化产业结构，实现资源优势拓展；大力发展高新技术产业，形成多元化的经济增长体系；立足发展服务业，改善资源经济服务功能；大力发展循环经济，推进资源经济可持续发展；加快劳动力资源开发，提升人力资源质量，做强做大劳务输出产业，培育建设人力资源，为有效转变经济发展方式提供强有力的人才和人力资源保证；正确处理资源开发与生态保护、眼前利益与长远利益发展的关系，在建设生态社会的过程中实现可持续发展；要深入实施知识创新和技术创新工程，加快科技成果向现实生产力转化，加大对自主创新的支持，不断提高研发能力，支撑高新技术产业发展；推动消费观念转变，最大限度节约能源资源与保护环境。陈彪[1]认为资源型地区创新驱动转化面临着思想领域内对于驱动力转化的认识不统一，物质条件上缺乏实现创新驱动的科技能力支撑，体制机制上政策支撑体系尚待完善，人才保障上缺少强有力的支持等问题，加快资源型地区创新驱动发展要解决好思维定势的问题，发挥好政府的激励引导作用，坚持企业的创新主体地位，发挥人才的集聚效应。张辉和赵琳[2]以典型的资源型省份山西为例，系统阐释资源型地区创新驱动发展面临的难题及策略。他认为落实党中央、国务院关于实施创新驱动的决策部署，突破转型发展瓶颈制约、实现由要素驱动向创新驱动转变的历史任务，山西必须把煤基低碳创新作为创新发展的首要目标，把产业创新链建设作为创新发展的第一抓手，把建设山西科技创新城作为创新发展的第一支撑，把强化企业创新主体地位作为创新发展的第一要义，把科技成果转化作为创新发展的第一重点，把人才作为创新发展的第一资源，把按照创新能力配置要素资源作为创新发展的第一机制，努力探索，大胆实践，力求走出资源型地区转型发展、创新发展的新路。杨臣华[3]深入剖析资源型地区经济发展面临的新问题，提出了资源型地区创新驱动引领质量效益提高的实现路径，其研究结论具有很高的代表性。他从区域发展的资源依赖性、新旧动能转换接续不足、创新人才支撑力不强、转型升级环境不佳等方面系统分析了资源型地区创新转型面临的难题。在此基础上，提出了资

---

[1] 陈彪. 资源型地区创新驱动发展面临的问题与对策 [J]. 经济问题，2015（9）.
[2] 张辉，赵琳. 资源型地区创新驱动发展战略研究——以山西省为例 [J]. 中国商论，2016（24）.
[3] 杨臣华. 资源型地区创新驱动引领质量效益提高的路径选择 [J]. 中国发展观察，2017（24）.

源型地区提高经济发展质量效益的实现路径,重点指出创新驱动是资源新地区实现质量效益提高的第一驱动力,应通过激发全社会创新主体特别是企业家创新创业,把经济增长的动力从主要依靠投资和自然资源要素转向依靠人力资本和技术创新上来,提升创新对经济增长的贡献力。

尽管相关研究并不丰富,但这些为数不多的文献可以为我们提供一些重要的启示:为适应我国经济发展新常态的要求,亟须实现资源型地区经济发展由要素驱动向创新驱动转化,以消耗自然资源为特征的粗放型发展模式已不具备比较优势,并且资源型地区长期的资源依赖发展模式所导致的产业结构单一、内生增长动力不足、市场活力不充分、资源环境约束加剧等问题日渐凸显;资源型地区实施创新驱动发展,必须坚持把科技创新摆在发展全局的核心位置,同时必须明确推进创新驱动发展的主要着力点,以大无畏的改革创新精神,建立一整套促进创新驱动发展的体制机制,为实施创新驱动发展提供强大动力、良好环境和制度保障。

第四节 区域创新研究综述

一、政府支持与企业创新

作为一种公共物品,创新活动的成果存在明显的正外部性,由此导致的创新不足会阻碍一国的经济增长(Arrow,1972①)。为了纠正这一市场失灵,各国政府普遍运用创新财政补贴政策,鼓励企业增加创新研发投入(Aschhoff,2009②;Özçelik and Taymaz,2008③)。Eurostat(2009)发布的报告显示,

---

① Arrow K. J. Economic Welfare and the Allocation of Resources for Invention [J]. Nber Chapters,1972,12.
② Aschhoff B. The Effect of Subsidies on R&D Investment and Success-Do Subsidy History and Size Matter? [M]. New York:Social Science Electronic Publishing,2009.
③ Özçelik E.,Taymaz E. R&D Support Programs in Developing Countries:The Turkish Experience [J]. Research Policy,2008,37(2).

1995~2005年美国创新研发投入中源于政府补贴的比重高达30%。同期欧盟的这一比重更是高达35%，日本也达到18.5%。

Czarnitzki 和 Licht（2010）[①] 认为政府的研发支持可以弥补企业研发不足，降低企业的研发风险，从而有利于提升企业的技术创新能力。然而，上述机制是对于企业整体的技术创新能力而言的，如果要严格区分技术创新能力与技术创新效率的差异，那么就要针对政府支持的具体领域和特征进行分析，这恰恰是现有研究所缺乏的。Sosnick 和 Scherer（1990）[②] 认为，当企业规模不断扩大时，或由于管理控制能力的降低，或由于过度的官僚控制，研发效率会因此受到损害。Bérubé 和 Mohnen（2010）[③] 利用加拿大统计署2005年的创新调查数据进行非参数匹配估计，结果发现比起仅受益于R&D税收激励的企业，受到税收抵免和政府R&D资助的企业创造出了更多世界一流的创新产品并使其商业化。Alecke 等（2012）[④] 通过研究发现，与非资助企业相比，受资助企业更有可能进行专利申请，专利申请的可能性从20%上升到40%。

在国内，长期以来从中央到地方各级政府都积极鼓励培育企业的技术创新能力。但是政府对于市场R&D活动的支持存在一定的脱节，尤其是政府追求远期目标与企业追求短期目标形成了较大的冲突，加之企业销售与研发管理之间的不匹配现象，使得技术创新效率大受影响（肖文、林高榜，2014[⑤]）。由于企业的R&D活动（尤其是基础研究领域）具有一定的外部性，企业往往无法完全掌握R&D活动带来的收益，因此，企业R&D活动的风险和成本较高。

对于政府支持影响技术创新效率的相关研究，近些年逐渐得到一些重视。在政府R&D资助对企业R&D支出的影响研究方面，解维敏等（2009）[⑥] 利用

---

① Czarnitzki D., Licht G. Additionality of Public R&D grants in a Transition Economy [J]. Economics of Transition, 2010, 14 (1).

② Sosnick S. H., Scherer F. M. Industrial Market Structure and Economic Performance, Chicago, Rand McNally & Co. [J]. Social Science Electronic Publishing, 1990, 2 (2).

③ Bérubé C., Mohnen P. Are Firms that Receive R&D Subsidies More Innovative? [J]. Canadian Journal of Economics, 2010, 42 (1).

④ Alecke B., Mitze T., Reinkowski J., et al. Does Firm Size make a Difference? Analysing the Effectiveness of R&D Subsidies in East Germany [J]. German Economic Review, 2012, 13 (2).

⑤ 肖文，林高榜. 政府支持、研发管理与技术创新效率——基于中国工业行业的实证分析 [J]. 管理世界，2014（4）.

⑥ 解维敏，唐清泉，陆姗姗. 政府R&D资助，企业R&D支出与自主创新——来自中国上市公司的经验证据 [J]. 金融研究，2009（6）.

我国 2003~2005 年上市公司数据，李平和王春晖（2010）[①] 利用我国 2001~2008 年行业面板数据，白俊红（2011）[②] 利用中国大中型工业企业分行业面板数据研究发现，中国政府的 R&D 资助显著促进了企业的技术创新，而且企业自身的知识存量、企业规模、行业技术水平及产权类型等因素均会对资助效果产生不同程度的影响。但刘凤朝和孙玉涛（2007）[③] 利用我国 1990~2004 年数据发现我国政府 R&D 资助对其他非政府科技投入有不显著的挤出效应。在政府 R&D 资助对企业 R&D 产出的影响方面，学者们的研究结论亦并不一致。

白俊红和李婧（2011）[④] 应用 1998~2007 年中国大中型工业企业分行业面板数据，采用柯布—道格拉斯生产函数形式的随机前沿模型，基于效率的视角，实证考察了政府 R&D 资助等因素对企业技术创新的影响，他们发现：政府 R&D 投入的提高有利于其吸收和利用政府的 R&D 资助，但企业规模和产权类型对政府 R&D 资助效果的影响并不显著。蒋伏心等（2013）[⑤] 运用 2004~2011 年江苏省 28 个制造业行业面板数据，采用两步 GMM 法实证分析了环境规制对技术创新的直接效应和间接效应。结果表明，环境规制与企业技术创新之间呈现先下降后提升的"U"形动态特征，随着环境规制强度由弱变强，影响效应由"抵消效应"转变为"补偿效应"；FDI 和企业规模对技术创新具有显著的促进作用，但是环境规制会通过抑制 FDI 技术溢出效应和大企业规模效应的发挥，对技术创新产生间接影响；无论是否具有环境规制约束，人力资本水平和企业利润率对企业技术创新均具有促进作用。此后，白俊红和卞元超（2016）[⑥] 进一步利用 2004~2013 年我国 30 个省份的地区面板数据，在澄清政府支持影响产学研协同创新内在机理的基础上，通过建立产学研复合系统协同度模型，测

[①] 李平，王春晖. 最优政府研发资助规模及资助企业选择——基于中国行业异质性的门槛回归分析 [J]. 产业经济评论（山东大学），2010，9（3）.
[②] 白俊红. 中国的政府 R&D 资助有效吗？来自大中型工业企业的经验证据 [J]. 经济学（季刊），2011，10（4）.
[③] 刘凤朝，孙玉涛. 我国政府科技投入对其他科技投入的效应分析 [J]. 研究与发展管理，2007，19（6）.
[④] 白俊红，李婧. 政府 R&D 资助与企业技术创新——基于效率视角的实证分析 [J]. 金融研究，2011（6）.
[⑤] 蒋伏心，王竹君，白俊红. 环境规制对技术创新影响的双重效应——基于江苏制造业动态面板数据的实证研究 [J]. 中国工业经济，2013（7）.
[⑥] 白俊红，卞元超. 要素市场扭曲与中国创新生产的效率损失 [J]. 中国工业经济，2016（11）.

算产学研协同创新复合系统的协同度,考察政府支持是否促进了产学研协同创新。研究结果显示:在考察期内,我国政府对产学研协同创新的支持力度逐年上升,但是产学研协同创新复合系统的协同度仍处于较低水平,全国范围、东部地区和中部地区的政府支持显著促进了产学研协同创新的发展,西部地区的模型估计结果不显著。"门槛"面板回归模型表明,除西部地区外,政府支持对产学研协同创新的促进效应大致呈递减趋势。而王俊(2010)[1]的研究却显示政府 R&D 资助对专利产出的影响并不显著,他认为这主要是由政府 R&D 资助的约束机制不严造成的。李颖等(2018)[2] 对陕西省 226 家创业企业样本进行调研,研究发现:政府支持能够显著提升创业企业创新绩效,并且创业导向在其中发挥了部分中介作用,而在有失败经验和低水平竞争强度时,政府支持通过创业导向促进创业企业创新绩效的作用更强。

冯宗宪等(2011)[3] 采用两阶段半参数 DEA 方法,对 30 个省区市的工业企业技术创新效率进行测定,并分析了政府干预对技术创新效率的影响程度与方向。结果表明,政府干预与创新活动的技术效率之间具有不显著的负向关系,并且对创新活动的规模效率具有一定程度上显著的负向影响。冯宗宪等(2011)认为,原因大致包括三个方面:其一是政府决策层远离技术发展前沿,选择资助项目存在高失误率;其二是政府的支持作用可能失效,企业会借机寻租;其三是政府干预会损害公平竞争环境。政府干预作为企业技术创新活动的外力,将破坏原有的竞争环境,其自身的支持作用无法实现。由此可知,政府干预很可能带来技术创新的效率损失,而仅凭借现阶段市场机制的自发作用虽然可以增强企业的创新动力,提高其研发活动的技术效率,但却无法使企业达到技术创新活动的最优规模。这种"双重失灵"就是目前中国在建设创新型国家加快产业结构转型、增强大中型工业企业自主创新能力的过程中所遇到的主要问题之一。谢伟等(2008)[4] 运用 DEA 方法对我国

---

[1] 王俊. R&D 补贴对企业 R&D 投入及创新产出影响的实证研究 [J]. 科学学研究,2010,28 (9).
[2] 李颖,赵文红,周密. 政府支持、创业导向对创业企业创新绩效的影响研究 [J]. 管理学报,2018 (6).
[3] 冯宗宪,王青,侯晓辉. 政府投入、市场化程度与中国工业企业的技术创新效率 [J]. 数量经济技术经济研究,2011 (4).
[4] 谢伟,胡玮,夏绍模. 中国高新技术产业研发效率及其影响因素分析 [J]. 科学学与科学技术管理,2008,29 (3).

各省的高新技术产业研发效率、技术效率和规模效率进行了测算，并进一步用面板数据回归方法检验政府资金支持对区域技术创新效率的影响，结论显示该影响显著为负。谢伟等（2008）认为，一方面，政府和企业对于研发的重视将会提升企业的技术创新效率；另一方面，由于研发投入具有时滞性，不能及时有效支持企业机构的自主研发和对引进技术的消化吸收，技术效率没有及时得到提高。余泳泽（2011）[①] 采用 SFA 方法考察了政府支持、制度环境和 FDI 对我国区域创新体系建设的影响，结果显示政府支持对高校、科研机构和企业科技创新均有负影响，区域创新主体出于自主意愿的技术研发更有效率；市场化水平和 FDI 对高校科技创新影响不确定，而对企业和科研机构具有正向影响。张玉喜和赵丽丽（2015）[②] 以中国 30 个省（市、自治区）的 559 家科技创新型上市公司为样本，通过构建 HLM 模型，研究了区域层面政府支持、金融发展和企业层面社会资本对科技创新企业融资效率的影响机理。研究结论显示：区域政府支持对科技创新企业融资效率产生直接的负向影响。这可能与已有研究集中于政府支持在减少科技创新企业融资成本与融资约束方面的作用效果，而忽略了政府支持对科技创新企业融资收益的消极影响有关。利益驱动下的科技创新企业主要通过增加 R&D 投入来提高企业竞争力，增加企业的收益，然而政府的财政补贴行为会挤出企业自身的研发支出，当政府补贴措施存在漏洞时又可能会诱发企业的寻租行为，这些现象会减少企业的融资收益，降低企业的融资效率。

杨洋等（2015）[③] 采用 2003~2007 年中国工业企业面板数据，从资源获取和信号传递的角度来剖析不同所有制企业如何利用政府补贴进行创新，以及要素市场扭曲对政府补贴有效性的调节效应，并在此基础上进一步考察了要素市场扭曲与所有制的联合调节效应。结果发现：相比国有企业，政府补贴对民营企业创新绩效的促进作用更大；要素市场扭曲程度低的地区，政府补贴对企业创新绩效的促进作用更大；所有制对政府补贴和企业创新绩效的

---

① 余泳泽．政府支持、制度环境、FDI 与我国区域创新体系建设 [J]．产业经济研究，2011（1）．
② 张玉喜，赵丽丽．政府支持和金融发展、社会资本与科技创新企业融资效率 [J]．科研管理，2015，36（11）．
③ 杨洋，魏江，罗来军．谁在利用政府补贴进行创新？——所有制和要素市场扭曲的联合调节效应 [J]．管理世界，2015（1）．

调节作用还依赖于要素市场的扭曲程度。

张杰等（2015）[①] 构建了一个简单的理论模型，分析中国情境下政府创新补贴政策对企业私人 R&D 投入的影响效应以及其中的作用机理，并利用中国科技部的"科技型中小企业技术创新基金"和中国工业企业数据库的合并数据，对理论模型的研究命题加以检验。他们发现：中国情境下政府创新补贴对中小企业私人 R&D 并未表现出显著的效应；知识产权保护制度的完善程度，会影响 R&D 中国情境下政府创新补贴政策对企业私人 R&D 的作用效应，在那些知识产权保护制度完善程度越弱的地区，政府创新补贴政策越能促进企业私人 R&D 的提升；贷款贴息类型的政府创新补贴政策对企业私人 R&D 造成了显著挤入效应，而无偿资助等类型的政府创新补贴政策却未产生如此的挤入效应；在金融发展越滞后的地区，贷款贴息类型的政府创新补贴政策对企业私人 R&D 的挤入效应越强。

综上所述，现有文献关于政府支持对创新效率的影响上尚存争议，未形成共识。一种观点认为，从公共产品的溢出效应角度出发，政府支持能够解决因 R&D 创新活动过程中不可避免的知识泄露以及非完全专有性带来的市场失灵问题，因而促进企业创新；另一种观点则认为，政府支持有可能挤出企业自身 R&D 投入进而在一定程度上阻碍企业的创新行为。事实上，企业所处地区的经济发展水平、金融市场效率等外部环境亦会对政府支持创新效果的发挥产生重要影响。因此，今后的研究应在充分考察影响资助效果内部因素的基础上逐渐向外部环境拓展，继而将内部与外部因素结合起来进行分析，这样也有助于全面、系统且有针对性地提升政府创新支持的绩效。

二、协同创新与时空关联

外溢是创新的一个重要特征，创新的大量收益都是以外溢的形式流向了其他非创新主体。创新外溢是导致报酬递增从而使经济获得持续增长的根本

[①] 张杰，陈志远，杨连星等. 中国创新补贴政策的绩效评估：理论与证据 [J]. 经济研究，2015（10）.

原因（Romer，1994[①]）。随着网络信息技术的发展，创新的外溢效应反而得到了加速。Agarwal 和 Gort（2001）[②] 的一项研究表明，从企业推出新产品到竞争者提供相同或相近产品的平均时间由 20 世纪初期的 30 多年减少到了 20 世纪末的 3 年多。所以，有关创新外溢的研究逐步成为创新研究的一个重要方向。尤其是随着空间经济学的发展，有关创新外溢的研究开始更加关注创新的空间关联及外溢效应。

首先，从创新外溢的路径来看，技术贸易和技术合作是两种典型的技术扩散路径，这两种扩散路径事实上是创新外溢最强的形式。从具体外溢对象来看，有关创新外溢的路径的研究主要集中于大学和科研机构对企业创新外溢的研究和企业间创新外溢的研究。从大学和科研机构对企业创新外溢的研究来看，大部分研究都表明大学和科研机构的创新产出对于企业创新存在明显的外溢效应（Jaffe，1989[③]；Jaffe et al.，1993[④]；Fritsch and Franke，2004[⑤]）。在企业间创新外溢的研究上，大部分集中在模仿性创新和 FDI 技术外溢上，大量研究表明企业间创新外溢是普遍而显著的。但是从已有研究来看，大部分研究都集中在大学和科研机构向企业的创新外溢以及企业间创新外溢的单一路径上，很少有研究关注企业创新活动是否可以激发大学和科研机构的创新，从而产生循环外溢效应。而且，现有的研究只关注了创新产出的外溢效应，鲜有关注创新效率是否也存在外溢效应。

其次，从创新外溢的空间距离来看，研究都显示了创新外溢存在着显著的地理距离。Audretsch 和 Feldman[⑥]（1996）对产业创新活动的地理集聚与知识外溢之间的关系做了开创性的研究。在此基础上，众多学者开始关注创新

[①] Romer P. New goods, old theory, and the welfare costs of trade restrictions [J]. Nber Working Papers, 1994, 43 (1).

[②] Agarwal R., Gort M. First-Mover Advantage and the Speed of Competitive Entry, 1887-1986 [J]. Journal of Law & Economics, 2001, 44 (1).

[③] Jaffe A. B. Real Effects of Academic Research [J]. American Economic Review, 1989, 79 (5).

[④] Jaffe A. B, Trajtenberg M., Henderson R. Geographic Localization of Knowledge Spillovers as Evidenced by Patent Citations [J]. Quarterly Journal of Economics, 1993, 108 (3).

[⑤] Fritsch M., Franke G. Innovation, Regional Knowledge Spillovers and R&D Cooperation [J]. Research Policy, 2004, 33 (2).

[⑥] Audretsch D. B., Feldman M. P. R&D Spillovers and the Geography of Innovation and Production [J]. American Economic Review, 1996, 86 (3).

外溢的地理距离，有的研究甚至测度出了这种创新外溢的地理距离，如 Keller（2002）[①] 构造创新溢出效应随距离衰减函数，用于衡量 OECD 成员国中的小国和大国之间技术扩散的空间效果，发现随着国与国间距离增加 1200 公里，技术创新扩散减少 50%。符淼（2009）[②] 采用同样的思路研究中国的数据，显示这种创新外溢在距离为 800 公里内为密集区域，创新外溢主要集中在相邻的 1~2 个省域范围内。Bottazzi 和 Peri（2003）[③] 采用欧洲数据研究显示，欧洲创新外溢的距离为 300 公里。基本上所有的研究都表明了创新外溢主要存在于临近区域内。苏屹和林周周（2017）[④] 采用 1998~2014 年中国 30 个省份的面板数据，运用空间计量经济学，建立静态与动态空间面板模型，并从地理特征与社会经济特征两方面构建 5 个空间权重矩阵进行实证分析发现：区域创新活动具有正向空间相关性，并呈现明显的空间集聚现象；地理特征与社会经济特征对区域创新活动均产生影响，其效果以社会经济特征更大。一个城市的创新产出不仅受城市科技投入、经济、政治、文化、交通等因素的影响，也受城市空间相互作用所产生的知识溢出效应的影响，进而影响城市创新的空间分布，带来更大范围的经济格局的改变（李国平、王春杨，2012[⑤]）。

最后，从区域创新的空间关联网络结构特征来看，实证研究证明，中国城市创新空间格局呈现出相似创新水平城市空间集聚与多创新中心网络化空间结构特征，在知识生产过程中不能忽视知识空间溢出效应对城市创新产出与空间格局的影响（马静、邓宏兵、蔡爱新，2017[⑥]）。胡艳、时浩楠（2017）以长三角城市群 26 个城市 2008 年 1 月至 2015 年 12 月的国内发明专利申请量月度数据为依据，采用格兰杰因果检验构建城市之间的创新关联关系，在此基础上利用

[①] Keller W. Trade and the Transmission of Technology [J]. Journal of Economic Growth, 2002, 7 (1).
[②] 符淼. 地理距离和技术外溢效应——对技术和经济集聚现象的空间计量学解释 [J]. 经济学（季刊），2009, 8 (4).
[③] Bottazzi L., Peri G. Innovation and Spillovers in Regions: Evidence from European Patent Data [J]. European Economic Review, 2003, 47 (4).
[④] 苏屹，林周周. 区域创新活动的空间效应及影响因素研究 [J]. 数量经济技术经济研究，2017 (11).
[⑤] 李国平，王春杨. 我国省域创新产出的空间特征和时空演化：基于探索性空间数据分析的实证 [J]. 地理研究，2012, 31 (1).
[⑥] 马静，邓宏兵，蔡爱新. 中国城市创新产出空间格局及影响因素——来自 285 个城市面板数据的检验 [J]. 科学学与科学技术管理，2017 (10).

社会网络分析方法分析了长三角城市群城市创新的关联网络特征以及空间结构。研究表明：长三角城市群城市创新关联的网络密度相对较高，创新关联现象较为普遍，而且不存在明显的行政边界效应；各城市拥有不同的中心度，具备不同的权力，但权力大小与城市等级规模的关系不明显；长三角城市群存在4个子群，各子群的城市创新关联网络密度以及成员规模存在差异；各城市在4个子群以及子群内部关系中扮演着不同的中间人角色，具有不同的地位与作用。Scherngell 和 Lata (2013)[①] 采用经过滤波的空间相互作用模型研究了在欧洲框架下的欧洲 255 个城市 1999~2006 年研发网络的时空特征。Fischer 和 Griffith (2008)[②] 采用专利引文数据，利用空间计量模型与基于特征函数的空间滤波方法研究了 112 个欧洲城市间的知识流动的空间特征。吕拉昌、李勇 (2010)[③] 采用主成分分析以及聚类分析方法研究了我国创新城市体系空间格局，并在此基础之上利用合作论文数量量化分析了城市之间的创新联系，认为省会城市和经济实力较强的城市在创新扩散中起到了重要作用。徐雪琪、程开明 (2008)[④] 在综合采用回归分析、聚类分析以及相关分析的基础之上，研究了长三角城市间创新的空间扩散关系，认为长三角城市的创新扩散呈现等级扩散特征，与城市等级结构具有一致性。程开明 (2010)[⑤] 认为城市体系中存在的位势差和基础设施条件的提高能够加快城市的创新扩散，基于长三角城市群的实证研究也支持了这一观点。吴志强、陆天赞 (2015)[⑥] 以 2012 年的时点数据为例，利用引力模型与社会网络分析方法研究了长三角三省一市的 41 个城市的组织特征与空间网络关系，发现长三角创新群落存在相对较为明显的核心

---

① Scherngell T., Lata R. Towards an Integrated European Research Area? Findings from Eigenvector Spatially Filtered Spatial Interaction Models Using European Framework Programme Data [J]. Papers in Regional Science, 2013, 92 (3): 555-577.
② Fischer M. M., Griffith D. A. Modeling Spatial Autocorrelation in Spatial Interaction Data: an Application to Patent Citation Data in European Union [J]. Social Science Electronic Publishing, 2008, 48 (5): 969-989.
③ 吕拉昌，李勇. 基于城市创新职能的中国创新城市空间体系 [J]. 地理学报, 2010, 65 (2).
④ 徐雪琪，程开明. 创新扩散与城市体系的空间关联机理及实证 [J]. 科研管理, 2008, 29 (5).
⑤ 程开明. 城市体系中创新扩散的空间特征研究 [J]. 科学学研究, 2010, 28 (5).
⑥ 吴志强，陆天赞. 引力和网络：长三角创新城市群落的空间组织特征分析 [J]. 城市规划学刊, 2015 (2).

层、关联层和边缘层。杨凡等（2016）[①] 以1999~2013年中国31个省市为基本时空单元，应用探索性和确认性空间数据分析方法，对中国省域创新产出的空间格局与空间溢出效应进行分析，研究发现：省域创新产出的高值区形成以沿海经济带与长江经济带为轴的"T型"结构；地理邻近是省域创新产出集聚的主要空间关联模式，形成京津的虹吸、上海的扩散和粤辽的弱辐射三类区域效应；省域创新产出增长率存在正向空间溢出，但若不平衡创新资源配置，省域创新产出仍将陷入持续空间分异；创新产出、人力资本和资金资本均存在正向空间溢出，经济发展水平存在负向空间溢出，创新基础设施的空间溢出不显著，各创新投入变量空间溢出的传导机制不同。

知识的存量、经济发展、集聚经济等对创新产出有重要影响，同时新经济地理学理论证明，知识创新存在明显的空间溢出效应，不仅提高了城市创新的产出而且加速了城市创新之间的相互作用，影响着城市创新产出的空间分布格局。区域创新系统中的创新人员依赖空间邻近性从其他人员获益，由于创新过程复杂性提升，创新人员趋向于从各种来源吸收和整合新的或互补知识，由此，其他处于相邻区位的人员无疑成为获取知识最经济的选择。此外，某一区域创新人员生产的新知识将随着时间的推移不仅会扩散到同一区域的其他创新人员（区内知识溢出），而且会扩散到其他区域的创新人员（区际知识溢出）。

第五节

"资源诅咒"假说研究综述

自然资源作为生产活动的一个最基本的投入要素，对地区经济增长具有非常重要的意义。以古典和新古典经济学为代表的传统经济学理论普遍认为

---

① 杨凡，杜德斌，林晓. 中国省域创新产出的空间格局与空间溢出效应研究 [J]. 软科学，2016，30 (10).

良好的资源禀赋是工业化起步和经济增长的基础。然而，20世纪中后期以来，大多数资源丰裕的国家和地区的经济处于长期落后状态以及很多资源匮乏的国家和地区取得令人瞩目的经济发展绩效的事实，逐渐颠覆自然资源对区域经济增长具有绝对促进作用的传统观点。一些自然资源匮乏的国家和地区，如瑞士、日本、韩国、新加坡为代表的新型工业化国家在20世纪中后期实现了经济的迅速腾飞，呈现出超强的发展态势。其中，铁矿和煤炭资源缺乏的日本更是颠覆了依托煤炭和铁矿资源优势发展钢铁产业的传统发展模式，而仅靠进口煤炭和铁矿资源的模式成为世界级钢铁强国。与此形成鲜明对比的是，有着丰富石油、天然气和矿产等自然资源的尼日利亚，其失业率高达50%，60%的人口日生活费用不足1美元，是世界最贫穷国家之一；1965~1998年，盛产石油的伊拉克、伊朗、科威特等国的人均GNP出现负增长（Gylfason，2001[①]）；1960~1990年，自然资源丰裕国家的人均GDP增长率为1.3%，而自然资源贫乏国家的人均GDP增长率高达3.5%，比资源丰裕国家快2~3倍（Auty，2006[②]）。20世纪80年代末，Auty等（1990[③]，1993[④]）发现许多矿产资源丰富的国家在一段时期内，只有缓慢的经济增长甚至一些国家出现了负增长。这些现象和研究结论充分说明矿产资源的开发已经远远不能支撑经济的持续发展。1993年，Auty在文献中首次使用了"资源诅咒"一词，即丰裕的自然资源对一些国家的经济增长并不是充分的有利条件，反而是一种限制。在此之后，以Sachs和Warner为代表的众多学者对"资源诅咒"命题进行了广泛深入的实证检验和理论探索。目前"资源诅咒"命题研究主要集中在以下三个方面：一是"资源诅咒"命题的实证检验。二是"资源诅咒"传导机制的实证检验和理论分析；三是发挥资源优势，规避"资源诅咒"的政策机制。

---

① Gylfason T. Natural Resources, Education, and Economic Development [J]. European Economic Review, 2001, 45 (4).

② Auty R. M. Patterns of Rent-extraction and Deployment in Developing Countries: Implications for Governance, Economic Policy and Performance [M]. Research Paper, UNU-WIDER, United Nations University (UNU), 2006.

③ Auty R. M. Resource-based Industrialization: Sowing the Oil in Eight Developing Countries [M]. Oxford: Clarendon Press, 1990.

④ Auty R. M. Sustainable Development in Mineral Exporting Economies [J]. Resources Policy, 1993, 19 (1).

一、"资源诅咒"的实证验证

"资源诅咒"命题的实证检验是通过综合运用统计观察和计量技术等多种分析方法,考察某一区域是否存在"资源诅咒"现象的研究活动。学术界目前存在两种对立的研究结论,即大部分学者通过实证分析认为"资源诅咒"现象在跨国层面和一国内部区域层面上均是普遍存在的,但同时对"资源诅咒"命题普遍成立的论断也不乏一些批评和质疑的声音。

Sachs 和 Warner(1995)[①] 的研究是该领域的一篇经典文献,他们开创性地对"资源诅咒"假说进行了实证研究。他们利用95个发展中国家的样本数据,以初级产品出口额占 GDP 的比重来度量资源丰裕水平,描绘了1970~1989年每个国家的年均增长率与1970年初级产品出口额占 GDP 比重来表示资源丰裕度之间的关系,结果表明资源丰裕度与经济增长之间存在显著的负相关关系。为了检验实证结果的稳健性,他们在计量模型中引入了影响经济增长的其他若干个主要变量(初始人均收入、贸易政策、政府效率和投资率等)后,上述结论依然成立。Sachs 和 Warner 在后续研究中(1997[②],1999[③],2001[④])指出,即使控制了制度安排、区域效应、价格波动和地理气候等因素的影响后,自然资源丰裕度与经济增长之间仍然呈现负相关关系。此后,许多学者也通过实证研究,得到了与 Sachs 和 Warner 广泛一致的结论(Leite

---

[①] Sachs J. D., Warner A. M. Natural Resource Abundance and Economic Growth [R]. National Bureau of Economic Research, 1995.

[②] Sachs J. D., Warner A. M. Sources of Slow Growth in African Economies [J]. Journal of African Economies, 1997, 6 (3).

[③] Sachs J. D., Warner A. M. The Big Push, Natural Resource Booms and Growth [J]. Journal of Development Economics, 1999, 59 (1).

[④] Sachs J. D., Warner A. M. The Curse of Natural Resources [J]. European Economic Review, 2001, 45 (4).

and Weidmann, 1999[1]; Gylfason, 1999[2]; Gylfason and Zoega, 2006[3]; Sala-i-Martin and Subramanian, 2003[4]; Papyrakis and Gerlagh, 2004[5])。Papyrakis 和 Gerlagh（2004）利用39个国家的经验数据，实证考察了资源开发对经济增长的直接影响和间接影响，研究结果表明，丰裕的自然资源本身对区域经济增长具有促进作用，但是通过考虑腐败、投资、开放度、贸易条件和教育等因素的负面间接作用后，自然资源对经济增长的整体作用是负面的。Stijns（2005）[6] 以人均土地、石油、天然气和矿产储量等指标来代替 Sachs 和 Warner（1995）的资源丰裕度指标，并对自然资源与经济增长的关系进行了实证考察，结果显示有些自然资源（如土地、石油、天然气）丰裕度与经济增长呈负相关，而有的（矿物储量、煤）呈正相关或未定状态。Stijns 的研究把自然资源禀赋这一整体的概念加以分割、细化，而且得出的结论也不能完全推翻"资源诅咒"普遍存在的观点，只能说 Stijns 的研究更细致。Papyrakis 和 Gerlagh（2007）[7]把"资源诅咒"命题拓展到一国内部区域和城市层面上进行检验，他们利用美国各州横截面数据进行检验后发现，一国内部区域层面上"资源诅咒"命题同样成立。Collier 和 Goderis（2009）[8] 利用跨国面板数据，采用协整分析方法考察自然资源与经济增长之间的长期均衡关系，结果显示资源繁荣对经济增长具有积极的短期效应，但从长期看则是一种负效应。

---

[1] Leite C., Weidmann J. Does mother nature corrupt? Natural Resources, Corruption, and Economic Growth [J]. IMF Working Paper, 1999 (99/85).

[2] Gylfason T., Herbertsson T. T., Zoega G. A mixed Blessing: Natural Resouces and Economic Growth [J]. Macroeconomic Dynamics, 1999, 3 (2).

[3] Gylfason T., Zoega G. Natural Resources and Economic Growth: The Role of Investment [J]. The World Economy, 2006, 29 (8).

[4] Sala-i-Martin X., Subramanian A. Addressing the Natural Resource Curse: An Illustration from Nigeria [R]. National Bureau of Economic Research, 2003.

[5] Papyrakis E., Gerlagh R. The Resource Curse Hypothesis and Its Transmission Channels [J]. Journal of Comparative Economics, 2004, 32 (1).

[6] Stijns J. P. C. Natural Resource Abundance and Economic Growth Revisited [J]. Resources policy, 2005, 30 (2).

[7] Papyrakis E., Gerlagh R. Resource Abundance and Economic Growth in the United States [J]. European Economic Review, 2007, 51 (4).

[8] Collier P., Goderis B. Commodity Prices, Growth, and the Natural Resource Curse: Reconciling a Conundrum [J]. Growth, and the Natural Resource Curse: Reconciling a Conundrum (June 5, 2008), 2009.

James 和 Aadland（2011）①利用美国 3092 个县一级的数据进行检验后发现，资源依赖县表现出明显的经济增长乏力，自然资源与经济增长呈负相关关系，"资源诅咒"命题在美国县际层面同样成立。

综上所述，以 Sachs 和 Warner 为代表的一些学者利用跨国和某国区域层面数据进行的实证检验结果均表明，"资源诅咒"现象在跨国层面和某国区域层面是普遍存在的。

但是也有一些学者认为"资源诅咒"现象的出现具有一定的时间和区域局限性，只有在特定条件下"资源诅咒"才会发生，自然资源与经济增长的关系却在不同地区和不同历史时期呈现完全不同的相关性，因此他们认为"资源诅咒"命题并不普遍成立，至少不完全成立（Davis，1995②；Mikesell，1997③；Martin，2005④；Boschini and Pettersson，2007⑤；Brunnschweiler and Bulte，2008⑥）。他们认为自然资源对经济增长的影响程度是由一国所拥有的资源类型、开发利用方式和制度环境质量等众多因素的综合作用而决定的，自然资源与经济增长之间的负相关关系并非永恒成立。Davis（1995）把 22 个矿产资源型国家作为一个整体，与另外 57 个非矿产资源型国家进行对比后发现，这 22 个矿产资源型经济体作为一个整体不存在"资源诅咒"效应。Manzano 和 Rigobon（2001）⑦利用面板数据固定效应模型对"资源诅咒"命题进行实证检验后发现，自然资源丰裕度与经济增长之间不存在负相关关系。Stijns（2005）以人均土地、石油、天然气和矿产储量等指标代替 Sachs 和

---

① James A., Aadland D. The Curse of Natural Resources: An Empirical Investigation of US Counties [J]. Resource and Energy Economics, 2011, 33 (2).

② Davis G. A. Learning to Love the Dutch Disease: Evidence from the Mineral Economies [J]. World Development, 1995, 23 (10).

③ Mikesell R. F. Explaining the Resource Curse, with Special Reference to Mineral-exporting Countries [J]. Resources Policy, 1997, 23 (4).

④ Martin W. Outgrowing Resource Dependence: Theory and Some Recent Developments [M]. World Bank-free PDF, 2005.

⑤ Boschini A. D., Pettersson J., Roine J. Resource Curse or Not: A Question of Appropriability [J]. The Scandinavian Journal of Economics, 2007, 109 (3).

⑥ Brunnschweiler C. N., Bulte E. H. The resource Curse Revisited and Revised: A Tale of Paradoxes and Red Herrings [J]. Journal of Environmental Economics and Management, 2008, 55 (3).

⑦ Manzano O., Rigobon R. Resource Curse or Debt Overhang? [R]. National Bureau of Economic Research, 2001.

Warner 的资源丰裕度指标,对自然资源与经济增长的关系进行实证考察,发现土地、石油、天然气资源丰裕度与经济增长呈负相关,而矿物储量和煤炭资源丰裕度与经济增长呈正相关或未定状态,这在一定程度上表明资源丰裕度与经济增长快慢之间没有必然的联系。Lederman 和 Maloney(2008)[1] 通过对 1980~2005 年跨国数据进行实证分析也认为,从较长时期来看,自然资源对经济增长的负向作用并不存在。Brunnschweiler(2008)[2] 以人均矿产资源量和总自然资源价值作为资源丰裕度的度量指标,并在回归模型中控制制度质量后发现,自然资源对经济增长具有显著促进作用。

尽管对"资源诅咒"命题持质疑甚至否定态度的文献相对较少,但也足以说明"资源诅咒"命题的研究中存在诸多争论和矛盾,如何对"资源祝福"和"资源诅咒"并存的事实给出更加合理、更具说服力的解释将是今后该命题研究的重点。

我国学者利用中国省际面板数据和城市面板数据,基于国家、区域和城市层面,针对"资源诅咒"命题的存在性及其发生机制也进行了广泛深入的研究。徐康宁和王剑(2006)[3] 利用我国省际面板数据对"资源诅咒"命题进行了实证检验。他们分别以资本方程和劳动方程,即以采掘业固定资产投资占固定资产投资总额的比重和采掘业从业人数占总从业人数的比重作为资源丰裕度的度量指标,以各省区人均 GDP 增长率来度量经济增长绩效,同时在回归模型中引入制造业投入水平、初始经济水平、研发投入、教育投入和制度质量等控制变量的情况下,对"资源诅咒"命题进行了实证检验。计量结果显示,"资源诅咒"命题在我国省际层面同样成立,多数省份丰裕的自然资源非但没有起到积极作用,反而制约了经济增长。

徐康宁和邵军(2006)[4] 以 Sachs 和 Warner 的分析框架为基础,利用全球 81 个主要国家 1970~2000 年的样本数据,并通过引入更全面的控制变量,对自然资源禀赋和经济增长之间的相关性进行了一个扩展的再检验。检验结

---

[1] Lederman D., Maloney W. F. In search of the Missing Resource Curse [J]. Economía, 2008, 9 (1).
[2] Brunnschweiler C. N. Cursing the Blessings? Natural Resource Abundance, Institutions, and Economic Growth [J]. World Development, 2008, 36 (3).
[3] 徐康宁,王剑. 自然资源丰裕度与经济发展水平关系的研究 [J]. 经济研究, 2006 (1).
[4] 徐康宁,邵军. 自然禀赋与经济增长:对"资源诅咒"命题的再检验 [J]. 世界经济, 2006 (11).

果显示,资源丰裕度与经济增长之间确实存在显著的负相关关系,在控制了制度质量、人力资本水平、物质资本、地区开放度和价格变化等因素的影响后计量结果基本稳健,"资源诅咒"命题在跨国层面确实成立。

李天籽(2007)[①]利用1989~2003年中国省际面板数据,并以采掘业总产值占工业总产值的比重来衡量资源丰裕度,在地区层面上进一步对"资源诅咒"命题及其传导机制进行了实证考察。实证研究结果表明,在控制了外商直接投资、国内投资、教育和创新等因素后,自然资源本身并不对地区经济增长产生负面影响,而是通过降低教育水平、创新水平、外商直接投资而间接抑制经济增长。

胡援成和肖德勇(2007)[②]通过构建二部门的内生增长模型,利用1999~2004年中国省际面板数据,以采掘业基本建设投资占固定资产投资总额的比重来衡量自然资本投入水平,考察了"资源诅咒"命题及其发生的门槛条件。研究结论表明,中国省际层面上确实存在"资源诅咒",这一结论与徐康宁和王剑(2006)等学者的研究结论高度一致,同时他们还指出人力资本和金融发展是缓解和规避"资源诅咒"的重要途径。

邵帅和齐中英(2008[③],2009[④])利用中国西部11省区(不含西藏自治区)省际面板数据样本,以能源工业总产值占工业总产值的比重来度量自然资源丰裕度,首次在我国内部区域层面上对"资源诅咒"命题进行了实证研究。计量分析的结果表明,西部地区的能源开发与经济增长之间存在显著的负相关关系,尤其是西部大开发战略实施以后,这种负相关关系更为突出,"资源诅咒"效应确实存在。

邵帅(2010)[⑤]以采矿业从业人数占全部从业人数的比重来度量煤炭开发度,利用中国28个煤炭城市1997~2007年城市面板数据,在城市层面对资源开发与经济增长之间的相关性及其传导机制进行了实证检验和分析,结果表明资源开发与经济增长之间存在显著的负相关关系,即使将更多控制变量

---

① 李天籽.自然资源丰裕度对中国地区经济增长的影响及其机制研究[J].经济科学,2007(6).
② 胡援成,肖德勇.经济发展门槛与自然资源诅咒[J].管理世界,2007(4).
③ 邵帅,齐中英.西部地区的能源开发与经济增长[J].经济研究,2008(4).
④ 邵帅,齐中英.资源输出型地区的技术创新与经济增长[J].管理科学学报,2009(6).
⑤ 邵帅.煤炭资源开发对中国煤炭城市经济增长的影响——基于资源诅咒学说的经验研究[J].财经研究,2010(3).

引入回归模型后，这种负相关依然成立，在城市层面上"资源诅咒"命题同样成立。

邵帅和杨莉莉（2010）[1]针对学术界对"资源诅咒"命题的质疑和既有研究对资源丰裕度与资源依赖度的混淆状况，利用中国27个煤炭城市1997~2006年面板数据样本，对自然资源与经济增长的关系进行了实证考察。他们在清晰界定资源丰裕度与资源依赖度概念的基础上，提出"资源诅咒"命题的重要补充假说并进行了实证检验，结果表明丰裕的自然资源本身有利于经济增长，而对资源产业的过度依赖明显制约了区域经济增长，在中国城市层面"资源诅咒"命题显著成立，即使将更多控制变量（私营经济发展水平、时序虚拟变量、地理虚拟变量）引入回归模型进而弱化我们所观察不到的因素对实证结果的冲击，负相关仍然成立。他们的研究在一定程度上进一步丰富和发展了"资源诅咒"命题在我国的研究。

邵帅、范美婷和杨莉莉（2013）[2]在之前的研究基础上进一步提出有条件"资源诅咒"假说，进而利用中国220个城市1998~2010年面板数据为样本对"资源诅咒"命题进行了实证考察和解释，分析结果表明资源依赖度与经济增长之间存在显著的倒"U"形曲线关系，也就是说，一个地区资源产业依赖度超过一定阈值以后，资源开发对经济增长的作用由积极促进转变为消极阻碍。

王承武等[3]（2017）采用由10个截面单位和14年序列资料组成的面板数据，运用回归分析模型，对我国西部地区省级层面的资源诅咒程度及传导机制进行了分析和论证。结果表明，西部省际层面资源开发利用中确实存在"资源诅咒"。

李恒吉等（2018）利用2004~2015年的数据，选取西北地区较为典型的石油资源富集但经济欠发达地区庆城县为例，通过计算资源诅咒系数，判断庆城县资源开发与经济增长的偏离程度，并根据系数大小来判定资源诅咒的存在程度。结果表明：庆城县已经陷入资源诅咒困境，2004年陷入资源诅咒

---

[1] 邵帅，杨莉莉. 自然资源丰裕、资源产业依赖与中国区域经济增长 [J]. 管理世界，2010（9）.
[2] 邵帅，范美婷，杨莉莉. 资源产业依赖如何影响经济发展效率？[J]. 管理世界，2013（2）.
[3] 王承武，孟梅，王志强等. 西部地区资源开发"资源诅咒"效应传导机制与测度 [J]. 生态经济（中文版），2017，33（3）.

的边缘区，2008年进入资源诅咒严重区，且该效应呈现持续发展的态势，能源开发强度越大对经济的阻碍效应越强。

另外，国内类似的研究还有张菲菲和沈镭等（2007）[①]、张景华（2008）[②]、陈耀和陈钰（2012）[③]、周喜君等（2015）[④]、张志刚（2018）[⑤]，均基于中国省际层面、城市层面以及某个区域区层面检验"资源诅咒"命题，也得到了与上述文献广泛一致的结论，所以在此不一一赘述。

尽管以徐康宁和王剑（2006）、邵帅等（2008，2009，2010，2013）为代表的一些学者通过实证考察发现"资源诅咒"现象在中国省级层面和城市层面均普遍存在。但同时，一些学者对"资源诅咒"命题的质疑声也一直不绝于耳，一些学者通过实证考察得出了"资源诅咒"命题在中国并不成立的结论。

丁菊红和邓可斌（2007）[⑥]以采掘业职工收入占地区职工收入比重来度量资源投入量，利用中国21个城市1999~2004年的城市面板数据，对"资源诅咒"命题进行了实证考察，结果表明在控制了政府干预和地理距离等变量后，"资源诅咒"命题在我国城市层面并不成立。腾飞（2009）[⑦]参照Stijns等（2005）的做法，以资源储量来衡量资源丰裕度，并利用贵州省地级市1978~2005年的面板数据对资源开发与经济增长之间的相关性进行了实证考察，结果表明1997年以后煤炭开发对经济增长具有促进作用，"资源诅咒"命题并不成立。方颖等（2011）[⑧]利用我国95个城市截面数据，以采掘业从业人数占总人口的比重来反映自然资源丰裕度（以人均概念衡量资源丰裕度的同时，在回归模型中采用了1997~2005年的平均值作为各地区自然资源丰

[①] 张菲菲，刘刚，沈镭. 中国区域经济与资源丰度相关性研究 [J]. 中国人口·资源与环境，2007 (4).

[②] 张景华. 自然资源、经济增长与创新三者的关系分析 [J]. 当代经济科学，2008 (6).

[③] 陈耀，陈钰. 资源禀赋、区位条件与区域经济发展 [J]. 经济管理，2012 (2).

[④] 周喜君，郭丕斌. 煤炭资源就地转化与"资源诅咒"的规避——以中国中西部8个典型省区为例 [J]. 资源科学，2015 (2).

[⑤] 张志刚. 耕地资源与经济增长之间的关系研究——基于"资源诅咒"假说的实证检验 [J]. 农业技术经济，2018 (6).

[⑥] 邓可斌，丁菊红. 政府干预、自然资源与经济增长：基于中国地区层面的研究 [J]. 南开经济研究，2007 (3).

[⑦] 腾飞. 煤炭开发与欠发达地区经济增长 [J]. 浙江社会科学，2009 (7).

[⑧] 方颖，纪衎，赵扬. 中国是否存在"资源诅咒"[J]. 世界经济，2011 (4).

裕度），实证地考察了中国是否存在"资源诅咒"问题。结果表明，以人均概念衡量资源丰裕度时，在中国城市层面上"资源诅咒"命题并不成立。安虎森等（2012）[1]以采掘业从业人口占地区单位从业人口的比重来度量资源丰裕度，利用中国235座城市1999~2010年的面板数据，实证地考察了自然资源丰裕度与经济增长之间的关系，结果同样支持"资源诅咒"不存在论。靖学青（2012）[2]利用中国2004~2009年省际面板数据，以采掘业固定资产投资占全社会固定资产投资比重来衡量资源丰裕度，对"资源诅咒"假说进行了实证检验，结果显示在中国省级层面上自然资源丰裕度与经济增长呈正相关，"资源诅咒"命题不成立。姚顺波等（2017）[3]以陕西省10个地市2000~2012年的面板数据进行实证研究，结果显示：资源丰裕和资源依赖对各市的经济增长均存在显著正面效应，这两种视角下"资源诅咒"假说在陕西地区市级层面上均不成立。

综上所述，尽管以Sachs和Warner、徐康宁和邵帅为代表的国内外学者利用跨国数据和中国数据进行了广泛深入的实证研究，但其结论存在较大分歧。大部分学者认为跨国层面和某国区域层面上"资源诅咒"命题普遍成立，但同时也有一些学者对此提出了质疑甚至得出了相反的结论。还有，既有文献所采用的资源丰裕度指标存在较大差异，并且在不同研究中所采用的数据类型也不尽相同（如时间序列数据、面板数据和横截面数据）。此外，对"资源诅咒"命题进行实证分析的绝大多数文献是以线性回归模型为主，但也有极少数文献基于非线性模型假定。上述问题也许正是目前学术界关于"资源诅咒"命题是否普遍成立持不同观点的根源。

二、"资源诅咒"的机理解释

"资源诅咒"命题在跨国层面和一国区域层面普遍成立的经验研究结论也

---

[1] 安虎森，周亚雄，薄文广. 技术创新与特定要素约束视域的"资源诅咒"假说探析[J]. 南开经济研究，2012（6）.
[2] 靖学青. 自然资源开发与中国经济增长[J]. 经济问题，2012（3）.
[3] 姚顺波，韩久保. 基于资源丰裕和资源依赖不同视角下的"资源诅咒"问题再检验——以陕西省10个地市面板数据为例[J]. 经济经纬，2017（5）.

引发了学者们对"资源诅咒"作用机制的研究,进一步揭示自然资源究竟通过何种途径抑制经济增长。研究结论主要集中在以下几个方面:

(一)"荷兰病"效应

"荷兰病"效应是"资源诅咒"命题的经典解释框架,在既有文献中此方面研究较为丰富,也较深入。所谓"荷兰病"是指一个国家或地区的初级产品部门异常繁荣而导致制造业部门的萎缩和衰落,最终使经济陷入增长乏力的困境。20世纪60年代,荷兰发现了大量天然气和石油,随着荷兰政府大力发展资源产业,资源出口为主的初级产业部门异常繁荣,导致有限的资本和劳动聚集到资源产业部门,从而农业和其他工业部门的资本和劳动力投入越来越少,进而导致具有"干中学"特点的制造业萎缩,工业制成品的国际竞争力急速下滑、通货膨胀加剧、失业率增加和收入增长放慢的困扰,国际上称之为"荷兰病"。"荷兰病"的经典解释模型由 Corden 和 Neary 在 1982 年给出。

Harrison (1993)[①] 对尼日利亚进行案例研究发现,20 世纪 70 年代尼日利亚石油产业骤然繁荣和石油部门的高收入吸引了大量劳动力和资本,从而转变了以农业经济为主的经济结构,石油成为支柱产业。石油产业的繁荣制约了农业和制造业的发展,高额的外汇收入促使本币升值,刺激和扩大制成品进口的同时引发了失业率上升、通货膨胀加剧、收入差距扩大和增长速度下降等一系列负面效应。经过短暂繁荣,20 世纪 70 年代末,尼日利亚经济出现严重衰退。Nannestad 和 Paldam (1997)[②] 指出,资源产业繁荣而出现的高工资、高福利挤压了制造业和服务业的良性发展,同时自然资源大量出口带来外汇供给的增加和本币升值,降低制造业的出口竞争力。初级产业部门缺乏前后关联效应和正外部性,与制造业相比不具备"干中学"和知识外溢等特征,而且对人力资本的要求也较低。因此,资源部门对劳动力和资本等生产要素产生极强吸引作用下,必然导致制造业部门的衰退,经济必然陷入增

---

① Ezeala Harrison F. Structural Re-Adjustment in Nigeria: Diagnosis of a Severe Dutch Disease Syndrome [J]. American Journal of Economics and Sociology, 1993, 52 (2).

② Nannestad P., Paldam M. The Grievance Asymmetry Revisited: A micro Study of Economic Voting in Denmark, 1986-1992 [J]. European Journal of Political Economy, 1997, 13 (1).

长乏力的困境（Sachs and Warner，1997，1999；Gylfason，2001）。博茨瓦纳虽然人均 GDP 增长率较高，但是经济的多元化并不理想，也出现了"荷兰病"的许多症状（Pegg，2010）。[1]

总之，多数学者研究认为，"荷兰病"不仅出现在发展中国家，同样也出现在发达国家。它不仅是资源大发现和资源产业繁荣的结果，同时也是资本和劳动力等生产要素流动的结果。丰裕的自然资源为何阻碍经济增长？原因就是资源的大量发现和资源产业的骤然繁荣，引起资源部门与其他部门之间的要素配置失衡，导致本国货币升值、工资水平和生产成本提高，进而削弱制造业的国际竞争力，最终损害经济效率和抑制经济增长。

（二）贸易条件恶化

资源产业的健康发展和资源的合理开发利用对一个国家和地区的资本积累和经济发展具有重要意义。资源丰裕地区通过发展资源型产业振兴地区经济的战略思考，也符合绝对优势或比较优势理论。但是，如果资源开发度过高或过度依赖资源产业，就有可能超越资源生态环境系统的承受能力和经济系统的适应能力，从而破坏资源环境经济系统的良性循环，带来诸多生态经济问题。

资源依赖导致贸易条件恶化（Deteriorating Trade Terms），进而制约经济增长，持这种观点的学者，以结构主义学派尤其是 Prebisch[2] 和 Singer[3] 为代表。他们主要从发达国家与发展中国家之间的不平等关系，以及发展中国家发展背景的变化出发，来研究发展中国家的经济增长。他们认为，由于技术变迁，市场容量以及需求弹性和收入弹性等条件的变化对发展中国家初级产品的出口产生了不利影响，国际市场上存在着发展中国家初级产品价格相对于发达国家工业制成品的价格长期恶化的趋势，这对发展中国家的经济发展十分不利。发展中国家初级产品出口的需求收入弹性较低，加上发达国家科学技术的快速发展而不断发现和创造更多资源替代品以及提高资源利用效率，

---

[1] Pegg S. Is there a Dutch disease in Botswana? [J]. Resources Policy, 2010, 35 (1).

[2] Prebisch R. The Economic Development of Latin America and its Principal Problems [M]. New York: United Nations, 1950.

[3] Singer H. W. The Distribution of Gains between Investing and Borrowing Countries [J]. The American Economic Review, 1950, 40 (2).

因此初级产品贸易条件和发展中国家贸易条件在长期内呈下降趋势。另外，通常初级产品出口国的资源输出受到发达国家的买方垄断，而其进口的工业制成品同样受到发达国家的卖方垄断，这种严重的市场结构差异也是发展中国家贸易条件恶化的重要原因之一。

（三）经济波动

资源产出的骤升骤降引起国内经济的巨大波动，进而影响国内投资环境，增加投资风险，导致投资活动受损，难以为继持续经济增长（Herbertsson 等，2000①）。受经济全球化和世界经济波动的影响，初级产品价格总是呈现上下波动的态势而不会呈现平滑转移的路径，初级产品出口国财政收入会受到国际市场价格不稳定的影响而出现较大幅度的波动，进而影响国内宏观经济政策的制定和实施，这种大起大落的经济波动不利于整个国民经济的长期稳定增长（Auty，2001；Davis and Tilton，2005②）。从全球资源市场价格来看，矿产资源和农产品价格的波动要大于工业制成品价格的波动，其中石油、煤炭和天然气的价格波动尤为突出。Poelhekke（2007）③ 指出，自然资源对区域经济增长的直接作用是正向促进的，但是资源价格的较强波动会吞噬掉这种正面效应，从而表现出阻碍经济增长的"资源诅咒"效应。资源本身不是一个问题，只是它有着非常不稳定的国际价格，这种波动性是问题所在。自然资源价格相比其他商品更具波动性是不争的事实，这就预示着资源生产部门面临更大的不确定性，并且会延伸到资源丰裕经济体的其他部门。

（四）挤出效应

1. 挤出人力资本（教育）

Sachs 和 Warner（1995）、Gylfason（2001）认为，一方面资源依赖使太多人被锁定在低技术含量的资源密集型产业，进而使他们在提高自身及孩子的

---

① Herbertsson T. T., Skuladottir M., Zoega G. Three Symptoms and a Cure: A Contribution to the Economics of the Dutch Disease [R]. CEPR Discussion Papers, 2000.

② Davis G. A., Tilton J. E. The resource curse [C]. Natural Resources Forum. Blackwell Publishing, Ltd., 2005, 29 (3).

③ Poelhekke S., Van der Ploeg F. Volatility, Financial Development and the Natural Resource Curse [J]. CEPR Discussion Paper No. DP6513, 2007 (36).

教育水平和工作技能方面丧失优势;另一方面,持续的资源财富使人们过于自信,进而使政府和居民忽视或低估教育对经济增长的重要作用。事实上,丰裕的自然资源容易诱导人们选择资源型产业为主的经济增长模式,而资源开采和初级产品部门并不需要高技能的劳动者,因而政府往往忽视人力资本积累(Gylfsson,2000;Sachs and Warner,1999)。对个人来说,接受教育从而提高人力资本水平所带来的收益较低,因此也缺乏接受教育的动机。相比资源部门,制造业具有很强的技术外溢和正外部特征,因此当丰裕的自然资源把劳动力和资本等生产要素从制造业部门吸纳到资源部门时,必然挤出人力资本积累和阻碍地区经济增长(Gylfason,2001)。Gylfason(2001)通过实证检验证实,自然资源与教育投入、入学率、受教育年限呈负相关关系,自然资源对经济增长的负效应来自对教育投入的挤出。Birdsall(2004)[1]指出,大多数资源丰裕国家和地区对劳动力技能的需求逐渐降低,导致人力资本投资大幅减少,从而带来长期经济增长的动力不足。

总之,在资源依赖型经济增长模式中,大部分劳动力被锁定在技术要求较低的资源型产业中,可观的资源收入腐蚀他们通过努力提升劳动技能的愿望,进而影响地区人力资本水平。另外,从国家层面来讲,通常将自然资本视为最重要的资产,是一种安全的保障,从而忽视了积累人力资本的重要性。此外,从普通居民层面来讲,人力资本投入无法得到应有的回报,这会降低国民接受教育的意愿并加剧人才外流趋势,进而严重阻碍地区人力资本的开发和积累。

2. 挤出投资(实物资本)

Corden(1984)[2]、Gylfason和Zoega(2006)均认为,自然资源开发会通过提供高额的收益而给人们带来一种错觉,即未来收入不必依赖物质和人力资本的积累,从而降低储蓄和投资。Gylfason(2001)指出,自然资源丰裕减少了人们对储蓄与物质资本积累的动机,限制了物质资本的形成与经济增长的潜力。Sachs和Warner(1999)认为,初级产品的国际价格富有波动性,因此依赖初级产品出口的国家和地区的经济也跟随资源价格的变动而出现很大

---

[1] Birdsall N., Subramanian A. Saving Iraq from its Oil [J]. Foreign Affairs, 2004, 83 (4).
[2] Corden W. M. Booming Sector and Dutch Disease Economics: Survey and Consolidation [J]. Oxford Economic Papers, 1984: 359-380.

波动，这在一定程度上增加地区投资环境的不确定性，进而导致本地资本流失到投资环境更加稳定的其他地区，造成本地资本的大量流失。此外，较高的资源租和部门间要素比价的巨大差异，诱使生产要素从制造业等其他部门向资源部门转移，从而造成具有"干中学"和技术溢出等正外部特征的制造业的萎缩，最终导致投资率的下降。Papyrakis 和 Gerlagh（2004）通过实证分析指出，尽管自然资源开发会通过贸易条件恶化、寻租腐败和教育水平弱化等众多途径间接阻碍经济增长，但挤出投资是"资源诅咒"传导机制中最为重要的因素之一。

3. 挤出创新

自然资源开发对创新能力的挤出效应，主要是通过削弱企业家的创新积极性和滋生寻租腐败来实现的。Sachs 和 Warner（1999）认为，高额资源租可能会吸引潜在创新者和企业家从事初级产品生产或寻租等非生产性活动，企业家的生产和创新行为受到限制，进而抑制生产力的发展和科学技术的进步。Murphy 等（1991）[①] 指出，如果杰出的企业家积极组织生产活动，他们就不断创新并促进经济增长，而当他们将主要精力放在寻租活动时，他们就只能重新分配既有财富，不会促进经济增长。Papyrakis 和 Gerlagh（2004）利用美国 49 个州 1994~2000 年的面板数据，分析资源丰裕度对企业家创新和研发的影响后也得出了与 Sachs 等广泛一致的结论。

4. 挤出开放度

随着研究范围的扩大，区域开放度对"资源诅咒"的传导作用越来越成为学界重点讨论的话题。资源繁荣会引起制造业萎缩，因此当出口部门衰退时，政府部门会采取保护本国企业的关税和其他贸易保护政策，从长期来看，这种单方面的贸易保护主义政策会降低经济体的开放度，并且有碍于参与经济全球化（Ethier，1985；Rodrik，1997；Sachs and Warner，1995；Audy，2004）。首先，发达市场经济国家的经验表明，有规则的市场竞争使企业更具效率，而政策保护某些产业免于国际竞争的做法反而降低了企业效率。其次，政策保护限制企业家的创新开发活动，且破坏市场秩序。最后，保护政策倾

---

① Murphy K. M., Shleifer A., Vishny R. W. The Allocation of Talent: Implications for Growth [J]. The Quarterly Journal of Economics, 1991, 106 (2).

向于将资源收益和稀缺生产要素转移到被保护部门,不透明的转移过程易于滋生资源和公共部门的腐败(Leite and Weidmann,2001)。Papyrakis 和 Gerlagh(2004)对"资源诅咒"命题及其作用机制进行实证考察发现,在区域层面上资源丰裕与经济开放度呈负相关关系。

(五)制度弱化

自"资源诅咒"假说提出开始,自然资源丰裕度与制度之间的关系一直是学界讨论的热点话题。从现实案例看,资源财富会腐蚀官员与民众的关系,当政府收入不再依靠国民的纳税时,政府官员对民众的责任感趋于淡薄甚至荡然无存。高额资源租致使政府容易放弃制度创新的努力,从而资源富集的国家和地区普遍存在法制不完善和缺乏监管,于是腐败泛滥成风,权力寻租盛行。从现有文献看,如果缺乏相应的制度和机制约束,高额的资源收益必然带来寻租腐败和冲突,最终无法保证经济增长所需的制度供给。Leite 和 Weidmann(2001)通过对自然资源、腐败与经济增长之间的关系进行研究发现,丰富的自然资源为寻租行为提供机会,腐败程度依赖于自然资源。大量的寻租行为必然引起腐败、官僚化和公共利益的损害,从而弱化了制度质量,给经济增长带来长期的负效应(Sachs and Warner,1997,1999;Gylfason,2001)。Woolcock 等(2001)[①]认为,资源丰裕国家的政府部门通常执政能力差、公信度不高、政策摇摆不定,而社会团体又比较弱小和分散,没有共同的目标,整个社会诚信度低、缺乏透明度。丰裕的自然资源通常会引发政治权利利益集团的产生,他们试图影响政客们采取不利于公众利益的公共政策(Mauro,1998[②])。Torvik(2002)[③] 用寻租模型解释自然资源的制度弱化效应,他认为自然资源会先引发寻租,从而减少进行生产性活动的企业家数量,使得收入减少的概率高于自然资源带来的收入增加的概率。Mehlum 等(2006)指出,企业家选择寻租还是生产取决于制度,如果制度完善企业家就

---

① Woolcock M., Pritchett L., Isham J. The Social Foundations of Poor Economic Growth in Resource-rich Countries [J]. Resource Abundance and Economic Development [M]. Oxford: Oxford University Press, 2001.

② Mauro P. Corruption: Causes, Consequences, and Agenda for Further Research [J]. Finance & Development, 1998 (35).

③ Torvik R. Natural Resources, Rent Seeking and Welfare [J]. Journal of Development Economics, 2002, 67 (2).

是生产者，反之企业家则把时间和努力放在非生产性活动上。在制度建设不完善的国家，资源租容易导致政府失去本应发挥的协调作用，自然资源会引发腐败，进而阻碍经济增长（Kolstad and Wiig，2009；Bhattacharyya and Hodler，2010）。

近年来，国内学者对"资源诅咒"的传导机制也进行了广泛深入的研究，涌现出许多富有价值的文献和研究成果。这些研究普遍认为资源产业依赖主要通过"荷兰病"效应、挤出效应以及制度弱化等途径间接抑制经济增长。

徐康宁和王剑（2006）认为，自然资源及其资源依赖主要通过要素转移机制对经济增长产生抑制作用，资本、劳动等生产要素向资源产业转移将削弱制造业等其他产业发展的要素支持，而制造业是技术创新和推进工业化的核心载体，它的萎缩必然阻碍经济增长。张菲菲等（2007）指出，中国资源型区域普遍存在资源产业占主导、产业结构单一、资源大量输出等现象，资源部门的单一扩张和制造业的萎缩必将降低资源配置效率，引发"荷兰病"效应，使得经济增长滞后。就自然资源本身而言，无论从哪个角度来分析均是经济增长的潜在来源，但在资源红利的诱导下，资源富集地区往往过度依赖资源产业，从而使资本和劳动等生产要素大量集中在资源部门，侵蚀制造业的发展空间，导致区域陷入"专业化陷阱"，诱发"荷兰病"效应（陈仲常、章翔、陈锡崑，2008；方颖、纪衎、赵扬，2011；孙永平、叶初升，2012）。进入21世纪以来，随着我国迈入重工业化，煤炭等能源价格一度持续走高，诱使煤炭城市进一步加大煤炭产业的投入力度，从而将更多的资本和劳动等生产要素吸引到煤炭产业中，制约了具有技术外溢、规模递增特征的制造业的发展，进而引发"荷兰病"效应，间接延缓了经济增长的步伐（邵帅，2010；邵帅、杨莉莉，2010；邵帅、范美婷、杨莉莉，2013）。

从长期来看，良好的制度环境是决定经济增长的关键因素，这一点普遍被接受。徐康宁等（2006）指出，自然资源蕴含着大量经济租，这会诱发腐败和权力寻租行为，自然资源往往会带来制度质量的弱化，进而制约地区经济增长。中国现阶段矿产资源产权不清和缺乏决策透明度是滋生寻租和腐败的最大根源，自然资源成为行政权力集团与既得利益集团共同谋取利益和个人分享的对象，这必然会扭曲资源最优配置并严重影响地区经济发展，因此，滋生腐败和寻租而引起的政治制度弱化是中国"资源诅咒"现象的主要根源之

一 (邵帅、齐中英, 2008; 张文宣, 2010)。傅利平和王中亚 (2010) 认为,制度弱化是发生"资源诅咒"现象的根源所在,资源所有权、经营权和管理权都有可能成为滋生腐败、寻租或掠夺式开采的土壤。徐小钦等 (2013)[①] 指出,由于制度缺失和资源租的存在,寻租活动往往成为社会的潜规则,企业家往往关注非生产性活动而政府官员则更关注权力寻租,这一方面降低生产效率,另一方面进一步恶化制度质量,最终导致地区经济发展步履维艰甚至停止。

李天籽 (2007) 利用中国 1989~2003 年省际面板数据对"资源诅咒"命题的存在性及其传导机制进行实证研究发现,丰裕的自然资源本身有利于经济增长,但同时也通过挤出人力资本(教育)、科技创新和外商直接投资间接阻碍经济增长,其中外商直接投资的作用尤为突出。赵灵和张景华 (2008)[②] 认为,对自然资源的过度依赖和资源主导的增长模式,对人力资本产生挤出效应,从而阻碍经济增长。邵帅和齐中英 (2008) 指出,我国西部地区能源工业的快速发展,吸引更多的低技术低文化劳动力进入初级产业部门,这会降低当地人民接受教育的意愿和动力,同时挤出当地人才资源流向其他地区,进一步延缓了西部地区人力资本积累和科技创新的速度以及对外开放程度,从而间接阻碍经济增长,其中人力资本投入是最强的传导因素。资源产业依赖对个体私营经济具有显著挤出效应(邵帅、杨莉莉, 2010; 孙永平、叶初升, 2011[③])。牛冬梅和刘庆岩 (2011)[④] 利用中国西部 12 省区 1998~2008 年省际面板数据对资源开发与私营企业成长之间关系进行实证研究发现,随着资源的大规模开发和资源产业的迅速繁荣,国有经济规模和政府干预进一步加大,客观上延缓了市场化进程和挤出了私营经济的发展空间,这可能伤害地区经济的持续增长。安虎森等 (2012) 研究认为,丰裕的自然资源对基础设施和人力资本的挤出效应是中国"资源诅咒"效应的重要传导途径之一。

李恒吉等 (2018) 通过改进"荷兰病"模型,利用计量经济学分析软件分析庆城县能源开发与经济增长之间的相关性以及传导机制,表明庆城县能源开发对经济增长的阻碍作用很大程度上通过间接性的传导机制,主要表现在资源

[①] 徐小钦, 袁凯华. 资源诅咒区域效应及原因分析 [J]. 统计与信息论坛, 2013 (5): 63-69.
[②] 赵灵, 张景华. 我国西部资源诅咒的传导机制与路径选择 [J]. 统计与决策, 2008 (21).
[③] 孙永平, 叶初升. 资源依赖、地理区位与城市经济增长 [J]. 当代经济科学, 2011 (1).
[④] 牛冬梅, 刘庆岩. 西部资源开发与私营企业成长的关系研究 [J]. 当代经济科学, 2011 (6).

(石油、天然气、煤炭)的大量开发并未带动其他行业的发展,从而形成的"荷兰病"效应已经发生并且形成;同时制度弱化现象与"荷兰病"共存。

综上所述,国内外学者对"资源诅咒"的传导机制进行了较为深入和全面的研究,学界普遍认为资源开发活动主要通过挤出人力资本、技术创新、对外开放度、私营经济和外商直接投资等挤出效应以及诱发权力寻租等制度弱化效应和"荷兰病"效应,间接阻碍地区经济增长。

三、"资源诅咒"的规避和治理

针对如何才能免遭"资源诅咒"的难题,目前学界主要从两个方面展开讨论。一类学者主要依据"资源诅咒"传导机制的内在机理,对如何规避"资源诅咒"的政策展开讨论,例如,一些学者认为强化人力资本的培育和积累将能够有效避免"资源诅咒"(Leamer 等,1999;Gylfason,2001;邵帅,2010)。另一类学者主要通过总结、分析资源型经济成功案例,探讨这些国家和地区成功避免"资源诅咒"的宝贵经验。如 Larsen(2006)通过对挪威成功避免"资源诅咒"的案例研究,认为谨慎的宏观经济政策、完善的政治经济制度、强大的司法系统和社会行为规范是挪威成功规避"资源诅咒"和荷兰病的秘诀所在。综合来看,学界主要从经济和制度两个层面展开论述规避"资源诅咒"的政策建议。

(一) 规避"资源诅咒"的制度层面对策

针对机构制度在"资源诅咒"的传导机制中扮演的重要角色,许多文献先从制度视角探讨了如何避免"资源诅咒"的政策建议。对于自然资源丰裕的经济体成为增长的赢家还是失败者,制度质量起着非常重要的作用,制度薄弱和资源丰裕的天然缺陷会引发"资源诅咒"(Mehlum 等,2006;Coxhead,2007[①];Welsch,2008[②])。李天籽(2007)提出,为了有效管理和利用资源丰

[①] Coxhead I. A New Resource Curse? Impacts of China's Boom on Comparative Advantage and Resource Dependence in Southeast Asia [J]. World Development, 2007, 35 (7).

[②] Welsch H. Resource Abundance and Internal Armed Conflict: Types of Natural Resources and the Incidence of "New Wars" [J]. Ecological Economics, 2008, 67 (3).

裕地区的自然资源，必须进一步完善资源产权制度，建立资源管理职能部门和监督管理机制，预防政府的无效率行为和寻租腐败现象。程志强（2009）[①]认为，加强煤炭资源管理体制、建立中央政府和地方政府利益统筹兼顾机制、规范矿业权管理和加强市场运行监管是中国资源富集地区破解"富饶的贫困"悖论的重要制度保障。徐小钦和袁凯华（2013）在对中国"资源诅咒"的区域效应和原因进行分析的基础上指出，应该适度减少政府干预力度和提高政府支出效率，尤其是建立完善的法律法规与监督机制以杜绝寻租腐败行为，是削弱资源开发负效应的重要制度保障。

（二）规避"资源诅咒"的经济层面对策

张复明（2011）[②]指出，在通过制度举措实现资源租金的提取和积累后，对其进行有效配置就需要依赖更多针对性的经济调节手段，推动自然资本财富向人力资本、社会资本和物质资本转化，增加区域财富总量和提高真实储蓄，这样区域可持续发展能力才可能增强。学界普遍认为高储蓄率是规避"资源诅咒"的重要经济条件，Matsen 和 Torvik（2005）[③] 运用 Solow 和 Hartwick 标准法研究，结果显示拥有较高储蓄率的经济体更易于摆脱"荷兰病"的困扰，尤其是资源收益外的高储蓄率，对规避"资源诅咒"（荷兰病）具有重要意义。通过对博茨瓦纳的案例分析，Sarraf 等（2001）[④] 认为健全的经济政策和资源收益的良好管理是避免"资源诅咒"实现经济持续增长的重要手段。邵帅等（2010，2013）提出，要想消除资源开发带来的不利影响，一定要扭转制造业发展落后、科技投入不足、市场化进程缓慢和人力资本积累偏低等问题，重视引导和大力扶持高新技术产业和制造业的发展，转变发展方式和延长资源产业链，通过产业多样化和提高要素配置效率来弥补资源开

---

① 程志强. 破解"富饶的贫困"悖论——煤炭资源开发与欠发达地区发展研究 [M]. 北京：商务印书馆，2009.
② 张复明. 资源型区域面临的发展难题及其破解思路 [J]. 中国软科学，2011 (6).
③ Matsen E., Torvik R. Optimal Dutch Disease [J]. Journal of Development Economics, 2005, 78 (2).
④ Sarraf M., Jiwanji M. Beating the Resource Curse: the Case of Botswana [M]. World Bank, Environment Department, 2001.

发带来的负效应，这样才能有效降低"资源诅咒"发生的风险。杨莉莉等（2014）① 指出，资源丰裕地区首先必须放弃单纯以自然资源开发为主导的产业发展战略，适度减少其经济发展对资源型产业的依赖，积极实行以促进制造业发展为核心的产业多样化战略，阻止产业结构过度扭曲、经济结构畸形演化，以抑制"荷兰病"效应。其次，合理利用自然资源财富，加大物质资本积累和研发投入力度，重视和引导高技术产业发展，提高区域技术创新能力和效率，以促进经济增长中技术贡献率的提升。

---

① 杨莉莉，邵帅，曹建华. 资源产业依赖对中国省域经济增长的影响及其传导机制研究——基于空间面板模型的实证考察 [J]. 财经研究，2014，40（3）.

第三章
创新驱动发展国际经验借鉴

当创新正成为国家或地区核心竞争要素的大背景下,越来越多国家和地区的经济发展正加快从要素导向、投资导向转入创新导向,纷纷把深度开发人力资源、实现创新驱动发展作为长远的战略选择。美国、日本、德国等发达国家更是早已确立了创新驱动型经济发展模式,成为全球众多发展中国家争相效仿和学习的标杆。本章主要分析世界主要国家和地区创新驱动发展的模式和特征。

第一节

日本创新驱动发展模式

日本所取得的卓越经济成就以及其教育和创新政策一直备受各国政府和学者的广泛关注。日本现代意义上的创新政策起步于第二次世界大战后,到20世纪60年代日本制定了旨在引进、改良的产业政策与技术创新政策,以及保护重点工业领域的经济政策。从20世纪60年代到80年代初,日本在原有基础上制定了推动产教结合的产业和教育政策以及提升整体科学技术水平的科技政策。而从20世纪80年代到90年代初,日本着手完善产学官协作体制,技术创新政策取代产业政策成为了日本创新政策的核心。20世纪90年代日本提出科技创新立国,扭转基础技术依赖,构建了以科技政策为核心,以经济政策、教育政策、财税政策、金融政策、社会基础设施政策为支撑的创新政策体系。进入21世纪后日本更是认识到创新政策系统内功能耦合的巨大作用,提出将科技政策转化为创新政策,依靠系统的创新政策体系,构筑更趋完善的国家创新机制。也就是说,日本政府连续不断地制定了一系列鼓励创新的政策和举措,把国民教育和技术创新摆在优先发展的地位,走出了一条有别于欧美国家的、独特的创新驱动发展之路，实现了创新驱动发展的转变，成为世界公认的经济强国和创新型国家。表3-1和表3-2分别列出了日本中长期科技战略与规划、针对性中长期科技战略与规划。

日本是后发国家实现创新驱动发展的成功典范之一。在第二次世界大战后，日本始终坚持将科技创新作为支撑国家经济社会发展的首要选择与核心动力，注重推动企业技术进步和自主创新能力的提升，不断提高研发投入，2013年R&D占GDP的比重已接近3.5%，成为世界研发投入最高的国家之一。在政府政策的推动下，日本的自主创新能力跃居世界前列，科学技术对日本经济增长的贡献率达60%以上，促使产业结构从资本密集型工业向技术密集型产业再向新兴产业转型，经济发展方式从资本要素驱动向创新驱动转变。在强大的科技创新推动力的支持下，于20世纪70年代成为仅次于美国的资本主义世界第二经济大国，并实现了创新驱动发展和持续增长，成功克服了两次石油危机，创造了80年代的经济辉煌，而且，在进入"失去的20年"后，仍然保持着强大的经济实力和核心竞争力。

表3-1　日本中长期科技战略与规划

类型	名称	起始年份
基本战略与规划	第1期"科学技术基本计划"（1996~2000年）	1996年
	第2期"科学技术基本计划"（2001~2005年）	2001年
	培育战略性研究基地计划	2001年
	科技政策建议计划	2001年
	推进先导性研究计划	2001年
	确保国际领先计划	2001年
	研究据点（COE）计划	2002年
	第3期"科学技术基本计划"（2005~2010年）	2005年
	促进创新综合战略	2006年
	创新25战略	2006年
	研发力强化法	2008年
	创新性技术战略	2008年
	未来开拓战略	2009年
	最先进研究开发支援项目	2009年
	第4期"科学技术基本计划"（2005~2010年）	2011年

第三章 创新驱动发展国际经验借鉴

表3-2 针对性中长期科技战略与规划

类型	名称	起始年份
基础科学	基础科学力强化综合战略	2009年
	关于加强基础研究应采取的长期战略——基础研究支撑体系改革	2010年
人才计划	关于确保科技人才的基本方针	1995年
	重点研究支援协力员制度	1995年
	万人博士后计划	1999年
	支持任期制年轻研究员计划	2001年
	培养新兴领域人才计划	2001年
	产业技术特别研究员制度	1995年
	生物人才培养计划	2003年
	科学技术相关人才综合计划	2007年
促进经济发展	经济成长战略大纲	2006年
	经济危机对策	2009年
	新成长战略	2010年
	产业再生计划	1999年
	新产业创造战略	2004年
	新产业创造战略2005	2005年
	产业技术力强化法	2007年
产业计划	产业再生计划	1999年
	新产业创造战略	2004年
	新产业创造战略2005	2005年
	产业技术力强化法	2007年
知识产权	知识产权战略大纲	2002年
	知识产权立国战略	2003年
	知识产权推进计划2004	2004年
技术路线图	技术路线图2006	2006年
	2009年战略技术路线图	2009年
教育	大学结构改革计划	2001年
其他	依靠科学技术增强地方活力战略	2008年

一、日本创新驱动发展的演进历程[①]

目前,对一个国家或地区的创新驱动发展历程进行阶段划分,还没有可依的统一标准。根据1955年以来日本R&D占GDP比重的变化、GDP的走势、产业结构的调整等情况,将日本创新驱动发展的历程大致划分为基础期、起步期、形成期和稳定期四个阶段(见表3-3)。从20世纪中后期开始,根据不同时期的发展基础和发展环境,日本政府不断调整国家创新战略,以提升国家和企业的创新能力。

表3-3 日本创新驱动发展的演进历程

时期	1955~1972年	1973~1979年	1980~1994年	1995年至今
演进历程	基础期	起步期	形成期	稳定期

(1)基础期(1955~1972年)。1955~1972年是日本现代化经济建设的基础期。日本科技发展起步比欧美发达国家要晚。第二次世界大战后,日本以"加工贸易立国"为基本国策,主要采用引进战略,虽然R&D占GDP比重不到2%,但是通过有效的引进、消化、吸收、再创新和再出口,逐步提高了本国的技术开发能力,在经济恢复的基础上实现了高速增长。日本依靠技术引进战略,在十几年内建成了欧美等发达国家几十年才建成的现代工业体系,为发展创新型经济打下了基础(谈力、李栋亮,2016)。1968年,日本GDP超过德国,成为仅次于美国的世界第二经济大国和科技强国。

(2)起步期(1973~1979年)。1973年,日本人均GDP首次超过3000美元,R&D占GDP比重达到2%,产业结构从劳动密集型、资源密集型向资本密集、技术密集型过渡,钢铁、汽车、家电等产业技术达到世界先进水平。然而,一方面,"石油危机"终结了日本经济的高速增长,迫切要求日本转变高耗能的经济增长方式,提高经济运行的科技含量;另一方面,日本经济强国的地位使欧美各国普遍产生危机感,在技术输出方面普遍对日本采取限制

[①] 本节重点借鉴了谈力和李栋亮(2016)的研究成果。

或戒备措施,从而动摇了日本原有的"引进—吸收—再创造"技术创新模式。这迫使日本开始重视基础研究,科技研发开始从依赖型走向自主型。

(3)形成期(1980~1994年)。20世纪80年代,日本创新驱动发展方式形成并得到巩固。在此阶段,以确立"科技立国"战略为标志,政府坚持将科技创新作为支撑国家经济社会发展的首要选择与核心动力,并保持以产业界作为技术创新的主体,R&D支出占GDP比重逐渐上升到3.0%。1980年,日本政府在《80年代通产政策设想》中指出:"技术立国是日本的奋斗目标,有效地利用头脑资源进行创造性的技术开发,提高竞争能力和经济实力,是日本的必由之路。"由此,"技术立国"正式成为日本科技乃至整个经济发展的新战略,标志着日本科技发展战略的四大转移:①技术发展路线的转移,从引进技术转向自主开发具有创新技术;②科研比例的转移,从开发与应用研究转向基础研究;③科技人才培养类型的转移,从培养从事应用与开发研究的人才转向培养创新性的技术尖子与基础研究人才;④科技发展重点的转移,从传统产业转向发展高新、未来产业、工艺、福利等基础技术(陈强等,2015)。到80年代中后期,日本经济实力达到了"鼎盛时期",GDP总量接近美国的60%,人均GDP超过2万美元(谈力、李栋亮,2016)。

(4)稳定期(1995年至今)。20世纪90年代,随着泡沫经济的崩溃,引进和改良的发展体系已经不再适应时代要求,日本经济开始进入前所未有的被称为"失去的10年"的萧条期。为了适应创新的需求,日本开始对其科技政策进行重大调整,其科技政策定位从"知识的传播与扩散"向"知识的创新"演变,从"技术赶超型"向"技术领跑型"演变,而这种演变始终贯穿着系统论的整体思想观,体现出一种系统的特性。日本政府于1995年11月15日颁布《科学技术基本法》,进入了以积极开展原始创新、发展新兴产业为主要特征的稳定发展阶段。在这一时期,日本的R&D占GDP比重从1995年的2.87%上升到2013年的3.49%,成为世界R&D投入最高的国家之一。《科学技术基本法》明确提出日本将以"科技创新立国"为基本国策。由此,日本"技术立国"战略步入了一个新阶段,即"科技创新立国"战略的新阶段。从"技术立国"到"科技创新立国",意味着日本技术立国的战略核心发生了根本性转变,实现了质的飞跃。进入21世纪以后,日本政府在继续实施科技创新立国战略的基础上,又先后制定和实施了《IT立国战略》(2000年

11月)、《知识产权立国战略》(2002年7月)、《生物技术立国战略》(2002年12月)、《观光立国战略》(2003年5月)、《投资立国战略》(2005年4月)、《环境立国战略》(2007年6月)、《创新立国战略》(2007年6月)和《日本再兴战略》(2013年)和《科学技术创新综合战略——挑战新维度的日本创造》(2013年)等重要战略(陈强、余伟,2015),致力于创造"依靠技术保持优胜"的日本。战略的实施有力地促进了日本产业的转型升级,提升了产业竞争力,使日本产业继续保持了强大的国际竞争优势(谈力、李栋亮,2016)。

二、日本创新驱动发展的特点

日本创新发展首先源自其成熟的国家创新系统,其次是一流的高等教育、有效的"产—官—学"结合、完善的基础设施建设以及"技术立国"的创新文化,使日本的创新能力始终处于全球领先的地位[①]。日本创新驱动发展的特点总结如下:

(一) 政府是国家创新体系建设的引导者和组织者

日本政府通过制定积极的经济和教育政策,制定长期发展规划,协调产业界与学术界的关系,在完善国家创新体系、改进科研基础设施、组织产官学合作、促进国内外企业的合作与协同方面发挥着主导作用,进而推动企业创新能力提升。如日本通产省通过分析世界趋势和未来发展方向,制定积极的国家投资政策,针对国际竞争,组织和协调大企业开展重大技术攻关等,在提升日本企业创新能力、塑造国际竞争优势方面扮演了十分重要的角色[②]。

如果说美国的科技创新体系是市场主导型,那么日本则是政府主导型。政府通过产学研合作促使并激励企业和科研机构将科技同经济发展相结合。2000年以来,日本每年新增专利近20万件,连续十几年名列全球前三位。日本的产学研合作发展较为完善,据统计,2004年日本大学和民间企业的合作研究已突破1万件,大学接受企业的委托研究超过1.5万件。近几年来,产

---

① Suzuki K., Kim S. H., Bae Z. T. Entrepreneurship in Japan and Silicon Valley: A Comparative Study [J]. Technovation, 2002, 22 (10).
② 童爱香,孙艳艳. 美国与日本创新驱动模式比较 [J]. 全球科技经济瞭望, 2011, 26 (10).

学研合作又有新的发展趋势,即产学研合作网又有新的延伸,更具开放性和灵活性,大学和金融机构、技术转移机构之间的合作日益加强。在第四个科学技术基本计划中还将"国民参与"作为今后科技创新的基本原则,国民有参与权、知情权和监督权,科技创新要加深与社会和国民的关系,及时向国民公开科技创新有关的新政策、新成果信息,积极与国民进行沟通,在获得国民理解支持和信任的基础上进行科技创新研究和政策的制定,使科技创新不再是高不可攀的象牙塔。

长期以来,日本政府推行强干预政策,对国内创新活动进行积极引导和重点扶持。主要体现在以下几个方面(陈强、余伟,2015):

第一,政府对技术引进实行有效宏观控制。制定严格的装备与技术引进审批制度,通过对每个引进项目进行技术评价,有选择地引进既能满足经济建设需要又能产生理想经济效益的世界先进机械设备和科学技术。这使日本在1955~1970年,只花了60亿美元的代价,就几乎掌握了半个世纪以来世界发明的全部技术。

第二,政府对创新的财政支持。日本政府一向不吝惜科研投入,政府对技术的引进、学习和扩散进行强有力的财政支持。实施重要技术研发补助金制度,对急需开发的重要技术、产业领域产生重大辐射效应的核心技术开发活动给予高额补助,预计到2020年日本政府和民间的科研投入将占到国民生产总值的4%左右。另外,在重大技术的研究开发、设备折旧、企业试验研究费、国外技术和装备引进以及特定领域研发等方面予以税收优惠。此外,以低于民间金融机构的利率为企业R&D活动提供资金的研发融资优惠安排。政府和各部委设立的较大科研基金主要有科学研究补助金、战略性创造研究促进事业基金、科学技术振兴调整费等,支持各公立科研机构和企业的R&D经费支出。同时,还有科学技术交流财团等企业财团、高木市民科学基金等民间基金支撑着日本巨额的R&D经费支出,例如,日本住友、三菱重工就为北海道大学生物医药创新基地的建成和发展提供了大量资金支持。

第三,创新企业享受税收优惠和贷款优惠政策。除了上述政府财政拨出的项目经费外,日本政府还给予各企业税收和贷款两大优惠政策。税收优惠政策是指政府对有关产业技术研究与开发活动减免税收,1985年日本政府分别制定了《促进基础技术开发税制》和《关于加强中小企业技术基础的税制》。企业用于生物技术、新材料技术等高精尖端技术开发的资产免税7%，中小企业研究开发和实验经费免税6%。贷款优惠政策是政府通过政策性银行，以低于商业银行的利率向企业研究与开发活动提供贷款。日本政策金融公库是日本最重要的政策性银行，每年都为中小企业科技创新、农业新技术创新等领域提供低息贷款、延迟还款等优惠服务。

（二）注重创新驱动的国家制度保障体系建设

构建和发挥创新政策的系统功能，完善其创新机制，是当今世界科技大国创新政策面临的一个新课题，也是近年日本创新政策演进的显著特点。尤其是进入21世纪以来，日本创新政策的体系化逐步增强，日本政府在产学官创新治理模式的基础上，主动参与创新机制运行。正如许多学者所认为的，日本在国际市场上的成功，一个重要的原因在于日本通过大量的产业（技术）政策立法来鼓励企业技术创新与应用，组成强大的"国家队"参与国际竞争。日本自从实施贸易立国和技术立国战略后，随着国际形势和国内发展形势的变化，在20世纪90年代提出了"科学技术创造立国"的战略。日本提出该战略始于"第一期科学技术基本计划"。自该计划开始执行以后，政府逐步增加对R&D的投资，形成了R&D竞争环境，加强了产学研合作，在科学技术体制方面进行了大胆改革，尤其更加注重创新驱动发展体系的制度保障系统的构建（陈强、余伟，2015）。为了改变以往偏重引进和模仿外国技术的做法，日本于1995年颁布了《科学技术基本法》，并成立了科技政策的最高决策机构——综合科学技术会议，《科学技术基本法》将具有创造性的技术R&D作为科技领域的重中之重，这为日后日本的科技发展提供了法律依据。《科学技术基本法》规定，为了综合地、有计划地推动科学技术的相关政策措施，政府应当制定有关科学技术振兴的基本计划（简称"科学技术基本计划"，每五年一期）。第一期科学技术基本计划（1996~2000年）后，又相继出台了第二期（2001~2005年）、第三期（2006~2010年）和第四期（2011~2015年）科学技术基本计划。日本文部科学省、日本科学技术振兴事业团、日本科学政策研究所以及日本学术振兴会等都是这些科技发展计划的执行和监管部门。此外，为缓解高校与研究机构过度行政化，建设更具活力的研究组织。2001年日本进行了国立研究机构法人化改革，2004年实施了大学独立法人化，2012年更是将法人区分为"成果目标达成法人"和"行政执行法人"。①

为了进一步加强创新成果的知识产权保护，日本于2002年颁布了《知识产权基本法》，并成立知识产权战略总部，确立"知识产权立国"的国策。2008年和2012年，日本两次修订了《国家研究开发评估大纲指针》，对公立科研机构研发评估做出更加细致的规定。对比两次修订，《国家研究开发评估大纲性指针2012》着重关注了研发计划评估和促进措施目标成果设定的评估。同时，日本的各个部委也在各自的管辖领域推出了一系列鼓励创新的政策和制度。例如，2009年12月，日本文部科学省提交了《日本中长期科技发展战略》报告，明确提出未来要将科技政策转化为创新政策，构筑社会联动的协作创新机制。

（三）注重产学官联动效应

日本的产学合作具有较长历史，早在第二次世界大战前产业界和大学研究人员就围绕技术开发的重要课题展开合作，并共同发表有关研究成果。费里曼曾多次强调，国家创新系统的核心就是一国内创新机构之间的"联动"，即政府部门、大学、科研院所、企业和金融机构之间所能产生的联系和互动作用。

日本政府大力推进产学官合作，制定了一套完善的制度，并有相应的法律法规来保证制度的实施。1997年日本政府成立了由文部省、劳务省（现为厚生劳动省）和通商产业省（现为经济产业省）组成的"产官学合作"促进委员会。基本制度有联合研究制度、委托研究制度、建立共同研究中心、委托培训制度，捐赠奖学金制度、捐赠讲座研究室制度、经费划拨与使用制度、研究保障制度等。

日本创新制度改革的一个重要特征就是推动研究机构、大学和商业部门之间的R&D合作。由于企业，尤其是中小企业自身缺乏研发动力与能力，需要通过政府和大学的R&D机构得以强化，以促进科技竞争力的提高。因此，对技术革新模式的重新探讨、对以技术革新为主力的经济发展的期待使围绕"产"和"学"环境变化的"产学官联合"成为日本企业、大学、政府和社

---

① 刘海波，肖尤丹，勒宗振．日本科技法制与我国借鉴［J］．中国软科学，2013（8）．

会各界关注的重点。由此,以1995年制定科学技术基本法为契机,以1998年技术转移促进法为主的一系列促进产学合作的政策得以实施。日本政府部门认为,鉴于中小企业存在内部研究人才资源有限,发现自身真正需要比较困难等一些不利因素,"产学官联合"在面向中小企业时,需要将过去以满足"大企业""一部分经过挑选的企业"等范围扩展到"中小企业""并非很突出的企业"。对此,相关部门从2006年开始进行了讨论并得出了以下结论:①面向中小企业时,需要有与面向大企业时不同的模式。②面向中小企业时,学(大学等)与产(中小企业)的结合作用是关键。③由支援机构和专业人才来承担结合作用。针对接手企业的水平及企业业务内容,对企业提供详细经营诊断、技术翻译、设计、生产技术等是很必要的。④这些支援在市场经济中是比较难发挥的,需要发挥"官"的作用。

日本产学官联动合作的内容和程度是一个逐渐深入的过程,到了20世纪70年代中期以后,合作研究和共同研究的数量和投资额不断增加,合作期限有所延长,研究内容持续拓展。2001年日本文部科学省开始在大学委派兼具创新R&D与企业运营知识背景的"产学官合作协调员",这一政策帮助日本深入科技创新"前线",在产学官的合作创新机制中"第一时间"发挥更积极的作用。

(四) 大学与科研机构是企业技术升级和人才供给的源泉[①]

在技术追赶阶段,日本的大学与科研机构等公共研究机构在国家创新体系中充当了知识库的作用,尽管基础研究是这些机构的一项基本功能,但其主要作用是为企业提供产业学习与技术升级的机会,并为企业提供高质量的专业技术工程人才。这些公共研究机构以自身的技术知识积累为基础,将技术搜索与科研有机结合起来,在全球范围搜索最新的、最有经济价值的技术,并凭借其教学和科研能力来获取、复制、吸收和改进这些技术,最终向企业提供该项技术开发是否具有可行性的信息。与私人企业研究机构相比,公共研究机构更能公正地评价新技术,不会被现存技术的各种限制所局限。同时,这些机构将研究和教学有机结合起来,源源不断地为企业培养出既对新技术

---

① 本小节借鉴了梁洪力和王海燕 (2014) 的研究成果。

有洞察力,又有将新技术付之应用热忱的高质量技术人员,从而成为企业技术升级和人才供给的源泉。

(五) 强化普遍性创新基础要素

经济的创新驱动依赖于普遍性的创新基础要素。利用创新政策体系强化创新的基础要素,尤其是科学基础研究,是日本创新政策演进的另一趋势。21 世纪以来,日本创新政策旗帜鲜明地向基础研究、教育、人力资源等要素倾斜,其特点主要有:

(1) 夯实基础教育与改革高等教育并重。为改善青少年远离自然科学的现状,日本加强了中小学理科和数学基础教育。日本内阁于 2008 年与 2013 年制定了两期《教育振兴基本计划》,提出通过四个基本政策方向培养青少年协作和科技创新能力。此外,为培养具备综合素质的创新型人才,日本文部科学省 2004 年起同意大学在平衡学生综合素养的基础上,自由编制课程与培养计划。2008 年起日本又实施了"高质量大学教育推进计划"。评估教育改革中的优秀方案与经验向社会推广。

(2) 培养国内高素质人才与吸引国际创新人才并举。2001 年至今,日本坚持推动《人力资源开发计划》,计划多年来致力于支持青年科技人员尤其是女性科研人才成长。不仅如此,2007 年日本开启"世界顶级研究基地形成促进计划",计划通过营造良好的研究环境吸引世界顶尖科技创新人才。

(3) 保持对基础研究的高投入。日本即便在经济长期滞胀的情况下仍非常重视科技创新投入,R&D 经费常年保持在 GDP 的 3%以上。

第二节  美国创新驱动发展路径与特征

美国一直被公认为世界上最具创新能力的国家,也是一个非常重视创新和创新成果最多的国家。美国在创新型国家的形成和发展过程中,政府做出

了很多努力,历届政府不断发布及修订适应时代发展的创新战略文件。美国高度发达的教育体系以及不断创新的人才培养和引进政策,为美国创新体制的不断发展提供了源源不断的后续储备。通过深入剖析和总结美国创新驱动战略的主要内容、特点及演变历程和所采取的主要举措,梳理出较为全面的美国创新驱动战略的体系架构,为我国及我国资源型地区创新驱动转型发展提供一定的经验借鉴。

一、美国创新驱动发展的演变历程[①]

美国20世纪创新体制对于国家经济整体增长的贡献和促进是一个富有启发的典型案例,并且在很大程度上决定了美国的经济地位。依据美国创新政策在不同历史时期的表现特征,将美国创新驱动发展历程大致划分为五个阶段,如表3-4所示。

表3-4 美国创新驱动发展的演进历程

年代	20世纪60年代	20世纪70年代	20世纪80年代	20世纪90年代	21世纪
演进历程	市场万能机制	创新政策重大转折	制度创新	国家创新体系建设	创新美国战略

(一) 20世纪60年代 (市场万能机制)

20世纪60年代以前,美国是一个信奉市场万能的资本主义国家,主要以市场机制的途径配置创新资源。联邦政府常以直接资助、法令、法规等创新政策手段,而不是官方的产业政策或直接参与来推动工业创新。但这种政策观念到肯尼迪政府时期有所变化。肯尼迪政府认为政府应在创新中起直接的、活跃的作用,并提出了一系列促进创新的计划,如1965年实施的国家技术服务计划。但由于这一时期政府部门对创新的认识还未形成优势,国会参众两院及白宫拨款委员会对创新政策或计划常常持有怀疑甚至否定的态度。因而,这些计划实施后还未进入20世纪70年代就夭折了。

[①] 本节借鉴了苏英等 (2006) 的研究成果。

(二) 20世纪70年代（创新政策重大转折）

20世纪70年代，尼克松政府时期，石油危机、生产率下降、贸易赤字、失业等一系列经济问题，迫使政府重新考虑在支持研究开发上的立场。此时政府提出"新技术机会计划"（1971年），虽然该计划最终顺利实施，但此时美国政府对创新政策的认识有了重大转折。

卡特上台后对技术创新更为重视，提高了联邦政府对R&D的资助额度，并促进了"国家1979技术创新法"在国会的通过，使得联邦政府资助、推动技术的行为合法化。[①] 在这一阶段，虽然美国政府已经认识到科学技术对经济增长的决定性作用，但在政策制定方面仍受新古典经济学派技术创新政策主张的影响，认为政府干预技术创新的合理性在于技术创新过程中存在"市场失灵"，为纠正"市场失灵"，政府应出面对市场失灵的领域进行干预。在这一阶段，认为知识生产与应用扩散分属两个范畴，从政策制定角度，政府只应该干涉前期阶段，而应用扩散应由市场机制来完成。

(三) 20世纪80年代（制度创新）

20世纪80年代到90年代前期，美国进行了一系列促进商用技术发展的制度创新，旨在提高联邦政府资助R&D项目成果的商业化。1980~1993年美国制定、提议了九项美国联邦技术转移法。其中较为重要的三项是：①贝荷—道尔法——放松了对联邦资助和与政府签订合同所产生发明的专利的政策限制；②史蒂文森—怀德勒技术创新法——为引导联邦实验室的研发活动侧重于商业目的提供了法律基础；③国家合作研究法——放松了对研究合作企业的反垄断法律效力。这些制度创新对美国技术商业化产生了积极的影响。[②]

(四) 20世纪90年代（国家创新体系建设）

20世纪90年代初，冷战结束，全球政治、经济格局发生了重大变化。以跨国公司为先驱的生产全球化，促进了国际分工；高新技术被视为经济发展

[①] 柳卸林. 技术创新经济学 [M]. 北京：中国经济出版社，1992.
[②] 苏英，赵兰香，吴灼亮，曲婉. 美国创新政策的演变及其启示 [J]. 科学学与科学技术管理，2006，27（6）.

的制高点，使得竞争更加激烈；这时美国科技领先的地位日益受到日本和西欧等国强有力的挑战。1993年，美国科学、工程与公共政策委员会（COSEPUP）向政府递交了《科学技术和联邦政府：新时代的国家目标》报告，建议联邦政府继续大力资助与支持科学研究，并建议美国在所有研究领域保持世界领先位置，并在主要科技领域维持清晰的竞争优势。为此，克林顿政府组阁后不久，第一次通过正式文件，对创新政策做了系统的说明。这一系列制定创新政策的声明与文件包括：《技术为经济增长服务：增强经济实力的新方针》（1993年12月）、《科学与国家利益》（1994年8月）、《技术与国家政策》（1996年）、《改变21世纪的科学与技术：致国会的报告》（总统科学技术政策办公室）。

这一阶段创新政策的制定更注重系统性，其重点步骤是积极构建国家创新系统，使市场经济和政府行为互为补充，使科学技术、R&D与经济增长的联系更加紧密。

（五）21世纪（创新美国战略）

国家创新战略是一项具有全局性、复杂性的系统工程。美国创新驱动战略是在特定历史条件下对现有资本、劳动力、物质资源、知识等要素的重新组合，在不同的历史时期创新战略的具体目标、参与主体和实现形式各不相同。进入21世纪，美国的发展处于微妙的历史岔口，这主要来源于两个空前的转变：一方面，竞争在发生变化，全球在竞争日益激烈的同时联系却更加紧密；另一方面，创新本身也在发生着变化，创新产生的来源、方式都将发生变化，这些变化带动经济和社会的深刻变革。为了赢得未来，守住优势，保持美国在创新能力、教育和基础设施等方面的竞争力，美国政府发布了一系列创新战略报告，如2004年，美国竞争力委员会发布的《创新美国：于充满挑战与变革的世界中繁荣》报告提出了"创新美国"的概念，并将建设"创新美国"作为其发展战略，号召集中全国力量推动科技创新，全面提高国家竞争力。[①] 奥巴马政府于2009年、2011年分别发布了两份创新战略报告《美国国家创新战略——推动持续增长，创造高品质就业》《美国创新战略——确

---

① 刘斌. 美国科技创新法律制度研究[D]. 天津：天津大学，2008.

保经济增长与繁荣》，这两份报告表明美国创新战略的重心已从解决金融危机转移到促进经济增长与繁荣上，这为创造未来的繁荣提供了多方位、可持续、具有普遍共识的方法，奠定了创新在国家发展中的战略核心地位。2011年发布的《美国国家创新战略》报告详细分析了美国政府、美国人民和美国产业界如何协同合作促进美国经济的持续繁荣，明确提出了科技创新的主体和促进科技创新的具体措施，包括强化创新相关制度的建设、加大教育基础设施建设费用的投入比例，同时，明确并推动重大创新领域的创新突破。可见，美国始终高度重视创新战略的上层设计。2015年，美国又发布了最新版的《美国国家创新战略》，特别提出了支撑美国创新生态系统建设的新政策，表3-5详细对比了不同版本的《美国创新战略》。

表3-5 不同版本《美国创新战略》的主要内容

版本	目标	主体	形式	优先领域
2009年	推动就业的高质量和可持续增长	政府、企业、高校	投资于美国创新的基石、促进刺激有效创业的竞争市场、加速国家优先事项中的突破	清洁能源、先进车辆技术、卫生保健技术、其他应对21世纪"重大挑战"的技术
2011年	保证国家的经济增长和繁荣	政府、企业、高校、各层级劳动人民	推进优先发展领域的突破、对美国创新的基本要素投资、推进市场为基础的创新	清洁能源、空间技术、医疗卫生技术、教育技术、纳米技术、生物技术和先进制造技术
2015年	建设共享繁荣	政府、企业、高校、各层级劳动人民	创新生态体系基本要素的投资、打造创新者国度、加强私营企业创新	行业重点技术、精准医疗、脑神经技术、卫生保健、先进交通、智慧城市、清洁能源、教育技术、空间技术、高性能运算

从表3-5可以看出，推动可持续经济增长、提高社会福利水平、实现社会繁荣始终是美国创新战略的目标。2009年版强调《美国创新战略》"政府在创新驱动中发挥合适的角色"，反对政府不作为和过多管辖，关键是鼓励政府以恰当的方式支持个人和企业创新。2011年版《美国创新战略》提出"私营企业是创新的动力"，私营企业是科技创新的主体，同时，政府应当积极承

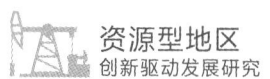

担起科技创新成果的保护、政策的制定、创新文化的引导等任务。2015年版《美国创新战略》进一步强化"打造创新者国家"的措施,强调民众的潜在创新力量,通过创新激励措施吸引民众和企业参与相关领域或部门的创新竞争,激励他们全身心投入创新工作,通过网络平台等来挖掘创新人才,集思广益,增进创新产出效益,加快相关科技研究的工作进展和创新进度。

二、美国创新驱动的特征

(一) 政府是国家创新的积极引导者

美国的创新活动离不开政府的政策支持。20世纪早期,私人部门的力量比较薄弱,无法承担科技研究所需要的巨大投入。所以从20世纪初起,美国政府开始支持创新政策,实现了创新政策制度化、实体化。第二次世界大战之前,联邦政府加大了对科研的投入,也制定了相应的政策和法律来保护创新行为,其中最重要的就是知识产权法。知识产权是对创新行为的保护,保证了创新研发者的基本权益,也保护了科研人员创新的动力和积极性。第二次世界大战期间,政府逐步意识到科技的力量以及创新的重要性,开始大力支持R&D,尤其是军事领域的R&D,与此同时也让部分军事领域的R&D成果向民用发展。第二次世界大战之后,美国政府开始大力支持大学和科研机构,大学和科研机构的联系日益紧密。并且随着金融业的发展,美国的投融资系统为创新系统以及创新者提供了极大的便利和巨大的帮助。21世纪以后,政府更加重视创新的积极作用,也极力采取各种措施来鼓励科研和创新。政府的政策也开始逐步多样化,包括增加政府预算、税收优惠政策等。可以说,美国的创新政策在任何时期都离不开政府的扶持和帮助,但是政府在创新的过程中始终都扮演着引导者的角色,而不是创新的参与者。美国政府不直接参与创新行为,但是通过投资、政策以及教育影响着创新的决策和创新系统的走向。

(二) 注重政策法规保障体系的建设

20世纪七八十年代以后,美国对其创新政策进行反思,抓住新技术革命和新兴工业蓬勃发展的机遇，创新政策开始从科技政策和产业政策中逐渐独立出来。美国议会冲破企业"投资不得享受免税待遇"的传统税法原则，在1954年颁布法律，规定企业可将当年的科技研究开发投资全部作为"免税扣除额"；1981年制定法律，进一步规定，如企业当年的科技研究经费超过前三年平均值的，其超过部分的25%可抵免税金。此后，1989年发布《国家竞争技术转让法》，1991年美国提出《国家关键技术》报告，1992年推出"信息高速公路计划"，1993年成立国家科学技术委员会，1994年发布《科学与国家利益》，1996年发布《技术与国家利益》，1997年发布《塑造21世纪的科学和技术》，2007年国会通过《2007年美国技术创新和制造业激励法案》等。除以法律形式明确外，国家还以规章或总统令的形式体现创新政策，如克林顿政府发布的《科学与国家利益》、布什政府发布的《鼓励制造业的创新》总统令（董娟、陈士俊，2007）。

完善的法律法规体系建设有助于保障创新体系的健康发展，历经数年不断的努力，美国建设了保护知识产权的法律法规体系，进而保障了创新者的合法权益，同时也提高了国家竞争力。美国通过建立完善的科技法律体系，为创新发展经济创造了优越的法律氛围，基于此，也有效地调动了高校、企业、科研单位等创新主体参与创新的信心，从而也为创新驱动发展提供了法律支撑。

（三）重视创新人才的吸引与培养[①]

人才是创新战略发展的基础，美国政府特别注重创新型人才的引进、培养工作。引进科技创新人才一直是美国政府实施移民政策的重点工作之一。美国政府早在1946年就制定了旨在吸引国外留学生的"福布莱特计划"。20世纪60年代，为保障国外留学生获得美国永久居留权，加入美国国籍，政府又推出国际教育。此外，联邦政府还数次修订《移民法》，以更为宽松的政策保证美国科技创新人才资源的供给。例如，2013年4月15日，美国参议院的8名参议员公布了题为"2013年边境安全、经济机会、移民现代化法案"的移民改革议案，其重要内容在于改革合法移民系统，包括放宽职业移民限制，

[①] 余稳策，张雪妍，徐静. 美国创新驱动战略及对中国的启示[J]. 亚太经济，2017（2）.

吸引外国高学历人才等。

H—IB签证是美国给具有特殊专长的外国人签发的入境证件。1990年，国会创立H—IB签证计划，每年签发65万人，允许具有学士学位或更高学位的外国人到美国工作。随着科学技术的发展，尤其是电子信息技术的突飞猛进，美国对高科技人才的需求与日俱增，各高科技公司不断向国会施加压力，要求国会修改移民政策，扩大H—IB签证的数额。1998年5月，国会决定将1999年和2000年这类签证的名额增至115万人。美国移民规划署发言人说：1999年签发的H—IB签证超过国会规定的115万人的数额，多签了2万人，其中印度人位居榜首，占46%，中国内地占10%，加拿大占4%，菲律宾占3%，中国台湾占2%，接着是韩国、日本、英国、巴基斯坦和俄罗斯。

美国许多重点科研机构、大公司科研机构的科技带头人，许多重点大学的系主任有60%~70%由美籍外国人担任。各大学还以优惠的条件吸引外国留学生。据反映，目前美国的几所名牌大学几乎网罗了世界最优秀的人才，一方面尽量利用他们在校期间的研究成果；另一方面千方百计留住那些成绩优异者，以使他们在年富力强的黄金时期为美国科研卖力。在人才培养方面，为了吸引优质生源、师资，政府制定了一套以学校、企业、联邦政府和非营利机构为主体的教育科研制度。

（四）重视教育、加大科技投入

在2011年美国创新战略报告中，奥巴马提出用21世纪知识与技能来武装下一代，培养世界一流的劳动力。要重视早期教育直至大学、研究院教育的连贯性，提高教育系统效率；推进学生在体育、技术、工程、数学（STEM）领域的发展；实施"教育促进创新"计划，加强公共部门与私营部门之间的联系；成立"早期教育挑战基金"，将基于表现的竞争机制引入启蒙教育。另外，美国政府高度重视科技创新，联邦政府加大研发投入并制定相关政策，为R&D营造了良好的创新环境，极大地激励了社会各界尤其是企业界对R&D投入的热情。为达到技术创新的持续性，美国政府对航空航天、电子信息技术、生物与医药技术等前沿公益性的产业技术R&D投入了大量资金。美国政府认为这些创新技术研究的成果都具有准公共产品的特点，理应投入大量R&D资金支持对这类产业的探索性研究活动。此外，在涉及国家战略的技术创新上，美国政府特别重视持续的大量科研资金的投入，确保重大科研项目的正常运转。

自20世纪80年代以来，美国R&D经费稳步增长。美国国家科学会的资料显示，1994~2000年，美国公司、政府、学校和非营利性机构用于R&D的费用增长了56%，达到2640亿美元，占美国GDP的2.5%，相当于其他几个大国R&D投入的总和。2009年联邦R&D投入1654亿美元；2010年联邦R&D预算投资达到1476亿美元；2011年美国政府R&D预算总额为1480.71亿美元，企业R&D投资将增加至2869亿美元，两项合计占R&D投资总额的71%。

第三节

国外资源型地区创新转型的经验借鉴

基于资源禀赋优势所形成的资源型经济现象，对于秉持比较优势理论的人来说，的确是一个不小的理论难题。"荷兰病""资源诅咒"假说也许可以从另一个方面提供些许解释，但是不能说"资源诅咒"命题一定是普遍存在的规律。从世界发展史看，如果经济法发展策略得当，制度安排合理，无论是国家还是地区，都可以避免"资源优势"陷阱，最终实现资源型地区的可持续发展。作为各自国家工业发展的重要基地，日本九州、德国鲁尔都曾出现过严重的资源型经济问题。经过40~50年的痛苦、漫长的转型发展，这些地区都实现了经济发展方式的蜕变，相继成为日本和欧洲高新技术经济的战略支点。本节从资源型地区的转型成功案例分析着手，总结其成功的经验和做法，为我国资源型地区的创新驱动转型提供一定的经验借鉴。

一、日本九州

九州位于日本列岛的西南部，包括九州岛及其周围的一些岛屿和琉球列岛，有福冈、佐贺、长崎、熊本、大分、宫崎、鹿儿岛、冲绳共8个县，面积4.2万平方公里，约占日本全国总面积的11.2%；人口1345万，约占全国总人口的10.6%，是日本的第三大岛。

到20世纪70年代为止，九州的产业结构以钢铁、造船为主，是日本重要的老工业基地。九州工业区的形成始于明治维新时期，1901年八幡制铁公司的建立，标志着九州工业区正式形成。中日甲午战争之后，利用从中国和朝鲜掠夺的大量矿石和原材料，九州工业得到快速发展，与钢铁、煤炭工业有联系的部门（如焦炭、机械、造船、金属、化工等）相继兴起。20世纪20年代，在北九州地区聚集了大批工矿企业，奠定了以钢铁、煤炭、化工、造船为中心的重化工业基地，成为日本"四大工业地带"之一。1940年前后，北九州的工业产值已占日本的8%，列"四大工业地带"第4位。

但20世纪70年代以后，受环境因素、原料价格、石油危机的冲击，以重化工业产品为主的贸易基本饱和，日本提出产业结构以能源节约化和高加工度化的发展战略。[①] 从此开始，以资源型产业为基础的九州工业区的主导产业逐步衰退，污染日趋严重，工业地位不断下滑，经济一度步入萧条状态。此后，北九州的工业在全国工业中的比重不断降低，如1935年北九州工业产值占日本的8.3%，1960年占4%，1969年占2.2%，1980年已降到1.2%。[②] 针对这一情况，20世纪60年代末开始，日本政府先后采取了一系列政策和相关配套措施，加快了对九州老工业基地的改造。经过20余年的改造，九州老工业基地发生了明显变化，经济成功转型，产业结构从以重化工业为中心向以加工业为中心转变，大力发展半导体产业，成为日本高科技产业、新兴工业的主要基地，经济重新焕发活力，工业正逐步恢复到以前的地位。

九州工业区转型的成功检验，值得我国资源型地区的创新驱动转型实践借鉴和参考。

（1）政策引导与产业转型。日本政府对九州煤炭等资源产业采取"渐进式"调整战略，在资源枯竭之前，适度调整资源产业发展，逐步摆脱资源依赖型发展模式。积极主动实施多元化发展战略，大力扶植潜在成长型替代产

---

① 陈淮. 日本产业政策研究 [M]. 北京：中国人民大学出版社，1991.
② 满颖之. 日本经济地理 [M]. 北京：科学出版社，1984.

业，引导衰退部门的资源得到重新配置或有序向新兴产业（部门）转移。例如，1955年，日本政府出台了《煤炭工业合理化临时措置法》，以整治低效率煤矿，扶持高效率煤矿，实行多元化经营；1962年7月，日本制定第一次煤炭政策，截至1991年7月日本政府共9次修改煤炭政策。前三次煤炭政策力求稳定煤炭产量，保证国内生产需求，而第四次煤炭产业政策明确提出了"煤炭工业的自立发展已经没有可能，应勇敢地去选择进退"的判断，第八次煤炭政策中明确提出加大国外煤炭的开发（刘宏兵，2004）。

20世纪60年代，日本政府意识到煤炭工业的衰退已不可避免，即开始着手煤炭产业劳动力的就业转移和向原煤炭产地诱导新产业。1961年制定了《产煤地域振兴临时措置法》，1962年设立产煤地域振兴事业团，通过开发工业园小区的方式，将开发好的土地附以长期贷款、减免税等措施转让给投资者，吸引投资者来进行改建。这一措施效果显著，截至2002年，福冈已有96个工业园小区，占地1538公顷，先后有521家企业在此投资建厂，共创造就业机会5615个（杨庆敏，2004）。此外，还完善社会保障，重视失业人员的培训与安置，保障失业人员就业平稳过渡。日本政府为安置关闭煤矿后的失业人员制定了《煤炭矿业结构调整临时措施法》《煤矿职工队伍稳定雇佣临时措施法》和《煤炭矿业年金基金法》，对在合理调整中离岗的煤矿职工发放退职金和离职金，通过实施办理职业训练和再就业援助等措施，使离岗人员实现再就业和保障生活稳定，避免因矿山关闭造成社会和经济混乱。

（2）产业调整与区位优势重构相结合，着力发展新兴替代产业。日本政府结合九州地区的区位优势重新定位产业结构，植入新兴替代产业，实现产业结构的多元化和高度化，而不是在原有资源产业基础上向前或向后延伸发展接续产业。20世纪60年代，日本政府依托大量富余的廉价劳动力、良好的空气质量和水质以及发达的航空运输设施的良好区位优势，在九州大力支持和发展IC工业。九州半导体产业的发展是以三菱机电（1967年）在熊本半导体工厂为开端，之后又有东芝、日本电气（NEC）、松下、富士通、索尼等知名大企业的半导体工厂陆续落户九州，甚至美国得克萨斯仪器公司和仙童公司也将其集成电路工厂建在九州。一方面，随着半导体产业繁荣发展，IT相关产业的研究机构、开发基地不断聚集到九州，九州成为日本名副其实的高科技产业基地（杨振凯，2006）；另一方面，大企业把劳动密集型的后期工程外包给地方中小企业，并进行了相应培训和技术转移,使得地方中小企业的技术能力迅速得到提高。到了20世纪80年代,九州的半导体产业得到快速发展,1985年九州地区的集成电路(IC)产值达到5485亿日元,是1975年的17倍(见图3-1)。

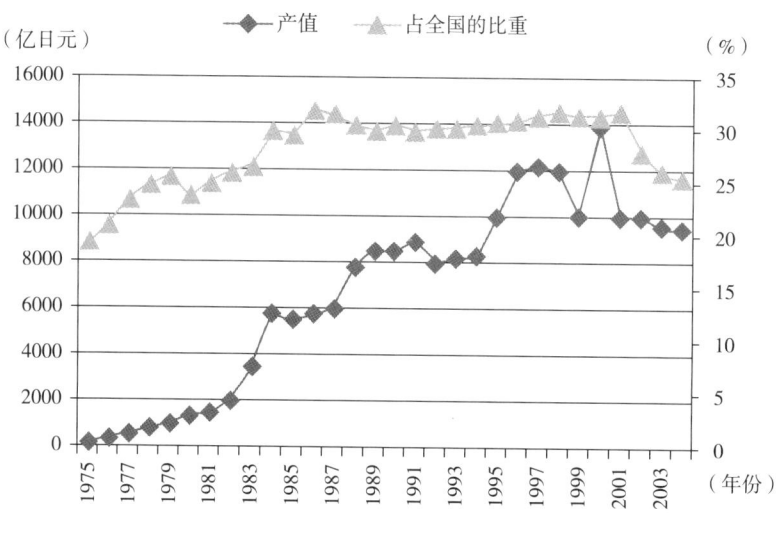

图3-1 九州半导体产业(IC)产值及比重

资料来源:康青松.日本创新集群的发展及启示——以九州半导体创新集群为例[J].科技进步与对策,2012(3).

(3)采用"技术城"模式实现"产、学、官"有机结合。"技术城"模式是日本九州地区转型发展的典型特征。① 技术城是把经济发展与科学技术、产业技术结合为整体,把开发高新技术产业与改造传统产业相结合,将产、学、住有机融合,以优良的环境、优惠的政策和一定的技术经济基础,吸引优秀人才和大企业,以此提高地方经济技术水平,促进地方工业发展,实现地区经济振兴。1983年,日本在全国设立的26个技术城中,九州地区有6个,即久留米·鸟栖(福冈、佐贺两县)、环大村湾(长崎县)、熊本(熊本

---

① "技术城"即以高技术研究开发为基础,将产(业)、学(术)、住(生活环境)有机结合,以原有地方城市为母城的新型中小城市。"技术城"在地域上大体是按圈层模式规划的。高技术城本身是核心,为内圈,包括产、学、住基本功能齐全的独立生活圈;将高速公路或铁路行程为1~2.5小时的中心城市地区规划为中间圈;以飞机航程1小时左右为界作为外圈。中间圈和外圈属于日归型行动圈。

县）、县北国东（大分县）、宫崎 SUN（宫崎县）、国分隼人（鹿儿岛县）技术城。在技术城的带动下，遵循"产、学、官"有机结合的原则，九州地区发展显著。1994 年，九州 6 个技术城区域的工业生产总值达到 42541 亿日元，占九州当年工业总值的 22.5%。

（4）注重技术创新，增强科技成果转化能力。九州地区拥有九州大学等 20 多所高等院校，还拥有系统 LSI 研究中心（九州大学）、系统情报科学研究院（九州大学）、微化综合技术中心（九州工业大学）等研究中心，为产业发展提供了智力保障。同时，各大学为促进科技成果的产业化，成立了技术许可办公室，负责学校的专利申请，技术许可等事务。例如，2004 年，九州的大学和所属技术许可办公室，共取得 201 项专利发明，占日本大学专利发明总数的 11.9%。另外，风险企业是创新活动中最具活力的要素之一，它以风险高的高新技术项目为 R&D 对象，在新技术的商用化方面也具有与众不同的推动力。为此，九州实施了大学风险企业支援项目。到 2004 年 3 月，九州地区的大学共创办 78 家风险企业，占日本大学风险企业总数的 9.8%。目前，日本九州不仅发展为全球重要的"硅岛"和"车岛"，还在机器人、电子、环保、生物科技和物流等产业取得了显著发展，带动了该地区的产业机构演变，实现了老工业资源型地区的成功转型（见表 3-6）。

表 3-6　日本九州地区产业结构演变

年份	1955	1975	1990	2000
第一产业	48.9	21.6	12.3	2.9
第二产业	18.2	25.8	26.8	25.6
第三产业	32.9	52.6	60.9	71.5

资料来源：杨振凯. 日本九州老工业基地改造政策分析［J］. 现代日本经济，2006（6）.

二、德国鲁尔

鲁尔位于德国西部的北莱茵—威斯特法伦州，煤炭资源丰富，曾经被誉为德国工业的引擎。该地区总面积 4435 平方公里，由 53 个大小城市组成，人口有 530 万。18 世纪初，随着煤炭资源开发及钢铁工业的发展，沿鲁尔峡谷逐步形成了工业区，最多时曾分布着 300 多座矿井，几十座钢铁厂。作为德国重要的煤炭钢铁基地，鲁尔区为第二次世界大战后德国经济的恢复，乃至"德国经济奇迹"的创造发挥过重要作用。但从 1954 年开始，因国外低价煤炭的大量输入，鲁尔区开始出现"煤炭危机"。仅 1958~1964 年就有 27 家矿井关闭，导致 5300 多人失业。20 世纪 60 年代开始，随着其他国家钢铁产业的不断发展，由于德国逐步丧失成本优势，并受欧洲战后恢复重建高峰期已过、新材料替代等因素影响，鲁尔区又遭遇了"钢铁危机"。资源产业逐渐衰落，失业率大幅攀升、人口大量外流，鲁尔区发展陷入了危机。

针对上述问题，鲁尔区开始了艰难的转型历程，经过半个多世纪的探索和不懈努力，鲁尔区逐步实现了经济发展方式的变革。鲁尔区转型发展的主要做法总结如下：

（1）加强传统产业的技术革新。鲁尔区对煤炭、钢铁产业实行了循序渐进的整合升级方式，依据不同情况采取"关、停、并、转"措施，进而调整企业组织结构，关闭亏损严重的煤矿，企业重组并实行集约化经营，提高企业运营效率。同时，加快传统产业技术改造升级，调整业已形成的主导产业和产业结构，发展多元化经营企业，加快新产品的开发与革新（见表 3-7）。例如，煤炭工业方面，鲁尔区加强对煤炭生产和转换工艺的研究，在煤矿竖井设备中采用最新的现代矿山开采技术，投资煤气实验设备，更新煤炭转换工艺；钢铁工业方面，引进世界先进技术设备，提高产品质量和品种，利用信息技术对传统产业进行改造，使生产工艺流程、运行管理、物流配送等方面的效益得到明显提高。此外，鲁尔区政府加强了企业间的合作，使企业的资源优势和加工能力优势得到充分发挥。通过企业之间有效的产业协作，实现区域内部资源的共享利用，从而使鲁尔区自身成为资源地、消费地和生产地。

表 3-7 1961~2009 年鲁尔区三次产业就业结构

年份	第一产业（%）	第二产业（%）	第三产业（%）
1961	2.4	61.3	36.3
1970	1.5	58.4	40.0
1980	1.4	51.7	47.0
1990	1.2	44.4	54.4

续表

年份	第一产业（%）	第二产业（%）	第三产业（%）
2000	1.2	33.3	65.4
2009	1.1	27.8	71.1

资料来源：Pablos P. O. D. Regional Innovation Systems and Sustainable Development: Emerging Technologies (Premier Rederence Source) [M]. Information Science Reference, 2011.

（2）科学制定各阶段的发展规划。高度重视区域转型发展规划的制定与实施，充分发挥其指导作用。州、市（县）两级政府作为区域转型规划的组织者，从区域整体发展角度提出总体框架。专业规划部门、大学及各类研究机构、国内外公司、投资商、当地居民都是规划具体内容制定的参与者。此外，规划如未来新技术发展、产业布局等核心内容时，聘请国际专家参与制定。对争议较大的项目，采取全民公决的方式进行决策。规划最终通过市议会形成决议，以立法形式确定，并委托专门的执行机构根据相应的法律条款严格执行。针对不同时期经济转型所面临的主要矛盾和问题，鲁尔区先后制定和实施了多项规划。如《鲁尔发展纲要》（1968年）、《鲁尔区域整治规划》（1969年）、《1980~1984年鲁尔行动计划》《煤钢地区的未来倡议》（1985年）、《国际建筑展计划》（1989年）、《"未来鲁尔"倡议》（2007年）等。在转型初期，规划内容以改造传统产业为主；转型中期则增加教育和R&D投入，增强发展的软实力，大力发展服务业；当前阶段，规划则更加注重发挥各经济主体和地区既有优势，培育新型工业，发展有创造力的经济（姜四清、张庆杰、赵文广，2015）。

（3）加强科技创新和人才队伍建设。鲁尔区在转型发展过程中高度重视教育与科研，着力打造富有创造力的经济。为了适应产业转型对人才和技术的需求，从1962年开始，波鸿、多特蒙德等地陆续建立大学。目前，鲁尔区已成为欧洲大学最密集的地区。鲁尔区的科研机构和多所高校对当地产业发展转型发挥着重要作用。例如，多特蒙德大学与本地产业发展密切结合，已成为该地重要的科研力量。1985年多特蒙德市分5个阶段投资1.3亿马克建立技术园区，到2005年技术园已有212家企业，创造了3650个工作岗位（赵涛，2003）。多特蒙德市依托技术园区这个新载体，利用高校和科研机构的技术力量，大力发展高新技术产业，积极推动原有企业向新的生产领域发

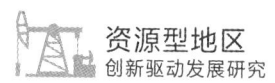

展。技术园区无疑是多特蒙德市有效利用智力资源的一个成功范例，也是科研开发和技术提升的中心，是该地区经济持续发展的支柱。

（4）政府积极引导和提供支持。政府采取多种措施，促进高校和研究机构为产业转型提供大量技术支撑，如建立创业园区和技术创新基地、鼓励高校教师和学生创业、支持高校与企业协作开展技术革新等。鲁尔区内所有大学和研究所都设有"技术转化中心"，帮助企业把技术转化成生产力，为落户的企业提供技术支持。几乎所有较大城市都建有技术开发中心，全区已有30多个技术中心，600多个致力于发展新技术的公司（姜四清、张庆杰、赵文广，2015）。此外，完善的职业教育体系为区域经济转型提供了大量高素质的产业工人；加强产、学、研结合，加快科研成果转化步伐，重视新技术对传统工业的改造；投资建设污染治理设施，大力治理环境污染问题。

综上所述，在长达半个世纪的艰难转型过程中，鲁尔地区转型发展新兴产业，改造传统产业，促进产业结构多样化，加快科技创新步伐，提高产品质量等转型途径，彻底走出了资源型经济困境，成功实现了资源型经济创新驱动发展的蜕变，鲁尔地区重新成为欧洲产业区条件最好的地区之一。

第四节

世界主要国家和地区创新驱动发展的经验启示

日本、美国、日本九州、德国鲁尔等国家和地区的创新驱动发展转型的主要措施和演进方向主要集中于通过科学的政策系统来构筑内在创新机制和改善外部创新环境。其创新转型路径和演化趋势与特点在如下几个方面值得我国资源型地区创新驱动转型中思考和借鉴。

一、创新驱动发展需要政府科学引导

对于后发国家来说，政府在国家创新体系的建设过程中，往往发挥了极其重要的作用，既要引导，又要主导。日本政府在创新体系建设中发挥了决定性作用。对大多数一般性行业，政府主要发挥引导作用，通过采取多种手段，引导企业技术创新，但不对经济体进行过多干涉。如在技术追赶阶段，日本政府对国内创新活动推行强干预政策，但企业仍然是绝对的创新主体；而针对直接关系国家安全、经济命脉和具有重要战略意义的行业或领域，政府则发挥了主导作用。

二、顶层设计与任务落实是实现创新驱动发展的关键

世界主要国家都高度重视创新驱动发展的战略规划与总体设计，始终将创新作为国家和地区发展的核心战略，从国家和地区层面对创新驱动发展进行了总体部署。并根据不同发展阶段的特征和实际情况，不断调整、完善创新驱动发展战略，形成了各阶段具体化的行动计划，保持了创新驱动发展战略的连续性，以提升国家、地区和企业的创新能力。以日本为例，无论是"新增长战略"还是各期"科学技术基本计划"，日本都提出了完善科技创新体系的具体目标和实现方式，并从资金投入、知识产权、政府采购等方面加强配套和保证。在激烈的国际竞争中，我国资源型地区加快形成创新驱动发展的顶层设计，切实落实创新驱动发展战略部署，必须把重要领域的科技创新摆在更加突出的地位，实施一批关系国家和地区全局和长远发展且切实发挥地区比较优势的重大科技项目。这既有利于在战略必争领域打破重大关键核心技术受制于人的局面，更有利于开辟新的产业发展方向和重点领域、培育新的经济增长点。同时，动态跟踪世界主要国家创新驱动发展的趋势和新特征，及时了解创新动态，从更长远的战略需求出发，及时调整产业发展方向，形成创新驱动发展路线图，确保在未来的产业竞争中获得优势。

三、完善的制度框架是创新驱动发展的重要保障

诚如诺斯所言，制度是社会的博弈规则，是人为设计、形塑人们互动关系的约束。在创新领域，从科技与产业创新政策的制定，到政策下形成的创新资源积累与创新运行机制，都与所在制度密切相关。制度环境、管理体制

是影响创新发展的重要因素，它影响着一个国家创新系统的组织结构、发展目标和发展水平，各国创新体系的建构无不以一定的社会经济环境为依据。通过制定和实施合理的制度和体制来进一步优化环境，通过改变环境来刺激系统中的各要素，可以形成系统与环境的良性循环运动，从而推动整个创新系统发展。

对于跨越式科技发展来说，注重基础科学研究只是必要但并非充分条件，制度创新才是关键。19世纪末英国技术领先地位的丧失并非因为缺乏优秀的科学家，而是其注重个人研究和工匠传统的科技制度阻碍创新扩散的结果。相反，美国在20世纪末技术领先地位的保持与其大学体制和大学——产业联盟这些制度创新是密不可分的。创新驱动发展中，美国政府通过法律与政策，将可集中动员的创新资源投入大学、科研机构甚至企业，除非常时期外，坚持市场竞争原则，引导与激励企业在竞争下创新。

迈向创新驱动发展离不开相应的体制机制安排，合理的体制机制设计可构筑良好的经济环境，为激发创新提供保障，进而将直接影响创新驱动与经济转型升级的最终绩效。回顾日本、美国、日本九州地区、德国鲁尔地区创新驱动发展历程，可以看出它们的共同特征：创新以系统的、动态的演化观点将制度、文化、创新组织联系在一起，为创新活动的开展筑起完善的制度框架，从而营造人尽其才、财尽其流、物尽其用的制度环境，形成人人创新、万众创新的局面，这是实施创新驱动战略的关键。日本在知识产权立法、司法、行政上的制度环境改造，坚决清除影响科技创新能力提高的制度障碍，为创新政策的实施提供了基础和保障。因此，我国要着力构建适应创新驱动发展要求的制度环境和政策法律体系，要构建政府主导、各创新主体协同、社会参与的多元管理体系，建立和完善财政金融支持制度、产业投融资法律法规、项目发现与资助、平台支持、成果转化与产权保护、人才培养与人才聚集、"产学研"协同创新制度、建立健全科技评价体制与知识产权保护制度、推动企业管理制度创新，推进科技金融创新，促进人才、资本、技术、知识等要素的自由流动，企业、科研院所、高等学校协同创新等有利于创新驱动的体制机制，真正为创新驱动发展营造完备的、有效的激励和运行条件。

四、构筑多元化的 R&D 投入体系

国际经验表明，美国、日本等发达国家高度重视科技创新，政府加大 R&D 投入并制定相关政策，为 R&D 营造了良好的创新环境，极大地激励了社会各界尤其是企业界对 R&D 投入的热情。以美国为例，2015 年美国 R&D 总投资达 5072 亿美元，其中企业投入 3504 亿美元，占比 69.1%，联邦政府投入 1149 亿美元，占比 22.70%，大学和社区学院的 R&D 投入为 174 亿美元，占总投入的 3.4%；其他非营利机构 202 亿美元，占总投入的比重为 3.9%；[①] 而且，美国基础 R&D 经费的投入总量和应用研究经费投入总量更接近（见表3-8）；美国在公共领域的大量 R&D 活动都是由联邦政府推动，突出表现为政府成为基础研究的主要投资者，而企业则重点推动应用研究领域的突破。而日本创新政策的调整不再集中于增大研发投入的强度，而是更关注研发投入结构。

表 3-8 美国近年 R&D 经费投入结构

	2013 年		2014 年		2015 年	
	预算	实际发生	预算	实际发生	预算	实际发生
基础研究	306.27	306.48	324.10	321.87	320.79	318.97
应用研究	333.69	311.99	320.59	325.46	326.41	329.11
实验发展研究	741.34	666.14	664.77	689.85	680.17	706.82
研发设施	26.90	18.71	27.36	26.17	26.15	25.79

近年来，我国 R&D 投入大增的同时仍然存在创新能力较弱和资源利用不合理等问题。根据国际经验，我国应充分发挥市场在研发资源配置中的决定性作用，特别是在应用研究和具有商业化开发价值的领域更多依靠私营部门。而政府将主要经费用于保障基础研究领域，同时激发市场和企业投入基础研究的内在动力。此外，我国创新系统的完善不仅单纯依靠 R&D 投入的总量，更应当注重调整科技投入的结构，构建多元化的创新投入体系，依托这种结

---

① 张绘. 美国研发经费投入及战略调整的启示与借鉴 [J]. 财会研究，2018（2）.

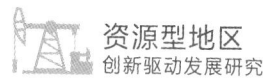

构,可以使各创新要素达成一定的创新系统功能。

五、培育创新文化是创新驱动的根基

创新文化是实施创新驱动发展战略的根基和土壤,是创新行为和绩效的重要决定因素,是根植于组织内部和个人内心的特定创新理念、创新意识、创新思维、创新精神,能够让组织和个人形成理性自觉和共同习惯。迈克尔·波特曾经说过"基于文化的优势是最根本的、最难模仿的、最持久的竞争优势"。文化的功能在于它是信息载体,在于它所生成的习惯势力,在于生长于同一文化土壤的人们共享着它所承载的信息,进而降低交易成本。中外许多成功实施创新驱动战略的地区,如美国硅谷、日本九州、德国鲁尔、中国深圳等均离不开其特定的区域创新文化。近年来,日本积极举办面向民众的科技兴趣活动,在全社会营造创新的文化氛围。比较著名的有2010年开始的东京科技文化节,现已发展为日本科技交流与创新科普的盛会。日本第四期"基本计划"首次将培育社会创新文化提升到国家战略高度,"基本计划"提出未来五年把日本建设成为善于创新和培育优秀创新文化的国家。创新文化影响实施创新驱动发展战略的作用机理,使国家、组织和个人将创新视为生存和发展的关键要素,积极营造一种鼓励创新、创新制胜的环境和氛围。因此,政府要统筹好创新文化理念设计、价值引导、氛围营造以及知识产权保护等制度安排,建立和完善鼓励、激励、平等、宽容、合作、竞争、诚信的创新文化,通过激发全社会的创新活力,提高全民科学素养,促进创新驱动各维度、各要素协同发力,形成创新驱动发展的良好文化环境。

六、充分发挥企业和企业家在创新驱动发展中的核心作用

创新驱动发展需要发挥企业家作用,弘扬企业家精神,注重调动企业家的积极性、主动性、创造性。企业是市场的主体,也是创新的主体,在实施创新驱动发展战略中,尤其要重视发挥企业家的引领作用。可以说,企业家是创新活动的组织者、管理者。以美国为例,美国企业是R&D活动最主要的承担者,在市场领域中,企业创新意愿强,创新基础雄厚。在企业的创新活

动中,是企业家的创新冲动最早发现了市场创新的先机,并围绕创新整合各类创新资源,通过技术创新、管理创新、商业模式创新,实现创新产品的产业化、市场化。

世界主要国家在创新驱动发展中,都建立起了以企业为主体的创新体系,企业家是创新的关键驱动者,企业家能够成功组织和配备创新资源,成功地将创新引入市场。各类人才的创新智慧和活力能否充分释放,在很大程度上取决于企业家的远见卓识和管理才能。第一次工业革命的发生与瓦特发明蒸汽机是分不开的,但如果没有企业家博尔顿的发现和帮助支持,瓦特就很难完成他的创造发明。美国管理大师爱德华劳勒认为:"终级的人力资本(或组织能力)并不是个别才能突出的人才,而是创建、管理和组织人才的流程。"正是企业家对创新人才的集聚、使用,才使创新得以顺利实现。

七、创新驱动发展要重视人才培养,改善人力资本

创新驱动发展实质上是人力资本和知识驱动的发展。与"生产要素驱动"与"投资驱动"不同,创新驱动强调通过知识资本去开发丰富的、尚待利用的自然资源,逐步取代日渐枯竭的自然资源,节约并合理地利用已开发的自然资源(陈强、余伟等,2015[①])。美国的创新竞争力能一直排名世界前列,主要在于其有雄厚的科研基础,即便如此,在2015年的《国家创新战略》中,仍增加对基础科学的投入,还为高素质留学生移民清除障碍。基础科研实力较弱的中国更应该加大基础科研的投入,鼓励高校更多利用社会资源进行基础科研投入。同时,我国应提高教育投入,提升人口素质,改善人力资本;实施更加积极的创新人才引进政策,完善技术移民制度。人才培养形成高中搭配,研究型人才和技能型人才相辅相成、相互促进。

八、创新主体相互协同,创新要素形成合力

推动创新驱动发展战略的主体有政府、企业、科研院所、高校、社会组

---

① 陈强,余伟等. 创新驱动发展国际比较研究 [M]. 上海:同济大学出版社,2015.

织以及公众等，各类创新主体有各自的功能定位。美国、日本等国深刻认识到创新主体之间相互协同是创新得以成功的重要途径。政府在政策引导、经费支持、产权保护、制度保障、创新环境等方面承载着重要责任。企业紧密对接市场，直接与消费者接触，着眼技术前沿应用研究、高技术产品研发和转化，发挥好主导作用。科研院所承接知识创新，衔接产业技术创新。高校肩负人才培养、科学研究、社会服务、文化传承创新、国际合作交流的功能，加强创新创业人才培养，聚焦基础研究和应用研究原始创新。社会组织包括行业协会和行业商会等，承担监督和评估作用，开展或参与行业标准、行业规范制定，联通全产业链。公众作为消费者，体验和反馈创新成果信息，传达未来技术发展的清晰需求。因而，要建立政府、企业、科研院所、高校、行业组织、社会公众协同互动的创新模式，相互融通，让创新活力竞相迸发。

创新能力的构建依赖众多要素的互动。日本为统筹协调创新发展，制定了指导各领域、各部门的科技计划，建立了以综合科学技术会议与内阁创新推进会议为核心的创新治理体系。鉴于我国正处于提升创新能力和实现产业跃迁的关键时期，单纯地顺应市场机制只会与目标背道而驰。从今后发展角度看，需自上而下建立一个集中统筹的科技创新治理机构来协调国家的创新发展，全盘调控经济、教育、财税等创新相关政策。同时改革和强化地方科技管理组织，建设新的跨部门的创新管理组织，形成上下联动、深入基层、深入产业创新前沿的创新治理体系。在强化集中管理的同时，我国应努力引导社会力量参与创新治理，降低企业与高校合作创新的制度成本，营造官产学研与公众共同参与的社会创新生态。

第四章

我国资源依赖的空间
分布与地区差异

第一节
资源产业依赖的空间分布特征及其演变趋势

自从 Auty[①] 提出资源诅咒假说 20 多年来，资源产业依赖与资源诅咒效应的关系受到了学术界更加广泛的关注。作为生产活动的主要投入要素，丰裕的天然资源本身对经济增长是一个有利的基础条件。然而，从现实案例和现有文献来看，二者的关系却在不同历史时期或不同地区呈现出完全相反的走向（Sachs and Warner，2001；邵帅、齐中英，2008；方颖、纪珩、赵扬，2011；邵帅、范美婷、杨莉莉，2013）。学术界普遍认为自然资源开发能否促进地区经济发展的关键在于人们对自然资源的管理和开发利用是否科学合理，对资源产业的畸形依赖尤其是矿产资源的大规模开发是引发资源诅咒效应的主要原因，是羁绊区域经济发展的最大根源。我国不同地区（或省市）的经济发展水平、人文素质和资源禀赋等经济基础存在着较大差异，特别是伴随矿产资源的大规模开发，资源产业依赖的地区差异也逐步凸显。

从已有的研究文献来看，学界就资源产业依赖与经济增长的关系做了大量研究，成果颇为丰富，但对中国资源产业依赖的地区差异及其动态演变规律的定量化研究相对缺乏，特别是关于地区差异来源分解的研究更少，本章试图在这方面作微薄的尝试，拓展学界对于资源产业依赖地区差异性的认识。

本章基于现有文献的总结和思考的基础上，运用 2003～2014 年中国省际面板数据，以采矿业固定资产投资占全社会固定资产投资的比重对资源产业依赖度予以度量，采用基尼系数分解方法来考察中国资源产业依赖的地区差异及其来源问题。依据 Dagum（1997）[②] 提出的基尼系数及其按子群分解方

---

① Auty R. M. Sustaining Development in Mineral Economies: The Resource Curse Thesis [M]. London: Routledge Press, 1993.

② Dagum C. A New Approach to the Decomposition of the Gini Income Inequality Ratio [J]. Empirical Economics, 1997, 22 (4).

法，我们将总体地区差异分解为地区内差异、地区间净值差异和超变密度①三个部分，进而有效刻画地区差异的来源问题。在此基础上，利用 Kernel 核密度估计方法，进一步分析资源产业依赖地区差异的分布动态演进过程，详细考察其分布形态和延展性等特征。对于中国资源产业依赖的空间分布格局及其动态演进过程的准确测度，不仅有助于揭示资源诅咒效应地区差异性的内在本质，也对采取措施有效规避资源诅咒效应具有深远的学术价值和现实意义。

一、研究方法与数据描述

（一）资源产业依赖地区差异的基尼系数分解方法

基尼系数、变异系数和泰尔指数是衡量地区差异的常用统计量，需要说明的是，20 世纪 90 年代后期以前，基尼系数具有不可按地区分解的特点（崔启源，1994②），因此在学术研究中的应用受到许多限制，但是对于基尼系数分解的研究从未停止（Bhattacharya and Mahalanobis, 1967③；Bourguignon, 1979④；Frosini, 1989⑤；程永宏, 2008⑥）。Dagum（1997）提出一种基尼系数按子群分解的方法，有效解决了基尼系数不能按地区分解的难题，此方法已被广泛应用于多个研究领域（刘华军、何礼伟、杨骞, 2014⑦；黄杰、贾登勋, 2015⑧）。鉴于 Dagum 基尼系数按子群分解方法的优点和特性，本节采用该方法刻画中国资源产业依赖的地区差异及来源。

---

① 两个不同区域之间，经济发展水平较低的区域存在着比较富裕的个体，而经济发展水平较高的区域也存在着相对贫穷的个体，由这两个部分共同存在所导致的区域差异被称为超变密度。
② 崔启源. 测算中国省际地区差距问题 [M]. 北京：中国统计出版社, 1994.
③ N. Bhattacharya, B. Mahalanobis. Regional Disparities in Household Consumption in India [J]. Journal of the American Statistical Association, 1967, 62 (317).
④ Bourguignon F. Decomposable Income Inequality Measures [J]. Econometrica, 1979, 47 (4).
⑤ Frosini B. V. Aggregate Units, Within-group Inequality and the Decomposition of Inequality Measures [J]. Statistica, 1989, 49 (3).
⑥ 程永宏. 基尼系数组群分解新方法研究：从城乡二亚组到多亚组 [J]. 经济研究, 2008 (8).
⑦ 刘华军, 何礼伟, 杨骞. 中国人口老龄化的空间非均衡及分布动态演进：1989~2011 [J]. 人口研究, 2014 (2).
⑧ 黄杰, 贾登勋. 中国低碳经济发展的空间非均衡及动态演进 [J]. 统计与信息论坛, 2015, 30 (3).

依据Dagum基尼系数分解方法，我们将中国省际行政区域划分为K个地区（采用东部、中部、西部三大区域划分方法①，故$k=3$），j和h分别表示k个地区中的不同地区且j、$h=1, 2, \cdots, k$，n_j（n_h）是j（h）地区内省份个数，y_{ji}（y_{hr}）是j（h）地区第i（r）省份的资源产业依赖度，$\bar{y}$是全国各省资源产业依赖度的算数平均值，n为全国省份个数。由此可以得到本书的Dagum基尼系数计算公式：

$$G = \frac{\sum_{j=1}^{k}\sum_{h=1}^{k}\sum_{i=1}^{n_j}\sum_{r=1}^{n_h}|y_{ji}-y_{hr}|}{2n^2\bar{y}} \tag{1}$$

Dagum（1997）将总体基尼系数G分解为地区内差距贡献G_w、地区间净值差距贡献G_{nb}和超变密度②贡献G_t，且满足$G = G_w + G_{nb} + G_t$。式（2）和式（3）分别是某地区（如地区j）基尼系数G_{jj}和地区间（如地区j与h间）基尼系数G_{jh}；式（4）、式（5）、式（6）分别是地区内差距贡献G_w、地区间净值差距贡献G_{nb}、超变密度贡献G_t。

$$G_{jj} = \frac{\frac{1}{2\bar{y_j}}\sum_{i=1}^{n_j}\sum_{r=1}^{n_h}|y_{ji}-y_{jr}|}{n_j^2} \tag{2}$$

$$G_{jh} = \frac{\sum_{i=1}^{n_j}\sum_{r=1}^{n_h}|y_{ji}-y_{hr}|}{n_j n_h(\bar{y_j}-\bar{y_h})} \tag{3}$$

$$G_w = \sum_{j=1}^{k} G_{jj} P_j S_j \tag{4}$$

---

① 我国经济布局可以分为三大板块：东部地区、中部地区、西部地区。有鉴于此，本书将按照这三个区域来展开相关分析。东部地区包括北京、天津、河北、上海、江苏、浙江、福建、山东、广东、辽宁、海南共11个省份和直辖市；中部地区包括山西、河南、湖南、湖北、安徽、江西、吉林、黑龙江共8个省份；西部地区包括内蒙古、新疆、宁夏、陕西、甘肃、青海、四川（将重庆并入）、云南、广西、西藏、贵州共11个省、自治区和直辖市。由于重庆市1997年被划为直辖市，因此，很难获得其1990~1997年资源产业依赖的完整数据，为了保证对我国资源产业依赖度的空间非均衡及其演进过程的分析具有科学性和连续性，本书将重庆并入四川进行分析。

② 两个不同区域之间，资源产业依赖度较低的区域存在个别省份的资源产业度过高现象，而资源产业依赖度较高的区域也存在着个别省份其资源产业依赖度较低现象，由这两个部分共同存在所导致的区域差异被称为超变密度。

$$G_{nb} = \sum_{j=2}^{k} \sum_{h=1}^{j-1} G_{jh}(P_j S_h + P_h S_j) D_{jh} \tag{5}$$

$$G_t = \sum_{j=2}^{k} \sum_{h=1}^{j-1} G_{jh}(P_j S_h + P_h S_j)(1 - D_{jh}) \tag{6}$$

式 (5)、式 (6) 中, $P_j = n_j/n$ 为 j 地区省份数与全国省份总数的比值; $S_j = n_j \bar{y}_j / n\bar{y}$, $j = 1, 2, \cdots, k$。D_{jh} 为 j 地区和 h 地区间相对资源产业依赖指标影响,其计算如式 (7) 所示:

$$D_{jh} = \frac{d_{jh} - P_{jh}}{d_{jh} + P_{jh}} \tag{7}$$

式 (7) 中, d_{jh} 和 P_{jh} 的计算如式 (8)、式 (9) 所示。我们将 d_{jh} 定义为地区间资源产业依赖度差值, 可以理解为地区 j 和地区 h 间满足 $y_{jt} - y_{hr} > 0$ 条件的所有样本值之和的数学期望; p_{jh} 定义为超变一阶矩,即 j、h 区域中 $y_{hr} - y_{jt} > 0$ 的所有样本值之和的数学期望。F_j (F_h) 为 j (h) 地区的累积密度分布函数。

$$d_{jh} = \int_0^\infty dF_j(y) \int_0^y (y - x) dF_h(x) \tag{8}$$

$$P_{jh} = \int_0^\infty dF_h(y) \int_0^y (y - x) dF_j(y) \tag{9}$$

(二) Kernel 核密度估计

Kernel 核密度估计方法作为一种常见的非参数估计方法,主要用于估计概率密度。非参数估计方法在不附加任何具体假定的条件下,仅从数据样本出发研究其分布特征。总之,非参数估计相比于参数估计其前提假定更为放松,因此,被越来越多地应用于地区差异及其分布动态演进的相关研究中。假设随机变量 X 在点 x 处的概率密度函数为 $f(x)$, 则在点 x 处的概率密度可由式 (10) 表示。

$$f(x) = \frac{1}{Nh} \sum_{i=1}^{N} K\left(\frac{X_i - x}{h}\right) \tag{10}$$

式 (10) 中, X_i 为独立同分布的样本数据, x 为均值, N 为观测值的个数, h 为带宽, $K(\cdot)$ 为 Kernel 函数。在本书中, $X_1, \cdots, X_n$ 是各个省份的资源产业依赖度, $f(x)$ 是省域资源产业依赖的 Kernel 密度估计。参照现有研究中的通常做法，本书选择高斯核函数进行估计，其表达式如式（11）所示：

$$K(x) = \frac{1}{\sqrt{2\pi}} \exp\left(-\frac{x^2}{2}\right) \tag{11}$$

本部分关心的一个核心问题就是通过 Kernel 核密度估计结果的图形对比，判断中国资源产业依赖的分布形态、位置和演进态势。

（三）指标选取和数据描述

通常以采矿业产值比重、投资比重、就业比重和出口比重作为度量资源产业依赖程度的指标。考虑到数据的可得性和合理性，本书以采矿业固定资产投资占全社会固定资产投资比重对资源产业依赖度予以度量。本书考察期为 2003~2014 年，所使用的数据主要来源于《中国固定资产投资统计年鉴》《各省份统计年鉴》《中国统计年鉴》有关各期，或根据其中数据计算得到，其中少数缺漏值利用中国知网统计数据库、搜数网数据库或插值法予以补齐。

二、中国资源产业依赖的地区差异及分解

（一）中国资源产业依赖的空间分布特征

表 4-1 报告了 2003~2014 年基于全国层面、区域层面和省域层面的资源产业依赖地区差异性的初步统计结果。从表 4-1 非常清楚地看出，中国资源产业依赖度的整体走势呈现出先上升后下降的态势，2008 年达到最高的 4.459%；西部地区资源产业依赖的总体走势与全国较为相似；中部地区从 2005 年开始呈现出逐年下降态势，若以 2005 年为基期，到 2014 年中部地区资源产业依赖度年均下降 3.62%；东部地区资源产业依赖在 2008 年之前时有起伏，大体呈上升态势，之后呈现出逐年下降态势。值得注意的是，中西部地区的资源产业依赖度远远大于同期全国平均水平，特别是西部地区约为全国平均水平的两倍，而东部地区则远远小于全国平均水平。不难发现，西部与东部地区间差异最大且呈先扩大后缩小的演变态势。此外，资源产业依赖在不同省市间差异悬殊。2003 年，黑龙江、新疆两个省区的资源产业依赖度都超过了 10%，即新疆 17.427%，黑龙江 11.343%，低于 3% 的省份有 17 个，

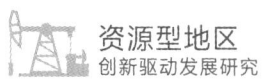

浙江为最低0.097%。2014年山西、新疆和内蒙古三省区的资源产业依赖度也超过了10%，而大多省市的资源产业依赖度却低于3%。

表4-1 资源产业依赖度 单位：%

省份\年份	2003	2004	2005	2006	2007	2008	2009	2010	2011	2012	2013	2014
北京	0.173	0.218	0.156	0.225	0.308	0.798	0.475	0.169	0.156	0.070	0.130	0.095
天津	8.560	9.413	8.195	9.909	7.586	7.885	8.330	4.926	3.219	2.508	3.245	2.709
河北	1.451	1.837	3.185	4.405	4.236	4.024	2.895	2.915	3.514	3.156	2.979	2.474
上海	0.102	0.071	0.065	0.074	0.386	0.655	0.163	0.008	0.011	0.009	0.003	0.001
江苏	0.620	0.448	0.391	0.376	0.223	0.383	0.405	0.359	0.255	0.277	0.250	0.254
浙江	0.097	0.304	0.133	0.164	0.166	0.014	0.006	0.167	0.176	0.187	0.224	0.191
福建	0.418	0.669	0.914	1.047	1.152	1.685	1.715	1.380	1.121	1.310	1.520	1.339
山东	5.017	4.027	3.129	3.402	2.762	2.804	2.821	2.319	2.215	1.825	1.610	1.522
广东	0.487	0.247	0.286	0.658	0.775	0.958	0.855	0.495	0.438	0.440	0.689	0.959
海南	0.651	0.707	0.240	0.753	0.707	0.550	0.849	0.338	0.899	1.408	0.815	0.819
辽宁	4.885	4.914	5.348	4.501	4.505	4.005	3.158	3.963	3.084	3.131	2.590	2.496
吉林	5.034	5.387	4.949	6.561	6.502	6.434	6.879	6.208	5.303	5.759	4.153	4.401
黑龙江	11.343	10.302	12.524	12.005	12.478	12.908	10.010	8.638	7.595	6.148	5.537	5.172
山西	9.625	11.707	15.903	15.137	14.031	14.620	13.679	19.341	20.160	17.845	13.169	11.452
安徽	3.672	5.084	5.157	5.744	5.221	4.474	3.876	3.285	2.453	2.527	1.855	1.459
江西	1.364	1.434	1.955	1.856	1.972	2.474	2.645	3.025	2.516	2.464	1.960	1.915
河南	5.529	5.931	6.336	5.430	5.861	5.963	5.587	4.444	4.038	3.221	2.299	1.865
湖北	1.189	0.923	1.151	0.990	0.989	0.975	1.112	1.158	1.289	1.323	1.171	1.040
湖南	0.651	0.707	0.240	0.753	0.707	0.550	0.849	0.338	0.899	1.408	0.815	0.819
内蒙古	4.093	6.080	9.584	11.982	13.436	16.306	12.812	11.067	9.412	9.401	10.226	14.096
广西	0.732	0.728	1.583	2.820	3.444	3.245	3.047	2.719	3.136	3.283	3.116	2.437
重庆	1.135	1.171	1.809	1.868	1.961	2.185	2.040	2.050	1.984	1.920	1.838	2.137
四川	4.262	3.925	4.530	2.888	2.881	2.880	3.882	4.144	2.877	2.733	2.180	1.795
贵州	2.140	3.295	4.085	7.592	8.068	9.881	11.188	14.911	9.627	4.893	4.457	2.690
云南	1.609	3.571	3.906	3.878	4.616	5.431	4.368	4.547	4.233	4.635	4.604	3.333

续表

年份 省份	2003	2004	2005	2006	2007	2008	2009	2010	2011	2012	2013	2014
西藏	0.274	0.534	0.816	2.152	3.555	2.491	2.583	4.382	2.960	6.413	7.219	4.901
陕西	5.882	7.383	7.921	8.003	8.006	6.932	7.538	8.077	9.461	8.650	7.962	5.819
甘肃	3.627	3.426	3.865	3.981	4.650	4.845	4.507	4.839	5.389	6.599	6.948	5.201
青海	8.330	10.658	11.416	11.684	9.869	10.699	6.771	6.909	6.130	4.481	5.677	5.741
宁夏	2.021	3.240	7.425	7.945	11.555	10.015	9.858	7.988	7.586	7.225	6.477	5.274
新疆	17.427	20.499	21.733	23.905	24.578	22.058	18.014	17.248	14.100	12.144	11.044	10.839
西部地区	4.508	5.367	6.422	6.898	7.314	7.618	6.760	6.696	6.159	5.755	5.685	4.972
中部地区	4.425	4.700	5.350	5.341	5.312	5.309	4.990	4.940	4.740	4.369	3.439	2.970
东部地区	1.744	1.718	1.759	1.993	1.858	2.020	1.856	1.693	1.517	1.423	1.374	1.258
全国	3.195	3.400	4.041	4.253	4.281	4.459	4.101	3.955	3.771	3.550	3.277	2.835

(二) 资源产业依赖地区差异测度及来源分解

利用 Dagum (1997) 基尼系数及其按子群分解方法，进一步研究中国资源产业依赖的地区差异及其来源问题。本书基于东、中、西三大地区层面对我国资源产业依赖的地区差异进行分解，并测算地区内差距、地区间净值差距和超变密度对总体地区差异的贡献。

(1) 中国资源产业依赖空间分布的总体差异、来源分解及演变趋势。从表 4-2 和图 4-1 看出，资源产业依赖的地区差异非常明显且处于时有起伏状态。分时期来看，2003~2009 年，地区差异稳步缩小，2009 年总体基尼系数下降到 0.487；2010~2014 年，地区差异时有起伏，2012 年基尼系数达到本书样本考察期内的最小值 0.477。进一步分时期来看，2003~2011 年，基尼系数尽管处于时有起伏状态，但总体上呈现出缓慢下降态势，2011 年基尼系数比 2003 年下降 0.043。2012~2014 年，地区差距缓慢上升，2014 年基尼系数比 2012 年上升 0.016。

表 4-2　我国资源产业依赖的基尼系数及其分解结果

年份	$G_{总}$	地区内基尼系数（G_{jj}）			地区间基尼系数（G_{jh}）			贡献率（%）		
		西部	中部	东部	西—中	西—东	中—东	G_{nb}	G_t	G_w
2003	0.548	0.503	0.426	0.634	0.484	0.625	0.605	6.805	61.823	31.372
2004	0.542	0.476	0.415	0.638	0.459	0.637	0.616	11.630	57.549	30.821
2005	0.540	0.428	0.466	0.635	0.463	0.647	0.659	19.660	50.746	29.594
2006	0.519	0.408	0.439	0.609	0.444	0.632	0.622	18.225	52.140	29.635
2007	0.509	0.385	0.432	0.568	0.432	0.645	0.621	26.414	45.015	28.570
2008	0.505	0.385	0.443	0.532	0.435	0.635	0.611	26.272	45.092	28.636
2009	0.487	0.353	0.416	0.559	0.398	0.360	0.608	24.198	47.689	28.112
2010	0.513	0.334	0.488	0.565	0.433	0.673	0.669	34.080	39.348	26.572
2011	0.505	0.305	0.498	0.519	0.438	0.660	0.669	33.179	41.280	25.541
2012	0.477	0.266	0.461	0.495	0.408	0.653	0.639	32.355	43.295	24.350
2013	0.479	0.266	0.467	0.495	0.434	0.660	0.601	34.485	41.242	24.273
2014	0.493	0.335	0.462	0.467	0.441	0.651	0.595	37.381	35.983	26.637

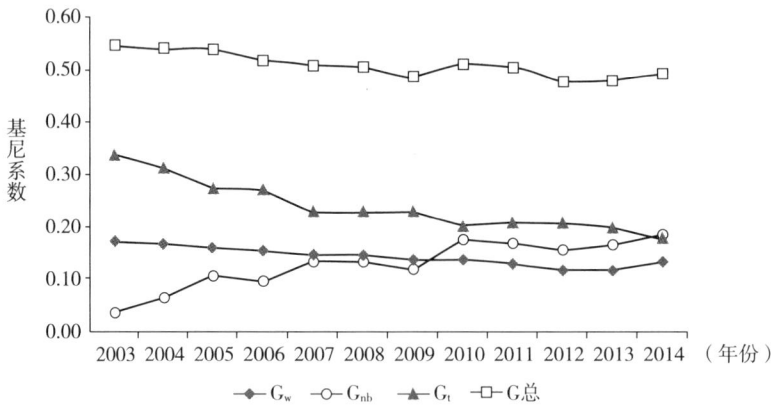

图 4-1　我国资源产业依赖地区差距的演变趋势

那么，这种地区差异主要体现在怎样的地区构成上呢？本书依据 Dagum 基尼系数按子群分解方法，将总地区差异进一步分解为地区内差异、地区间差异和超变密度。从图 4-2 可以看出，本书考察期内超变密度对地区差异的贡献率最高，是总体差异的主要来源，地区内差异的贡献率变化不明显，地区间差异的贡献率呈持续上升态势,并于 2010 年超过地区内差异的贡献。若以 2003 年作为基期进行测算,超变密度的贡献率年均下降 5.87%,相反,地区间差异的贡献率年均上升 14.53%。

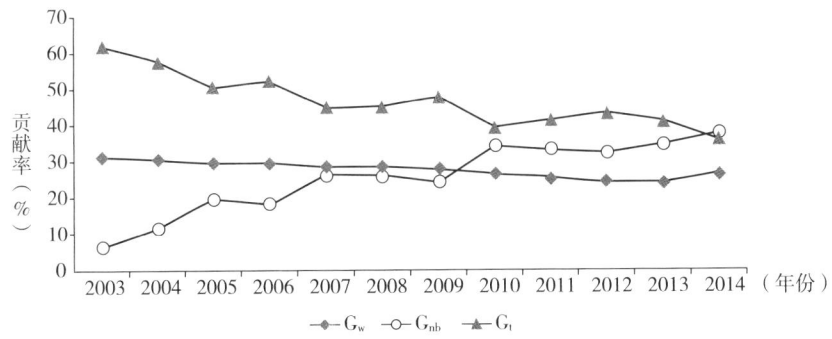

图 4-2 我国资源产业依赖地区差距的来源

由于重工业优先发展战略和矿产资源的地区分布不均衡等因素的影响,改革开放之前我国资源产业依赖的地区分布是十分不平衡的,东北三省和内蒙古、山西等少数内地省份承担了主要的矿产资源采掘基地和重工业生产基地。随着改革开放和各地区工业化的陆续推进,目前我国仍处于矿产资源需求旺盛与部分地区大规模开采资源并存的局面,资源产业依赖的地区差异一直保持在较高水平。

(2) 三大区域资源产业依赖的地区差异及其演变趋势。从表 4-2 可知,从三大地区层面看,东部基尼系数最高且一直处于频繁波动态势,在本书样本考察期内,2014 年基尼系数为最小 0.467,即东部地区资源产业依赖的地区差异相对较高,但是总体上处于持续缩小趋势;西部地区资源产业依赖的地区差异最小,2003~2013 年持续下降,在 2013 年达到整个样本考察期内的最小值 0.266,随后虽有小幅上升,但不是十分明显;中部地区呈微弱波动的相对稳定状态。

三、资源产业依赖的分布动态演进分析

(一) 基于全国层面的 Kernel 核密度估计

利用高斯核函数作出我国 31 个省市资源产业依赖的核密度估计二维图

(见图4-3)。可以看出,在样本考察期内,中国资源产业依赖的地区差异经历了"上升—下降"的过程。具体而言,2008年Kernel密度估计曲线峰值相比2003年显著下降,密度函数中心轻微向右移动,宽度拉大,这一方面说明我国资源产业依赖在上述期间不断加深,另一方面也表明地区差异正在扩大。需要说明的是,2008年核密度估计曲线存在明显的右拖现象,这又说明某些省份处于过度依赖资源产业的状态。与2008年相比,2014年峰值大幅提高且密度函数中心轻微向左移动,宽度缩小,这说明此阶段资源产业依赖的地区差异开始缩小。与2003年相比,2014年密度函数中心无显著变化,但峰值显著提高且宽度变窄,这表明资源产业依赖的地区差异在本书样本考察期内呈下降态势。可能的原因是,资源型地区努力通过产业多样化和资源型产业转型升级等途径有效降低资源产业依赖度,各地区更注重自然资源的合理开发利用与资源配置效率的提高,从而资源产业依赖的地区差异在全国范围内表现出下降趋势。此外,2014年Kernel密度估计曲线呈明显的双峰分布,即资源产业依赖具有明显的两极分化特征。

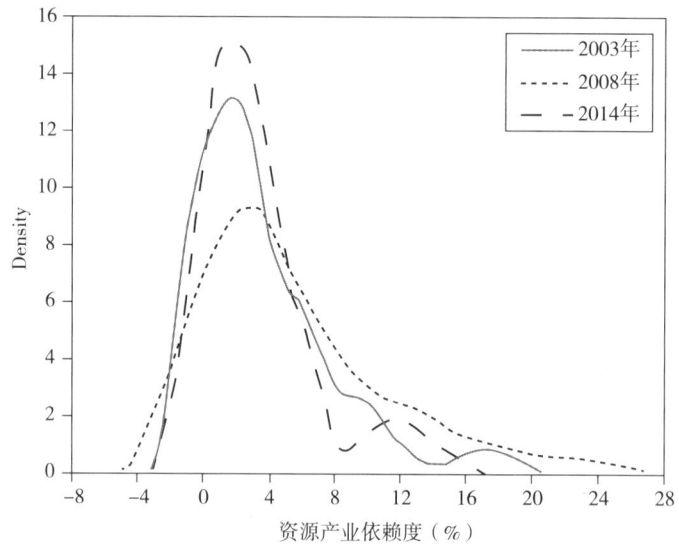

图4-3 全国资源产业依赖的分布演进

(二) 基于三大区域层面的 Kernel 密度估计

图 4-4 报告了东部地区资源产业依赖的分布演进特征。从整体上看，东部地区资源产业依赖的分布密度曲线峰值不断变大，宽度不断缩小，反映资源产业依赖的地区差异不断缩小；另外，密度函数中心经历了"先右移后左移"的过程，这又说明资源产业依赖呈"先加大后下降"态势。

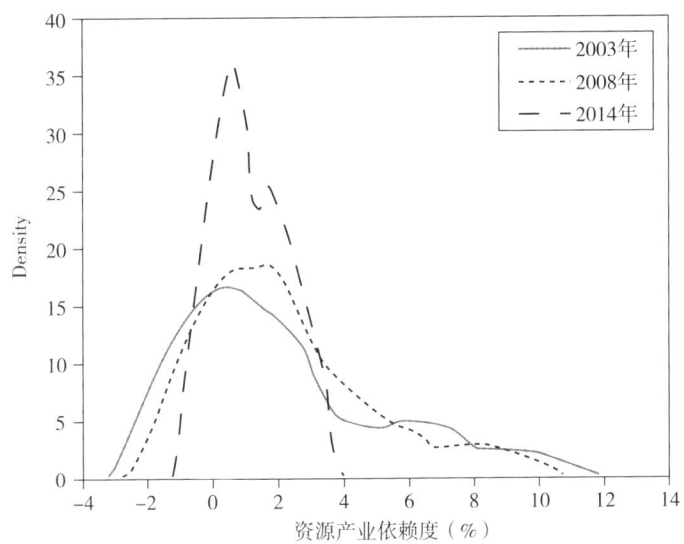

图 4-4 东部地区资源产业依赖的分布演进

图 4-5 描述了中部地区资源产业依赖的分布演进特征。从整体来看，在本书样本考察期内密度函数宽度经历了"先拉大后缩小"的过程，峰值较大幅度波动且密度函数中心轻微发生移动，这说明在本书样本考察期内地区差异呈现出先扩大后下降的演变趋势。就演变过程来说，与 2003 年相比，2008 年密度函数中心轻微向右移动，峰值变小，宽度拉大，表明地区差异正在扩大，且资源产业依赖具有加重趋势。需要说明的是，2008 年分布密度函数双峰现象更为显著，区域内资源产业依赖具有明显的两极分化特征。与 2008 年相比，2014 年峰值大幅提高且密度函数中心向左移动，宽度变窄，这说明此阶段资源产业依赖的地区差异开始缩小。与 2003 年相比，2014 年密度函数中心无显著变化，但峰值显著提高且宽度变窄，这表明中部资源产业依赖的地

区差异在样本考察期内总体上呈下降态势。

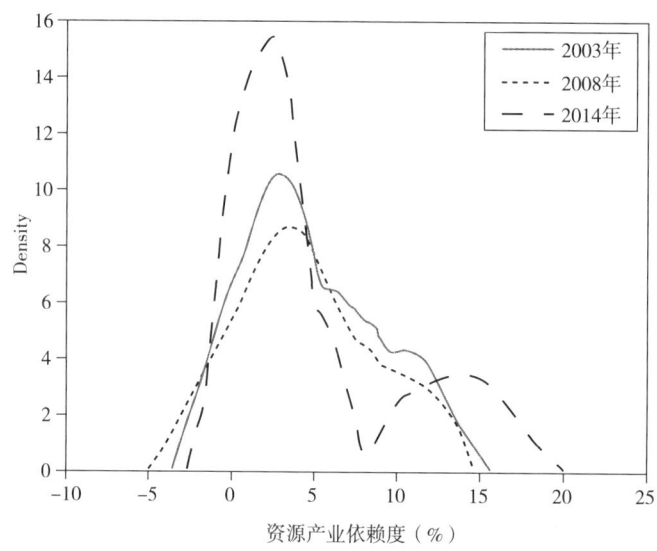

图 4-5　中部地区资源产业依赖的分布演进

图 4-6 描述了西部地区资源产业依赖的分布演进特征。从演变过程来看，较之 2003 年，2008 年密度函数中心向右移动，宽度拉大，双峰现象变弱，峰值变小，这充分说明地区差异呈扩大态势。相对于 2008 年，2014 年密度函数中心向左移动，由单峰变为双峰，宽度变小，表明资源产业依赖的地区差异呈缩小趋势且存在明显的两极分化态势。总的来看，西部资源产业依赖的地区差异呈现出"先扩大后缩小"的变化过程。

综上所述，本节针对中国资源产业依赖的地区差异问题，利用 2003~2014 年中国 31 个省市的面板数据样本，以采矿业固定资产投资占全社会固定资产投资比重对资源产业依赖度予以度量，采用 Dagum 基尼系数和 Kernel 核密度估计方法，实证地考察了中国资源产业依赖的地区差异及其演变趋势，得到如下主要结论：

第一，利用 GIS 绘制的资源产业依赖空间分布图直观地显示中国资源产业依赖具有显著空间非均衡特征，中西部地区的资源产业依赖度明显高于东部地区。这主要是东部发达地区拥有较好的制度环境、人力资本积累和技术创新能力，制造业和高新技术产业获得长足发展，成功摆脱了资源依赖型经

第四章 我国资源依赖的空间分布与地区差异

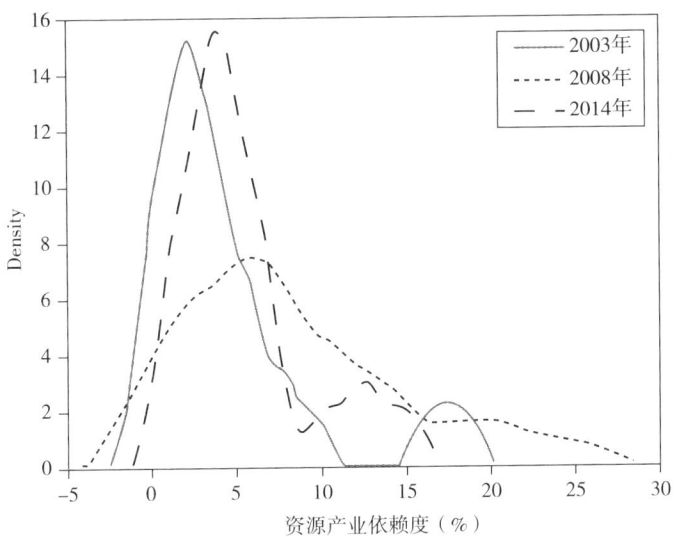

图4-6 西部地区资源产业依赖的分布演进

济增长模式。此外，资源产业依赖的空间非均衡往往与地区资源禀赋和经济发展模式有关，资源富集地区更趋向于优先选择资源依赖型经济发展道路，从而其资源产业依赖度普遍高于其他地区。

第二，根据 Dagum 基尼系数测算及分解结果，中国资源产业依赖的地区差异在整个样本考察期内较为严重且呈波动中缩小趋势，空间分布不均衡的现象有所缓解。从地区差异的来源及其变化来看，尽管超变密度对总体差异的贡献率呈下降趋势，但仍然是导致中国资源产业依赖地区差异的主要原因；地区内差距的贡献率较为平稳；地区间差距的贡献率不断上升，逐渐成为中国资源产业依赖地区差异的主要来源。因此，当前需要在进一步缩小地区内差异的同时，加大措施协调地区间资源产业的协调发展，防止地区间差异的进一步扩大。

第三，Kernel 核密度估计表明，中国资源产业依赖度及其地区差异均呈"先上升后下降"趋势，说明近年来的一系列资源开发利用战略和政策措施开始收到一定的效果，在一定程度上降低了我国资源产业依赖的地区差异。

上述发现具有一定的理论启示和政策含义。首先，本书对现有文献极少关注，但却对资源诅咒命题研究中更为重要的资源产业依赖的地区差异及其演变趋势进行了分析，这一工作对于增强有条件资源诅咒假说的理论逻辑性和现实解释力具有积极的理论价值。其次，本书首次证实了地区间差距、地区内差距和超变密度对中国资源产业依赖的总体地区差异的贡献，这些来源的识别对于我国资源富集地区有效降低资源产业依赖度，加快转变经济发展方式具有重要的现实指导意义。最后，要想提高资源利用效率降低资源产业依赖度，除应当合理利用自然财富加强人力资本积累和技术创新、促进制造业发展、推进市场化进程、提高政府工作效率之外，更重要的是实现资源富集地区的产业结构转型升级，各地区应根据自身实际，因地制宜采取产业发展政策，通过产业多样化和提高要素配置效率来摆脱过分依赖矿产资源的单一产业发展路径。

第二节 资源产业依赖效应的地区差异及其机制解释

自然资源究竟是区域经济发展的祝福还是诅咒？自 Auty (1993)[①] 提出资源诅咒假说以来，成为经济学家争论的焦点。无疑，自然资源作为一种最基本的生产投入要素，其本身对区域经济发展具有颇为重要的影响，资源相对丰裕的经济体往往蕴含着更大的发展潜力。从现实情况来看，很多资源丰裕的国家和地区也按照比较优势原则更倾向于选择资源主导型经济增长模式。遗憾的是，到了 20 世纪中后期，大多拥有自然资源优势的国家和地区，甚至欧美部分老工业地区相继滑入资源优势陷阱，出现了相当普遍的"荷兰病"现象。委内瑞拉和蒙古国这两个资源大国也正面临着经济崩溃的危机。与之形成强烈反差的是，许多资源稀缺的国家和地区却取得了令人瞩目的发展成果，如"亚洲四小龙"。这一悖论现象越发引人深思。

就中国而言，西部地区疆域辽阔，土地面积占全国总面积的 71%，能源资源非常丰富，全部矿产保有储量的潜在价值占全国总额的 66.1%。进入

---

① Auty R. M. Sustaining Development in Mineral Economies：The Resource Curse Thesis [M]. London：Routledge Press, 1993.

21世纪以来，随着西部大开发战略的实施以及资源价格带来的巨大经济利益驱动，资源部门得到持续扩张，但这种扩张并没有很好地带动资源开发地的经济发展。2014年，广东人均GDP达到6.35万元，而甘肃却只有2.64万元，这种"资源丰裕"与"欠发达"的发展格局是否表明"资源诅咒"命题在中国区域层面普遍成立呢？事实并非如此。在中国区域经济版图中，我们很容易搜寻到正遭受资源诅咒难题的案例，但同时表现为"祝福"而非"诅咒"的例子也不在少数。因此，有充足的理由相信，资源诅咒假说绝不是永恒成立的"铁律"，而是具有条件存在性。

事实上，目前已有学者初步提出和验证了"资源诅咒"效应的条件存在性。Bravo-Ortega和De Gregorio（2007）[1]指出，人力资本是资源诅咒的条件变量，较高的人力资本水平足以抵消资源开发对经济增长的负面影响，当人力资本水平足够高时资源开发就能够促进地区经济增长。Mehlum等（2006）[2]认为制度质量是各国是否成功避免资源诅咒的关键因素，在"掠夺倾向"的制度环境下更容易滋生寻租和贪腐行为，大量经济要素被吸引到寻租活动中，从而减少生产领域的要素投入，导致经济衰退，而"生产倾向"的制度环境下资源开发就能够促进经济增长。Boschini等（2007）[3]研究发现自然资源是否促进一国经济发展，取决于制度质量的高低和资源类型，他们认为一些自然资源，由于经济和技术上的原因，更容易引发诸如寻租、冲突、利益分配不合理等一系列乱象，严重影响资源开发对地方经济的带动作用，而良好的制度安排可以避免此类现象的发生。Alexander（2010）[4]利用2000~2006年俄罗斯79个地区的面板数据样本检验了资源诅咒的条件存在性，研究结果同样显示，制度质量的高低是资源诅咒发生的关键。Kurtz和Brooks（2011）[5]

---

[1] Bravo-Ortega C., De Gregorio J. The Relative Richness of the Poor? Natural Resources, Human Capital and Economic Growth [R]. World Bank, Washington D. C., 2007.

[2] Mehlum H., Moene K., Torvik R. Institutions and the Resource Curse [J]. Ge Growth Math Methods, 2006, 116 (508).

[3] Boschini A. D., Pettersson J., Roine J. Resource Curse or Not: A Question of Appropriability [J]. Scandinavian Journal of Economics, 2007, 109 (3).

[4] Alexander L. Subnational Resource Curse: Do Economic or Political Institutions Matter? [R]. Frankfurt School-Working Paper Series, 2010.

[5] Kurtz M. J., Brooks S. M. Conditioning the "Resource Curse": Globalization, Human Capital, and Growth in Oil-Rich Nations [J]. Comparative Political Studies, 2011, 44 (6).

指出，经济开放度（全球化或一体化）和人力资本是资源诅咒的条件变量，并利用1979~2007年跨国截面数据对此进行了验证。Sarmidi等（2012）[①] 运用90个跨国截面数据对"资源诅咒"发生的门槛条件进行了实证考察，研究结果表明，制度质量对于自然资源与经济增长的关系表现出明显的阈值效应，只要制度质量高于一定阈值，自然资源就能够促进经济增长，此外，本书还揭示了一个事实，即制度质量弱的国家往往更倾向于依赖自然资源，而制度质量高的国家则较少依赖自然资源。

国内对资源诅咒有条件存在性进行深入研究的文献还不多见，只有少数学者对其进行了初步研究。胡援成和肖德勇（2007）采用1999~2004年中国31个省区的面板数据样本，运用门限面板回归方法对资源诅咒的条件存在性进行了实证考察，研究结果表明人力资本投入水平是决定资源诅咒能否被成功规避的关键，只有当人力资本水平超过一定"门槛"水平时，资源开发才可能给经济增长带来"祝福"。邵帅等（2013）运用中国220个地级及以上城市面板数据样本，进一步采用面板门限回归方法对有条件资源诅咒假说进行了实证考察，发现制造业发展和对外开放程度对资源诅咒表现出显著的门限效应，是决定资源产业依赖促进抑或阻碍经济增长的关键因素。徐小钦和袁凯华（2013）研究指出，研发技术、人力资本与制度对资源诅咒存在显著的门限效应，当三者高于一定门限值时，资源开发才会表现出"祝福"而非"诅咒"。

回顾现有研究，尽管在导致资源诅咒发生的条件变量上存在一定分歧，但已经足以说明资源诅咒现象并非绝对出现，而是以某种条件为前提，资源依赖与经济增长的关系在不同历史时期或不同地区具有不同表现。同时，现有研究也存在如下两方面的局限：一是有条件资源诅咒假说的实证研究，在空间单元上基本集中在单一地区的门槛变量识别及其门槛值的估计，而较少有学者专门研究一国内部区域层面资源诅咒效应的地区差异及其原因；二是多数文献对模型可能存在的内生性问题未予以检验和控制，这使得研究结论可能有偏误。本节试图弥补这些方面的缺口。

有鉴于此，我们提出如下假说：

---

① Sarmidi T., Law S. H., Jafari Y. Resource Curse: New Evidence on the Role of Institutions [J]. International Economic Journal, 2012, 28 (1).

假说1：自然资源依赖与经济增长的关系在不同地区具有不同表现。

假说2：制度质量、人力资本、技术创新投入、对外开放度、制造业发展、物质资本投入等经济变量的提高可以缓解或消除自然资源依赖对经济增长的不利影响。

其中，假说1是关键命题，只要验证假说1成立，即可证明资源诅咒现象的有条件发生性。假说2有助于读者对资源诅咒和资源祝福案例并存现象进行准确的理解和把握。下文针对上述假说展开实证分析。

一、计量模型、变量说明与数据描述

在现有研究中，多数文献采用了截面数据或面板数据静态模型。但是，考虑到截面数据模型本身具有的局限性和宏观经济变量的"惯性"特征，我们构建动态面板数据模型，就自然资源依赖与区域经济增长的关系进行实证研究。与截面数据和时间序列数据相比，面板数据有如下主要优点：

(1) 可以解决遗漏变量问题：遗漏变量偏差是一个普遍存在的问题。虽然可以用工具变量法解决，但有效的工具变量常常很难找。遗漏变量常常是由于不可观测的个体差异或"异质性"（Heterogeneity）造成的，如果这种个体差异"不随时间而改变"（Time Invariant），则面板数据提供了解决遗漏变量问题的又一利器。

(2) 提供更多个体动态行为的信息：由于面板数据同时有横截面与时间两个维度，有时它可以解决单独的截面数据或时间序列数据所不能解决的问题。例如，考虑如何区分规模效应与技术进步对企业生产效率的影响。对于截面数据来说，由于没有时间维度，故无法观测到技术进步。然而，对于单个企业的时间序列数据来说，我们无法区分其生产效率的提高究竟有多少是由于规模扩大，有多少是由于技术进步。又如，对于失业问题，截面数据能告诉我们在某个时点上哪些人失业，而时间序列数据能告诉我们某个人就业与失业的历史，但这两种数据均无法告诉我们失业的是否总是同一批人，还是失业的人群总在变动。如果有面板数据，就可能解决上述问题。

(3) 样本容量较大：由于同时有截面维度与时间维度，通常面板数据的样本容量更大，从而可以提高估计的精确度。

估计面板数据的一个极端策略是将其看成截面数据而进行混合回归（Pooled Regression），即要求样本中每个个体都拥有完全相同的回归方程。另一极端策略则是，为每个个体估计一个单独的回归方程。前者忽略了个体间不可观测或被遗漏的异质性，而该异质性可能与解释变量相关从而导致估计不一致。后者则忽略了个体间的共性，也可能没有足够大的样本容量。因此，在实践中常采用折中的估计策略，即假定个体的回归方程拥有相同的斜率，但可以有不同的截距项，以此来捕捉异质性。这种模型被称为"个体效应模型"（Individual-specific Effects Model），即：

$$y_{it} = x_{it}'\beta + z_i'\delta + u_i + \varepsilon_{it} \quad (i=1,\cdots,n; t=1,\cdots,T) \tag{12}$$

式（12）中，z_i 为不随时间而变（Time Invariant）的个体特征，如性别；而 x_{it} 可以随个体及时间而变（Lime-varying）。扰动项由（$u_i + \varepsilon_{it}$）两部分构成，称为"复合扰动项"（Composite Error），而式（12）也称为"复合扰动项模型"（Error Components Model）。其中，不可观测的随机变量 u_i 是代表个体异质性的截距项，故式（12）也称为"不可观测效应模型"（Unobserved Effects Model）。在较早的文献中有时将 u_i 视为常数，但这也只是随机变量的特例，即退化的随机变量。ε_{it} 为随个体与时间而改变的扰动项。假设 $\{\varepsilon_{it}\}$ 为独立同分布，且与 u_i 不相关。如果 u_i 与某个解释变量相关，则进一步称之为"固定效应模型"（Fixed Effects Model，FE）。在这种情况下，OLS 是不一致的。解决的方法是将模型转换，消去 u_i 后获得一致估计量。如果 u_i 与所有解释变量（x_{it}，z_{it}）均不相关，则进一步称之为"随机效应模型"（Random Effects Model，RE）。从经济理论的角度来看，随机效应模型比较少见，但仍须通过数据来检验究竟该用随机效应还是固定效应模型。显然，与截面数据或时间序列数据相比，面板数据提供了更为丰富的模型与估计方法。

然而，面板数据能在一定程度上解决遗漏变量（个体异质性）问题，但如果回归模型本身包含内生解释变量，则仍需要使用工具变量法进行估计。资源诅咒假说研究文献里，Wright 和 Gzelusta[①] 较早意识到这个问题并指出，资源依赖在一定程度上内生于经济发展和制度因素，因此不应该将其视为外

---

① Wright G., Czelusta J. Why Economies Slow: the Myth of the Resource Curse [J]. Challenge, 2004, 47 (2): 6-38.

生解释变量而引入回归模型，尤其是研究资源依赖、制度质量与经济增长的关系时，这一问题就会显得尤为严重。此外，现有研究中因遗漏变量而产生的内生性问题也被一些学者所指出（Haber and Menaldo，2011[①]；Murshed and Serino，2011[②]）。

考虑到资源产业依赖本身所具有的内生性问题，以及遗漏变量所带来的潜在内生性问题，本节主要采用近些年发展起来的动态面板模型的系统 GMM 方法，以期对这一影响分析结果稳健性的关键问题进行有效控制。之所以主要采用系统 GMM 方法，主要是因为本书需要考察资源产业依赖及其他多个控制变量对经济增长的影响，在参数估计上涉及潜在的解释变量内生、存在个体效应、组内自相关和组内异方差等棘手问题，难以单独针对每个解释变量寻找对应的工具变量，而动态面板模型恰恰适合上述研究情形（Roodman，2009[③]；魏国学等，2010[④]）。

Blundell 和 Bond（1998）[⑤] 则将差分 GMM 与水平 GMM 结合在一起，将差分方程与水平方程作为一个方程系统进行 GMM 估计，称为"系统 GMM"（System GMM）。与差分 GMM 相比，系统 GMM 的优点是可以提高估计的效率，并且可以估计不随时间变化的变量 z_i 的系数（因为系统 GMM 包含对水平方程的估计）。

针对假说 1，我们将中国划分为西部、东部和中部三大区域[⑥]，构建如下基本的面板数据回归模型：

$$g_{it} = \alpha_0 + \alpha_1 g_{i,t-1} + \alpha_2 \ln y_{it} + \alpha_3 rd_{it} + \alpha_5 cantral \times rd_{it} + \alpha_6 west \times rd_{it} + \alpha_7 X_{it} + \varepsilon_{it} \quad (13)$$

---

① Haber S., Menaldo V. Do Natural Resources Fuel Authoritarianism? A Reappraisal of the Resource Curse [J]. American Political Science Review, 2011, 105 (1): 1-26.

② Murshed S. M., Serino L. A. The Pattern of Specialization and Economic Growth: The Resource Curse Hypothesis Revisited [J]. Structural Change and Economic Dynamics, 2011, 22 (2): 151-161.

③ Roodman D. How to Do Xtabond2: An Introduction to Difference and System GMM in Stata [J]. The Stata Journal, 2009, 9 (1): 86-136.

④ 魏国学，陶然，陆曦. 资源诅咒与中国元素：源自 135 个发展中国家的证据 [J]. 世界经济，2010（12）：48-66.

⑤ Blundell R., Bond S. Initial Conditions and Moment Restrictions in Dynamic Panel Data Models [J]. Journal of Econometrics, 1998, 87 (1): 115-143.

⑥ 西部地区：内蒙古、陕西、甘肃、宁夏、新疆、西藏、青海、四川、重庆、云南、贵州、广西。中部地区：湖南、湖北、山西、河南、江西、安徽、黑龙江、吉林。东部地区：上海、北京、江苏、浙江、广东、海南、山东、福建、辽宁、河北、天津。

式（13）中，被解释变量 g 为人均 GDP 增长率；i 和 t 分别代表省份和年度；$\ln y$ 为滞后一期人均 GDP 对数；rd 为自然资源依赖度；$cantral$ 为中部地区虚拟变量；$west$ 为西部地区虚拟变量；X 为控制变量集；ε 为随机干扰项；$\alpha_0 \sim \alpha_7$ 为待估参数。

对于自然资源依赖的度量，我们参照徐康宁和王剑（2006）等文献的做法，以采矿业固定资产投资占全社会固定资产投资比重来衡量区域自然资源依赖度，表示为 rd。

在相关文献中，控制变量集 X 主要是驱动经济增长的关键变量和"资源诅咒"效应的主要传导机制变量。不失一般性，我们在模型控制变量 X 中主要考虑了物质资本投资、人力资本存量、技术创新投入、制度质量、制造业投入和对外开放度等主要增长推动因素和资源诅咒传导变量。表 4-3 和表 4-4 分别报告了以上变量的定性描述和基本统计量。这样本书所构建的包含所有控制变量的回归模型如下：

$$g_{it} = \alpha_0 + \alpha_1 g_{i,t-1} + \alpha_2 \ln y_{it} + \alpha_3 rd_{id} + \alpha_4 cantral \times rd_{it} + \alpha_5 west \times rd_{it}$$
$$+ \alpha_6 mi_{it} + \alpha_7 hc_{it} + \alpha_8 mci_{it} + \alpha_9 ti_{it} + \alpha_{10} op_{it} + \alpha_{11} gi_{it} + \varepsilon_{it} \tag{14}$$

式（14）中，$\alpha_0 \sim \alpha_{11}$ 为待估参数；ε 为随机干扰项。

表 4-3 变量定性描述

分类		符号	定义	度量指标	单位
被解释变量		g	经济增长	人均 GDP 增长率	%
解释变量	重点考察变量	rd	自然资源依赖度	采矿业固定资产投资/全社会固定资产投资	%
	基本控制变量	$\ln y$	人均 GDP 自然对数	—	万元/人
		$g_{i,t-1}$	滞后一期人均 GDP 增长率	人均 GDP 增长率	%
	其他控制变量	mci	物质资本投资	全社会固定资产投资/GDP	%
		ti	技术创新投入	研究与开发机构从业人数/总人口	%
		hc	人力资本存量	普通高校在校生人数/总人口	%
		mi	制造业投入	制造业固定资产投资/全社会固定资产投资	%
		gi	制度质量	扣除科教支出的财政支出/GDP	%

表 4-4 变量基本统计量

变量	均值	中位数	标准差	最小值	最大值
eg	11.261	11.496	2.830	3.702	23.400
lny	8.693	8.673	0.634	7.072	10.438
rd	4.720	3.283	4.599	0.001	24.577
mci	62.572	61.613	19.622	25.358	124.222
hc	1.587	1.562	0.633	0.461	3.565
ti	0.067	0.034	0.126	0.013	0.785
md	26.931	26.494	11.204	1.990	51.107
gi	18.762	15.006	15.285	6.402	114.941

本书数据主要来源于《中国统计年鉴》和各省份统计年鉴。需要说明的是，为避免统计口径变化对分析结果的影响，本书选取了 2004~2015 年全国 31 个省（自治区、直辖市）共 372 个样本数据。

二、假说检验及讨论

以 2004~2015 年各省人均实际 GDP 增长率作为纵轴变量，以资源依赖度作为横轴变量，初步绘制了两者之间的散点线性拟合图（见图 4-7）。

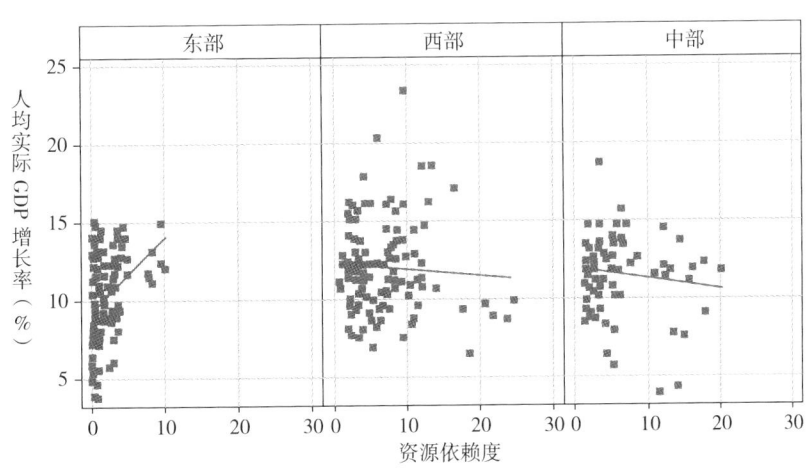

图 4-7 资源产业依赖与经济增长的关系

从图 4-7 可以初步判断，资源依赖程度与经济增长的关系在中国三大区域层面上存在明显差别，也就是东部地区自然资源依赖促进其经济增长，属于"资源祝福"型区域，而中部和西部地区则属于"资源诅咒"型区域，自然资源依赖阻碍经济增长。

下面就自然资源依赖对区域经济发展的影响是否存在地区差异这一核心命题展开更为翔实的实证考察。为便于观察主要控制变量对资源依赖与经济增长关联效应的影响情况，我们采用逐步添加控制变量的方法进行实证检验。此外，为了全面考虑和避免模型中可能存在的内生性问题，采用系统 GMM 估计方法进行参数估计，模型估计结果报告如表 4-5 所示。可以看出，在不考虑其他控制变量的条件下，资源依赖与经济增长的关系在我国三大区域层面上存在显著差别，东部地区资源产业依赖显著促进经济增长，属于"资源祝福"型区域，而与东部地区相比，中西部地区资源产业依赖与经济增长呈负相关关系，属于"资源诅咒"型区域。在依次加入物质资本投资、人力资本、技术进步、制造业投入和制度质量后，这种地区差异依然稳健，资源依赖的相伴概率基本保持在 5% 以上水平，系数的绝对值也呈比较稳健趋势，说明上述变量未能对自然资源依赖与经济增长关系的地区差异起到缓冲作用。以上结果很好地验证了前文所提出的假说 1，自然资源依赖与经济增长的关系在不同地区具有不同表现。

表 4-5 资源诅咒效应的区域差异检验结果

解释变量	(1)	(2)	(3)	(4)	(5)	(6)
L.eg	0.4144*** (0.0489)	0.3884*** (0.0493)	0.3881*** (0.0492)	0.3878*** (0.0494)	0.3890*** (0.0495)	0.3778*** (0.0494)
rd	0.2205** (0.1122)	0.2092* (0.1108)	0.2917** (0.1160)	0.2923** (0.1230)	0.2893** (0.1232)	0.3374*** (0.1237)
rd_west	-0.2395** (0.1153)	-0.2335** (0.1138)	-0.3375*** (0.1219)	-0.3380*** (0.1287)	-0.3334** (0.1296)	-0.3358*** (0.1291)
rd_cantral	-0.3039*** (0.1152)	-0.2777** (0.1140)	-0.3413*** (0.1167)	-0.3419*** (0.1220)	-0.3376*** (0.1223)	-0.3335*** (0.1219)
lnY	-2.3044*** (0.5194)	-1.9186*** (0.5291)	-0.7423 (0.7475)	-0.7435 (0.7562)	-0.7311 (0.7765)	-1.5565* (0.8173)

续表

解释变量	(1)	(2)	(3)	(4)	(5)	(6)
mci		0.0285*** (0.0104)	0.0312*** (0.0105)	0.0312*** (0.0118)	0.0315*** (0.0118)	0.0507*** (0.0132)
hc			-1.2802** (0.5603)	-1.2825** (0.5752)	-1.2934** (0.5773)	-1.8619*** (0.6023)
ti				0.0040 (2.1434)	0.0879 (2.3130)	3.2320 (2.5089)
mi					0.0022 (0.0221)	-0.0100 (0.0224)
gi						0.1110*** (0.0352)
常数项	25.1146*** (4.9490)	19.3853*** (5.2760)	10.8222* (6.5527)	10.8416* (6.5858)	10.6440 (6.6561)	15.1863** (6.7877)
AR(1)检验值 P-value	-2.2134 (0.0269)	-2.018 (0.036)	-2.237 (0.0253)	-2.1883 (0.0286)	-2.32 (0.0203)	-2.1809 (0.0292)
AR(2)检验值 P-value	-2764 (0.7822)	-0.2951 (0.7679)	-3392 (0.7344)	-5354 (0.5924)	-4585 (0.6466)	-4332 (0.6649)
Sargan检验值 P-value	24.3477 (1.0000)	22.6017 (1.0000)	19.7221 (1.0000)	18.3394 (1.0000)	19.946 (1.0000)	18.1563 (1.0000)

注：***、**、*分别表示1%、5%、10%的显著水平；系数下方括号内数字为其标准误；以下各表同。

下面进一步尝试对假说1的成因，即自然资源依赖与经济增长关系地区差异的形成机制提供一些解释。为此，我们至少需要解答如下两个问题：其一，自然资源依赖度在不同阈值条件下对自然资源依赖与经济增长的关系产生怎样的影响？其二，除自然资源依赖度以外，哪些中介变量对二者的关系产生显著影响？对于上述问题，我们借助Hansen（1999）提出的面板门限回归方法依次对资源依赖度和潜在中介变量进行识别和考察。遵循这一分析思路，我们基于式（13）构建如下面板门限回归模型：

$$g_{it} = \beta_0 + \beta_2 \ln Y + \beta_3 rd_{it} I(q_{it} \leq \lambda) + \beta_4 rd_{id} I(H_{it} > \lambda) \\ + \beta_5 X_{it} + \tau_i + \zeta_{it} \tag{15}$$

式（15）中，$\beta_0 \sim \beta_5$为待估参数；β_3和β_4分别为门限变量未超过和超过

阈值时自然资源开发对经济增长的不同影响系数；q为门限变量；X为其他控制变量；τ为时期效应；ζ为随机干扰项；其他符号及变量含义与前文相同。我们基于式（13）依次将自然资源依赖度和各其他控制变量视为门限变量进行了门限效应检验，结果显示：人力资本水平、制造业投入和制度质量在5%的显著水平上存在单一门限效应，门限值分别为1.432%、19.771%和15.989%（如表4-6所示），其他变量的门限效应检验均未通过5%的显著性检验，说明上述三个变量是影响自然资源依赖与经济增长的关系，也就是导致资源诅咒效应地区差异的主要中介变量。

表4-6 门限效应检验结果

门限变量	hc	mi	gi
门限值	1.432	19.771	15.989
F值	16.866	17.322	23.936
P-value	0.000	0.000	0.000

我们进一步运用上述被识别的门限变量进行门限回归分析，结果报告如表4-7所示。可以看出，在人力资本水平低于和高于1.432%时，自然资源依赖对经济增长表现出显著促进和显著水平较低的负相关。学界普遍认为人力资本是驱动经济增长的关键因素，但从表4-5和表4-6以及门槛回归结果来看，我国人力资本水平却未对经济增长表现出显著驱动作用，这或许与本书采取人力资本水平衡量指标和人力资本积累本身所存在的门槛特征有关，如何提高人力资本水平及其使用效率，仍然是各级政府急需解决的关键课题。同样，在制造业投入水平低于和高于19.771%时，资源依赖对经济增长表现出显著水平较低的正相关和显著正相关，说明当制造业投入水平超过一定阈值后自然资源依赖对经济增长具有显著的促增效应，截至2014年，除贵州、云南、西藏、宁夏、甘肃、陕西以外，其余省区均迈过了制造业投入门槛，上述省区制造业投入的不足极大地制约着自然资源开发对经济增长的促增效应。另外，在制度质量处于低于和高于15.989%的两个区制时，自然资源依赖对经济增长表现出非显著负相关和显著正相关，说明政府宏观调控所反映的要素配置效率的改善，具有规避资源诅咒效应的功用。上述结果表明，人

力资本水平、制造业投入水平和制度质量在资源依赖与经济增长的非线性关系中,即资源依赖效应地区差异起着决定性的关键作用。

表 4-7 门限模型回归结果

解释变量	门限变量		
	hc $\lambda = 1.432$	md $\lambda = 19.771$	gi $\lambda = 15.989$
$rd\ I\ (q \leqslant \lambda)$	0.1192** (0.0598)	0.0843 (0.0587)	-0.0682 (0.0661)
$rd\ I\ (q > \lambda)$	-0.0444 (0.0666)	0.2326*** (0.0716)	0.1364** (0.0597)
$\ln Y$	-6.0074*** (2.1839)	-4.6712** (2.1831)	-5.4480** (2.1557)
mci	0.0989*** (0.0140)	0.0945*** (0.0139)	0.0859*** (0.0138)
hc	-0.1008 (0.8113)	-0.6360 (0.8043)	-0.0026 (0.8038)
ti	51.0403*** (13.7104)	51.2676*** (13.6977)	45.1791*** (13.6416)
mi	0.0198 (0.0269)	0.0025 (0.0276)	0.0338 (0.0266)
gi	-0.0282 (0.0452)	0.0041 (0.0453)	-0.0709 (0.0463)
常数项	51.3004*** (18.9514)	39.4498** (18.9627)	47.9759** (18.7167)
R^2	0.5778	0.5786	0.5862
参数联合检验值(p)	22.20 (0.000)	22.27 (0.000)	22.98 (0.000)

综上,本节利用中国 2004~2015 年省际面板数据,采用系统 GMM 估计方法有效控制模型潜在内生性的条件下,实证考察了资源依赖效应的地区差异,进而对其形成机制进行了探讨,得到以下基本结论。

我们提出的两个假说均是成立的:自然资源依赖与经济增长的关系在中

国三大区域层面上呈现显著差异,即资源依赖效应存在明显的地区差异。自然资源开发仅促进了东部地区的经济增长,广大中西部地区并未从自然资源开发中获得正面效应,反而表现出"诅咒"特征。这表明,"资源诅咒"命题绝不是永恒成立的"铁律",而是具有条件存在性。人力资本水平、制造业投入和制度质量对于自然资源依赖与经济增长的关系表现出显著门限效应,成为资源诅咒能否被成功规避的关键。其中,制造业投入和制度质量是规避资源诅咒最强的两个因素,而人力资本则增加了资源诅咒发生的风险。中国中西部地区经济要素的投入产出效率偏低,高水平的人力资本和技术进步对资源开发地经济增长的贡献还有待进一步提高。

那么,资源开发地如何才能规避或缓解资源开发所带来的资源诅咒效应呢?我们根据研究结论提出以下几点政策建议:①加大制造业投入,推动转型升级。本书的研究结果显示,提高制造业投入和推动制造业发展是规避或缓解资源诅咒的一个关键途径。针对我国资源型地区制造业发展落后这一现实,进一步完善制造业基础,创造条件主动接纳产业转移,加强技术开发与创新能力,国家和地方政府加大财税支持力度,有力引导和推进制造业转型升级。②优化制度环境,提高生产要素配置和政府支出效率,将资源红利更多地用于物质资本投资、科技创新和高级人才培养方面。③资源开发地区还必须适时地积极转变粗放增长方式,促进产业结构的优化调整,摆脱自然资源的过度依赖。

第五章

中国区域创新的空间关联网络结构

当前，全球科学探索和科技变革正处于加速演进时期，颠覆性技术不断涌现，影响区域经济发展的决定性因素不再是低廉的劳动力和丰裕的自然资源，而是一个区域的智力资源、优势产业、创新环境和区域合作所集成的创新能力。党的十九大进一步明确了创新在引领经济社会发展中的重要地位。在此背景下，深入探析我国区域创新的空间联动关系，分析其关联网络结构特征以及动态演进趋势，对推动创新驱动发展和加快建设创新型国家具有重大意义。

对于我国区域创新而言，其能力的提升不仅依靠区域自身的创新要素和条件，还依赖其他区域创新要素的流动和空间溢出，这主要源于经济活动在地域空间上存在很强的关联性（白俊红、王钺等，2017）。因此，区域创新成果的取得既要通过区域内部创新主体之间的互联互动，也要利用创新活动的空间关联溢出，换言之，要充分利用区域创新系统内部和系统之间的联结关系。那么，目前我国区域创新的空间关联紧密程度如何？如何全面识别区域创新的空间关联及其动态变化，从而更好地推进区域创新合作？厘清这些问题，一方面可以深入认识我国区域创新过程，另一方面可为经济新常态下推进跨区域协同创新提供政策启示。

现有文献对区域创新空间关联的探讨，大多是在传统空间计量模型框架下展开的。白俊红和蒋伏心（2015）采用空间计量模型方法，实证考察了空间关联对区域创新绩效的影响，指出区域内部企业与科研机构和高校的联结以及区域之间创新要素的动态流动对区域创新绩效具有显著正向影响。王崇锋（2015）认为区域创新要素投入、知识溢出会显著影响区域创新能力，并且创新要素投入在知识溢出的调节下将进一步提升其创新产出水平。苏屹和林周周（2017）采用1998~2014年中国省际面板数据，运用空间计量模型技术，实证考察了区域创新活动的空间效应，结论是我国区域创新活动存在较强的空间正相关性，呈现出明显的空间集聚现象，区域创新产出会受到周围

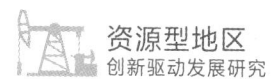

创新环境与条件的影响。马静等（2017）构建不同的空间权重矩阵，采用中国285个城市面板数据样本，实证考察了中国城市创新的空间格局及其影响因素，结果表明，中国城市创新呈现出显著的空间集聚特征和多创新中心网络空间结构特征，城市之间的空间知识溢出效应会影响城市的创新产出，是产生城市创新空间差异的主要原因。杨凡等（2017）对中国省际创新产出的空间格局与空间溢出效应进行分析，得出中国省区创新产出存在显著差异，空间集聚向多极化发展，创新存在正向溢出。此外，大多研究均表明创新空间溢出存在明显的递减效应（Audretsch and Feldman，1996），有的研究甚至测度出了这种创新外溢的空间距离（符淼，2009）。尽管上述研究受限于传统空间计量分析技术，没能更多地关注区域创新复杂空间关系及其动态变化，但其研究结论已经清晰地表明中国区域创新存在明显的地区差异和空间关联特征。近期，只有少量文献运用网络分析方法，对我国部分区域的创新关联网络进行了研究（胡艳和时浩楠，2017）。尽管相关文献较少，但这些研究已经可以为我们提供一些重要的启示：创新活动在不同经济水平和地域距离条件下，同样可以发生关联溢出，而非仅局限在相近地区上。

综上所述，现有研究尽管在区域创新的空间溢出及地区差异方面已经取得了富有价值的研究成果，然而尚存在两个方面的局限：一是传统空间计量方法往往将空间关联限制在地理上相邻或经济上相近地区上，然而我国区域创新的战略"锚点"在于创新要素聚集的东部沿海省份与创新能力薄弱的中西部省份之间的互动和溢出，也就是说，创新溢出不仅局限于经济或地理上的相近地区。因此，依据传统空间计量技术得出的结论是否稳健尚需进一步探讨。二是现有文献对我国省际创新的空间关联网络缺乏必要的关注，然而省际行政区划在我国社会经济发展中扮演着非常重要的角色，科学揭示省际创新的空间关联互动及其动态变化，对于加快形成创新集聚效应和扩散效应尤为重要。

综合现有研究成果与不足，本书基于关系数据与网络视角，利用1987~2015年中国省际数据样本，借助VAR模型框架下格兰杰因果关系检验确定区域创新的空间关联关系，在此基础上着重运用网络分析法探讨区域创新的空间关联网络特征及其动态变化。与以往研究相比，本书的贡献主要体现在两个方面：一是我们不局限于地理或经济上的相近地区，而是全面揭示我国区域创新溢出关系及其动态变化。二是本书采用一种新的研究方法即社会网络分析方法,更好地揭示省际创新关联的整体特征以及各区域在关联网络中的功能特征。

第一节 方法与数据

一、区域创新空间关联网络的构造

区域创新空间关联网络是区域之间创新活动的关系集合,各区域是网络中的节点,各区域间的关联关系是网络中的连线,区域创新的空间关联网络就由这些点和连线构成。因此,全面识别区域创新的关联关系是构建空间关联网络的基础和关键。本书参考现有文献的通常做法(李敬等,2014;刘华军等,2015),在非结构化的向量自回归(VAR)模型框架下,利用格兰杰因果检验(Granger Causality/Block Exogeneity Test)来确定区域创新的空间关联关系。也就是说,如果A、B两个省的创新活动互相关联,而且A是B的格兰杰因时,说明A省对B省有创新溢出,因此在关联网络中用A指向B的箭头线将A和B连接。依此方法重复进行,检验所有区域两两之间的空间溢出关系,进而画出网络中的节点连线。这样,便可构造出我国区域创新的有向空间关联网络。

二、网络结构特征刻画方法①

网络结构通常是指网络内部各成员之间相对稳定的关系模式。在社会网络分析中,通常利用网络密度、网络效率、网络等级度、网络关联度等指标

---

① 各指标的详细解释及计算公式详见刘军(2014)。

来分析整体网络特征，而个体网络特征通常利用接近中心度、度数中心度、中介中心度等中心性指标来刻画（刘军，2014）。此外，社会网络分析通常使用块模型分析，解析空间联动网络中凝聚子群（板块）特征以及不同聚类板块之间的空间联动关系。本书将采用上述方法来揭示中国区域创新的空间关联网络特征。

三、样本数据与指标选取

本书以中国30个省、自治区、直辖市（不含港澳台地区，下同）作为研究样本来开展研究。囿于数据的可得性，本书考察的时期跨度为1987～2015年。由于重庆1997年才成为直辖市，因此将重庆并入四川。对于创新的度量，根据现有文献，常见度量指标为R&D机构支出比重或从业人数比重以及专利授权量（邵帅、杨莉莉，2010；胡艳、时浩楠，2017），本书选取国内专利授权量作为区域创新的度量指标。数据主要来源于《中国统计年鉴》和各省统计年鉴及统计公报。

第二节
中国区域创新空间关联的网络结构特征

一、网络总体结构特征

VAR 模型框架下①采用 Granger 因果关系检验，构造区域创新空间关联网络，并利用 Netdrau 工具对空间关联网络进行了可视化，如图 5-1 所示。图5-1中每个箭头代表创新空间溢出，根据可视网络关联线条，可以初步判断，中国区域创新具有普遍的空间溢出特征，这与现有文献结论相一致。

---

① 综合依据 SC、AIC、LR、HQ、FPE 指标确定最优滞后阶数。

第五章　中国区域创新的空间关联网络结构

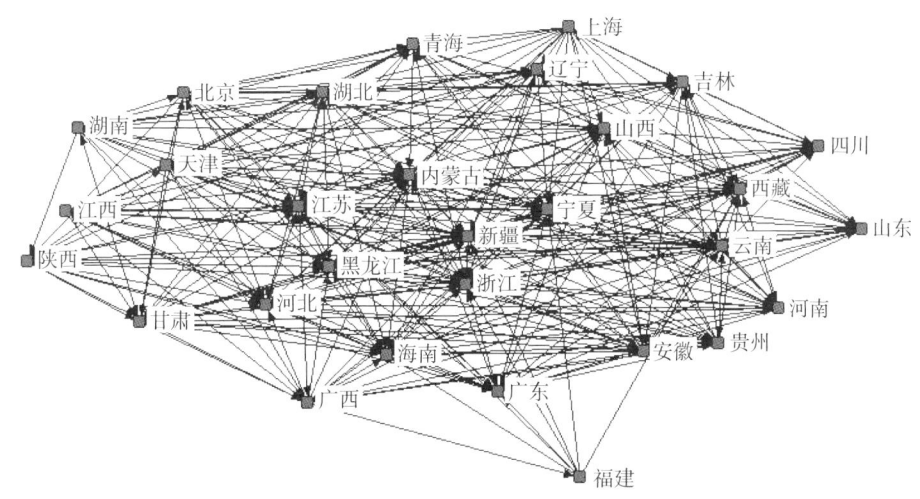

图 5-1　中国区域创新空间关联网络

30个省份实际关联关系数为405个，理论上最大可能的关联关系为870个，整体网络密度为0.4655，区域创新联系比较紧密。网络关联度为1，说明中国省际创新关联可达性强，空间溢出效应普遍存在，不存在孤立于创新网络之外的区域。网络效率为0.3325，表明区域创新空间溢出存在较多的冗余连线，呈多重叠加现象，整体网络较为稳定。网络等级度为0，说明空间关联溢出没有等级属性，在不同水平上都有可能产生溢出效应。综上可知，中国区域创新空间关联网络中既没有完全孤立创新的地区，也没有只接受溢出或只发出溢出的极端关联区域。具体关联关系如图5-2所示。

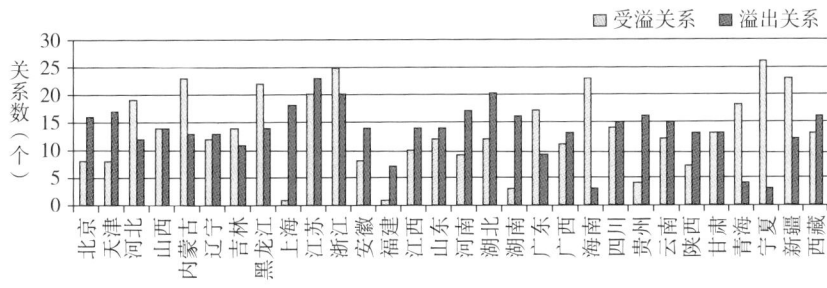

图 5-2　各省份创新溢出与接受溢出关系

153

二、网络个体结构特征分析

网络节点（省份）的个体中心性测度结果如表 5-1 所示。需要说明的是，为便于相互比较，表 5-1 中报告的是标准化处理后的相对中心度测度结果。从表 5-1 可知，各省在创新关联网络中扮演着不同的角色和作用，其所处位置和拥有的权利是迥异的。具体来看，度数中心度的全国平均值为 68.965，其中新疆、宁夏、浙江、内蒙古、江苏、黑龙江、河南、河北、西藏、湖北、山西、甘肃、云南、天津的度数中心度超过全国平均值，说明上述省份（自治区、直辖市）在网络中与其他省份（自治区、直辖市）发生较多联系。从接近中心度和中介中心度来看，全国平均值分别为 77.283 和 1.108，其中，内蒙古、浙江、宁夏、新疆、江苏的接近中心度和中介中心度均处于全国前 5 位，说明在区域创新空间关联网络中这 5 省（自治区、直辖市）既是重要的中心行动者又是关键的"中介人"。

按溢出比例高低排序，前 5 位的省份（自治区、直辖市）依次为上海、福建、湖南、贵州、天津，其溢出比例均超过 60%，在区域创新空间关联网络中扮演着溢出者角色。其中，上海的溢出比例高达 94.7%，说明上海自身的区域创新能力较强，在网络中主要对其他地区产生溢出。溢出比例明显低的省份主要有宁夏、海南、新疆，这 3 个地区的溢出比例都在 20% 以下，换言之，这些地区接受来自外部的创新溢出关系数远大于自身对外创新溢出关系数，说明这些地区在网络中主要扮演着接受者角色，自身创新能力不足，主要依赖外界的创新溢出带动。

溢出总量排名前 5 位的省份（自治区、直辖市）依次为江苏、浙江、湖北、上海、天津，除浙江以外，其他 4 省份（自治区、直辖市）的溢出比例均在 50% 以上，区域创新的空间溢出特征较显著。接受溢出排名前 5 位的省区依次为宁夏、新疆、浙江、内蒙古、海南，其中，除浙江以外，其余 4 省区的溢出比例均低于 40%，区域自身创新动能不足，依赖外部创新溢出的特征显著。

第五章 中国区域创新的空间关联网络结构

表 5-1 中国区域创新空间关联网络的中心性分析

省份（自治区、直辖市）	溢出比例	溢出关系	受溢关系	度数中心度	接近中心度	中介中心度
北京	0.667	16	8	65.517	74.359	0.666
天津	0.680	17	8	68.966	76.316	0.780
河北	0.387	12	19	79.310	82.857	1.454
山西	0.500	14	14	72.414	78.378	0.921
内蒙古	0.361	13	23	93.103	93.548	1.844
辽宁	0.520	13	12	62.069	72.500	0.770
吉林	0.440	11	14	62.069	72.500	1.002
黑龙江	0.389	14	22	86.207	87.879	1.681
上海	0.947	18	1	62.069	72.500	0.659
江苏	0.535	23	20	89.655	90.625	2.341
浙江	0.444	20	25	93.103	93.548	2.541
安徽	0.636	14	8	62.069	72.500	0.590
福建	0.875	7	1	27.586	58.000	0.083
江西	0.583	14	10	55.172	69.048	0.505
山东	0.538	14	12	55.172	69.048	0.556
河南	0.654	17	9	58.621	70.732	0.619
湖北	0.625	20	12	72.414	78.378	0.823
湖南	0.842	16	3	55.172	69.048	0.461
广东	0.346	9	17	65.517	74.359	1.153
广西	0.542	13	11	65.517	74.359	1.173
海南	0.115	3	23	79.310	82.857	1.772
四川	0.517	15	14	58.621	70.732	0.581
贵州	0.800	16	4	58.621	70.732	0.593
云南	0.556	15	12	68.966	76.316	0.931
陕西	0.650	13	7	55.172	69.048	0.499
甘肃	0.500	13	13	68.966	76.316	0.785
青海	0.182	4	18	65.517	74.359	1.143
宁夏	0.103	3	26	93.103	93.548	2.450

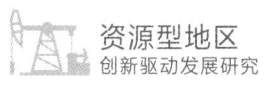

续表

省份 (自治区、直辖市)	溢出比例	溢出关系	受溢关系	度数中心度	接近中心度	中介中心度
新疆	0.316	12	26	93.103	93.548	2.464
西藏	0.552	16	13	75.862	80.556	1.411

注：溢出比例=溢出关系/总关系数。

三、空间聚类分析

（一）聚类板块成员分析

本书采用迭代相关收敛划分法，选择最大切分深度为2，集中标准为0.2，将我国区域创新空间关联网络划分为4个聚类板块。聚类板块划分结果如下：聚类板块Ⅰ省份（直辖市）7个，分别为北京、天津、湖南、陕西、湖北、上海、江苏；聚类板块Ⅱ省份8个，分别为安徽、福建、四川、贵州、山东、河南、江西、西藏；聚类板块Ⅲ省份（自治区）10个，分别为内蒙古、辽宁、甘肃、吉林、山西、云南、湖北、广西、青海、黑龙江；聚类板块Ⅳ省份（自治区）5个，分别为广东、浙江、宁夏、新疆、海南。

（二）聚类板块间溢出与受溢分析

根据前文测算，在区域创新的整体关联网络中存在405个关联关系，而板块内部省份之间的关联关系有66个，板块与板块之间的关联关系有339个，说明聚类板块之间的创新活动存在着明显的空间关联溢出。从表5-2列出的聚类板块间的溢出关系结果来看，在创新溢出总量比较上，聚类板块Ⅰ、板块Ⅱ、板块Ⅲ对其他聚类板块的溢出总量依次为98、105、100，远超过聚类板块Ⅳ（仅为36）；在接受外部溢出上，主要由中西部省份构成的聚类板块Ⅲ最高，接受溢出总量高达136，紧随其后的是聚类板块Ⅳ，也达到了106个。

由于各聚类板块在成员数量上存在差异，故总量指标不能完全准确评价各聚类板块在网络中的地位和角色。因此，我们进一步采用相对指标，对板块之间的溢出强度进行评价。从表5-2中报告的溢出强度来看，从聚类板块

Ⅰ到聚类板块Ⅳ，其溢出强度依次递减，相反，其接受溢出强度依次递增。从溢出强度来看，聚类板块Ⅰ对其他板块的溢出强度最高，达到对外溢出可能最大量的60.9%，而聚类板块Ⅳ的溢出强度仅为28.8%，尚有较大潜在溢出空间。从接受溢出强度来看，聚类板块Ⅳ达到84.8%，说明聚类板块Ⅳ的省份接受了绝大部分外部省份的创新溢出。聚类板块Ⅰ的接受溢出强度最低，仅为21.1%。

根据上述结果，我们可以看出各聚类板块之间创新溢出存在显著差异，聚类板块Ⅰ和聚类板块Ⅱ偏向于对外创新溢出，而聚类板块Ⅲ和聚类板块Ⅳ则更偏向于接受外来创新溢出。究其原因在于，板块Ⅰ和板块Ⅱ的省份大都位于经济发展水平高、创新资源集聚的东部沿海和中部地区，如北京、天津、江苏、上海、湖北等省份创新活力较强，其创新活动对其他聚类板块，尤其是对西部和东北地区具有很高的溢出效应。相反，聚类板块Ⅲ和聚类板块Ⅳ的多数成员均是典型的资源型省区，长期依靠资源依赖型经济模式，而资源依赖又往往对创新活动产生挤出效应，这势必会在很大程度上导致这些地区缺乏创新的投入和动力，其创新需求更多是通过接受外来创新溢出来得到满足，这是板块Ⅲ和板块Ⅳ呈接受创新溢出强度较高的主要原因之一。

表5-2 区域创新空间关联网络的聚类板块溢出效应

创新板块	接受关系数				总量分析		强度分析		成员数
	板块Ⅰ	板块Ⅱ	板块Ⅲ	板块Ⅳ	对外溢出	接受溢出	溢出强度	接受强度	
板块Ⅰ	25	12	60	26	98	34	0.609	0.211	7
板块Ⅱ	7	8	61	37	105	63	0.597	0.358	8
板块Ⅲ	21	36	22	43	100	136	0.500	0.680	10
板块Ⅳ	6	15	15	11	36	106	0.288	0.848	5

注：接受强度＝实际接受外部溢出量/接受溢出可能最大量；溢出强度＝实际对外溢出总量/对外溢出可能最大量。

(三) 聚类板块位置分析

根据网络密度含义，如果某个聚类板块的网络密度大于整体网络密度，说明经济活动更多集中在该聚类板块。我们按照聚类板块密度大于整体网络密度的情形为1，否则为0的原则，将聚类板块网络密度矩阵转化为像矩阵，进而更清晰地刻画各聚类板块之间的溢出关联，结果报告如表5-3所示。可以看出，聚类板块Ⅳ既接受外部板块溢出，也接受板块内部成员关系，但对外没有产生明显的溢出关系，也就是说，在区域创新空间关联网络中扮演了受益人角色，为典型的"净受益"板块。聚类板块Ⅲ在接受板块Ⅰ和板块Ⅱ溢出的同时，又向聚类板块Ⅳ产生溢出，在网络中发挥着重要的"中介"和"桥梁"作用，为"经纪人"板块。聚类板块Ⅰ和聚类板块Ⅱ均对板块Ⅲ和Ⅳ单向创新溢出，可以说带动了整个区域的创新发展，在区域创新空间关联网络中扮演着重要的"发动机"作用，具有典型的"净溢出"板块特征。

表5-3 区域创新空间聚类板块的密度矩阵与像矩阵

聚类板块	密度矩阵				像矩阵			
	板块Ⅰ	板块Ⅱ	板块Ⅲ	板块Ⅳ	板块Ⅰ	板块Ⅱ	板块Ⅲ	板块Ⅳ
板块Ⅰ	0.595	0.214	0.857	0.743	1	0	1	1
板块Ⅱ	0.125	0.143	0.762	0.925	0	0	1	1
板块Ⅲ	0.300	0.450	0.244	0.860	0	0	0	1
板块Ⅳ	0.171	0.375	0.300	0.550	0	0	0	1

图5-3是根据像矩阵得到的聚类板块关系图，直观反映了各板块在创新网络中的位置及相互间的传递机制。依据上述模型分析结果，我们需要加强板块Ⅱ和板块Ⅲ的内部关联、板块Ⅰ与板块Ⅱ的互联互动，这对推进创新驱动发展战略具有重要参考意义。

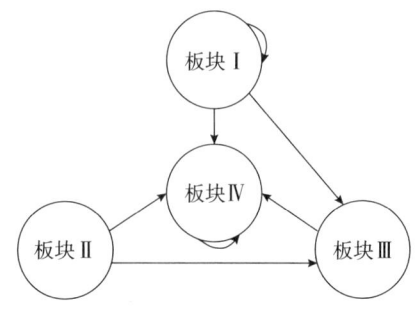

图5-3 区域创新空间关联网络的聚类板块关系

第三节

中国区域创新空间关联网络的动态变化

下面分别以 1~4 年作为时滞阶数对 30 个省份进行 VAR 模型格兰杰因果检验，从而构建出滞后 1~4 年的区域创新空间关联网络，进而分析其关联网络的动态变化。

一、网络动态密度分析

图 5-4 显示了区域创新空间关联网络密度的动态变化，可以看出，随着时间的推移，区域创新关联网络的密度逐步下降，尤其时滞 1~2 年内网络密度下降幅度较大，说明区域创新空间溢出的传导时间主要集中在前 2 年。4 个时滞网络中，密度最高的为 0.4379，明显低于最优滞后得出的网络密度（0.4655），说明区域创新空间溢出并非全部在当期实现，这可能与地理距离

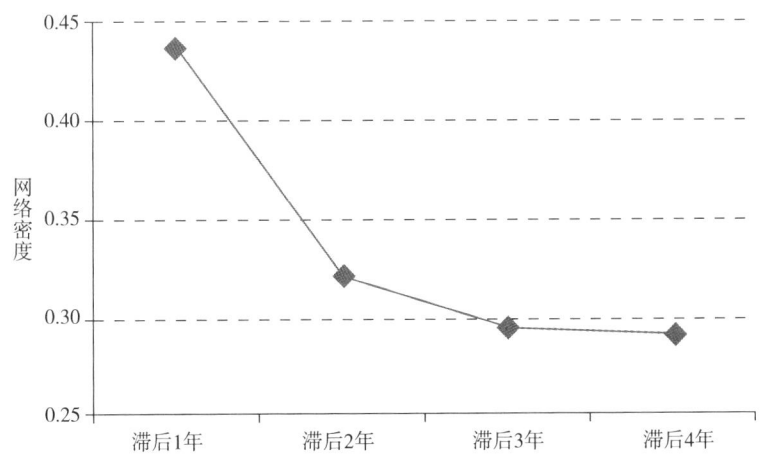

图 5-4　区域创新网络密度动态变化

和各地区创新溢出阻力和接受溢出能力有关。网络密度两次比较大的下降发生在时滞1~2年和时滞2~3年,说明在这两个时期创新网络关联衰减较快,对整个区域创新溢出效果具有举足轻重的影响。时滞4年的关联网络密度仅为0.2920,反映了区域创新的空间溢出效应在前3年更为显著。从创新关联溢出的整体过程来看,时滞3~4年为较稳定时期,表现出微弱衰减趋势,这为我国区域协同创新政策的制定实施和政策效果检验提供了大致的时间坐标。

二、动态网络空间聚类分析

使用CONCOR方法分别对4个时滞网络的关联关系进行聚类分析。为研究结果的合理性与可比性,同样以最大分割深度为2,收敛标准为0.2,得到区域创新的4个聚类板块,结果报告如表5-4所示。从表5-4可知,聚类板块Ⅰ~Ⅲ在时滞1~4年中其主要成员分布相对较稳定,而聚类板块Ⅳ在3~4年时滞中,尤其在第4时滞中其成员发生了较大变化。根据聚类板块间关联关系的分布情况,我们进一步计算出各聚类板块的密度矩阵,进而再根据α密度准则得出聚类板块像矩阵,像矩阵的可视化结果如图5-5所示。从图5-5看出,1~2年时滞中,各板块角色及相互间关系并未发生显著变化,而在3~4年时滞网络中聚类板块关系及其所扮演的角色发生了本质改变。综上分析,我们认为区域创新空间关联网络的整体结构在时滞3~4年时发生了本质改变,尤其是时滞4年的区域创新网络在研究中不具有代表性。

表5-4 不同时滞网络的聚类板块划分结果

板块	滞后	板块成员
板块Ⅰ	1年	北京、天津、湖南、安徽、湖北、陕西、河南、贵州、福建、江西、四川、山东
	2年	北京、天津、湖南、安徽、湖北、陕西、福建、山西、云南、广西
	3年	北京、天津、湖南、安徽、湖北、陕西、河南、贵州、山西、江西、云南、吉林、江苏
	4年	北京、天津、湖南、安徽、湖北、陕西、河南、贵州、四川、山东、江苏、浙江
板块Ⅱ	1年	上海、江苏、浙江、广东
	2年	上海、江苏、四川、贵州、河南、山东、江西、西藏
	3年	上海、四川、山东、浙江、西藏
	4年	上海、西藏、青海

续表

板块	滞后	板块成员
板块Ⅲ	1年	河北、辽宁、广西、黑龙江、甘肃、吉林、青海、云南、山西
	2年	河北、广东、辽宁、黑龙江、甘肃、吉林、青海、新疆
	3年	河北、广东、广西、海南、福建、内蒙古
	4年	河北、广东、广西、黑龙江、海南、内蒙古、新疆、江西、宁夏、福建
板块Ⅳ	1年	海南、内蒙古、宁夏、新疆、西藏
	2年	海南、内蒙古、宁夏、浙江
	3年	辽宁、甘肃、宁夏、青海、新疆、黑龙江
	4年	辽宁、甘肃、吉林、云南、山西

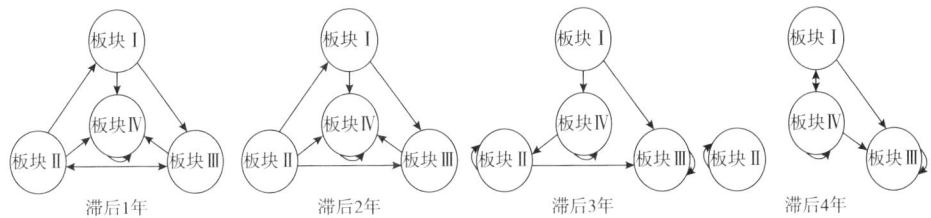

图 5-5　不同时滞期网络聚类板块关系

图 5-6 从溢出强度视角展示了随着滞后期的延长，区域创新空间关联网络各板块的对外溢出趋势。比较 4 个聚类板块在同一时滞期的溢出强度后发现，聚类板块Ⅱ和聚类板块Ⅲ在 4 年时滞网络中呈递减特征，而聚类板块Ⅰ在 1~2 年时滞网络中溢出强度明显下降，然后呈微弱波动态势。聚类板块Ⅳ在 1~3 年时滞网络中其溢出强度持续下降，到第 4 年时又显著提升。总体来看，时滞 1~2 年的创新关联网络在省份分布、溢出强度、聚类板块关系等呈现出梯度溢出特征，与 3~4 年时滞网络存在较大差异。

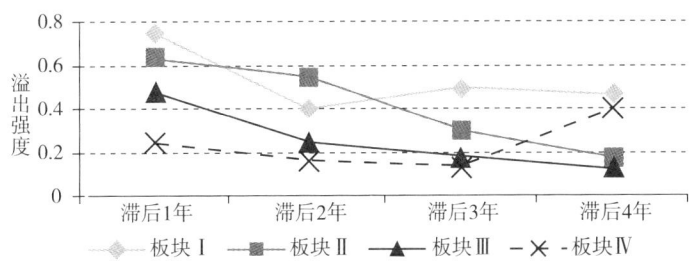

图 5-6　不同时滞期聚类板块溢出强度变化

三、时滞网络内部个体分析

根据前文分析,中国区域创新空间关联网络的整体结构在时滞 3~4 年时已经发生了本质改变,尤其是时滞 4 年的区域创新网络在研究中不具代表性,故在此对时滞 3~4 年网络不进行内部个体分析,仅列出其分布结果,如表 5-5 所示。从表 5-5 看出,多数中东部省份在时滞 1~2 年关联网络中其溢出比例超过了 50%,尤其是上海、湖南、贵州 3 省份在 1~2 年时滞网络中其溢出比例均保持在 75% 以上,说明上述省份在区域创新溢出的主要传导周期内均保持较高且稳定的溢出,尤其上海、湖南、贵州三省份的创新比较独立,较少接受其他地区的创新溢出。同时,在 1~2 年时滞网络中溢出比例低于 50% 的省份大多为西部和东北省份,也就是说西部和东北地区的创新更多依赖中东部地区的带动,同时这种分布格局较为稳定,这又说明我国区域创新动能呈两极化特征,与西部和东北地区相比而言,东中部地区的创新能力较强,能够普遍带动自身板块及西部和东北地区创新,另外,也说明西部和东北地区多数省份自身创新能力欠缺,对其他省份的创新依赖较为明显。

表 5-5 不同时滞期创新关联网络个体溢出比例四分位区间分布

溢出时滞	溢出比例			
	[0, 0.25]	[0.25, 0.5]	[0.5, 0.75]	[0.75, 1.0]
1 年	海南、宁夏、青海	新疆、西藏、河北、吉林、云南、广西、山西、浙江、甘肃、黑龙江、内蒙古	四川、辽宁、山东、江苏、江西、河南、陕西、北京、湖北、福建、安徽、天津	贵州、广东、湖南、上海
2 年	宁夏、海南、内蒙古	新疆、青海、吉林、河北、浙江、甘肃、辽宁、云南、广东、陕西、黑龙江	江苏、江西、湖北、山东、山西、广西、天津、四川、北京	湖南、上海、河南、安徽、福建、贵州、西藏
3 年	宁夏、新疆、青海、海南、上海	河北、广东、黑龙江、浙江、广西、甘肃、内蒙古、辽宁、福建	江苏、吉林、山东、安徽、江西、山西、陕西、湖北、河南、北京	云南、天津、四川、湖南、贵州、西藏

续表

溢出时滞	溢出比例			
	[0, 0.25]	[0.25, 0.5]	[0.5, 0.75]	[0.75, 1.0]
4年	宁夏、新疆	海南、广西、广东、黑龙江、江西、河北、福建、内蒙古、浙江	江苏、辽宁、青海、甘肃、山西、山东、吉林、湖北、西藏、北京、湖南、上海、天津、安徽	陕西、河南、云南、四川、贵州

从上述分析发现：

（1）中国区域创新存在普遍的空间溢出关系，而且这种关联关系已经超越了地理距离的局限，呈现出稳健多线程的网络结构，即存在空间溢出多重叠加现象。

（2）中国区域创新空间关联具有明显的极化特征，东中部省份的溢出比例较高，说明这些省份自身创新能力强劲，对其他地区普遍产生溢出的同时自身创新相对独立，较少受到其他省份的影响，其中北京、天津、上海、福建、湖南最为典型；相反，西部多数省份溢出比例较低，自身创新能力不足，对其他地区创新溢出的依赖较明显，其中新疆、宁夏、内蒙古、青海最为典型。

（3）中国区域创新空间关联网络不仅联系紧密，而且带有明显的"俱乐部"特征。区域创新版图可以划分成4个不同功能的聚类板块。聚类板块之间有明显的梯度溢出特征，但聚类板块内部成员间溢出较少，反映了网络内部具有明显的等级特征。

（4）中国区域创新整体空间溢出总量的半衰减期为2~3年，区域创新空间溢出的高速传导时间集中在1~2年。创新网络整体结构在时滞1~2年中未发生本质改变，但时滞3~4年尤其是时滞4年时网络结构发生根本性变化，说明区域创新溢出结构在1~2年时滞期内是稳定的。

因此，资源型地区各级政府既有必要将创新空间关联作为区域协同创新的决策变量，又应当探索区域协同创新的新思路，创造更多区域创新关联"通道"，促进空间关联的紧密程度，提高协同创新的质量和效益。新疆、宁夏、内蒙古、青海、海南等创新对外依赖区域，应充分利用比较优势，逐步强化特定领域创新，增强基层科技创新和服务能力，同时提高对外部创新溢出的接受能力和吸收速度，加强与国家创新平台的统筹衔接，加快形成协同创新共同体。创新空间溢出时滞性应成为制定区域协同创新相关政策的重要考虑因素，创新溢出政策及其效果评价也应考虑其时滞问题。同时，应找出时滞原因，缩短创新溢出的滞后期，建立有效的创新溢出机制。

第六章

我国资源型地区创新驱动发展面临的困境

资源型地区作为我国重要的区域经济板块,其创新转型对于国家创新驱动发展战略和创新型国家建设具有重要意义。无疑自然资源是经济发展的重要因素,资源的丰寡往往会对区域经济发展进程和水平带来重要影响。尤其是丰富的矿产资源是工业化起步和经济增长的引擎,一些国家和地区的发展历程也恰恰对此给出了很好的证明,如美国、加拿大和日本九州地区等。但资源型地区在经济发展过程中往往优先发展资源型产业而忽视对其他产业的培育,形成具有浓重资源型色彩的经济发展模式。由于过度依赖煤炭、石油等矿产资源而导致其产业体系、贸易体系、财政体系、投资体系乃至城镇发展都以资源开发为中心,形成了由资源优势决定的资源型经济体系。

目前看来,随着经济发展外部需求环境和内在支撑条件的变化,以消耗自然资源为特征的传统发展模式已不具备比较优势,亟须通过深化改革和创新变革,探索生产要素再配置的新路子,从而实现地方经济社会可持续发展(张复明,2011)。我国资源型地区的创新转型面临着诸多困难和急需破解的关键难题,相比其他地区,既有宏观方面的共性问题,也存在自身的特殊短板问题;既有认识上的分歧,也存在科技能力不足的短板;既有体制机制上的问题,也有人才的保有量和匹配度不够等问题。这些问题的存在,无疑对新形势下进一步加快经济发展驱动力的转化带来一系列挑战。

本章重点考察当前我国资源型地区实现创新驱动转型中面临的困境及其成因,为科学、合理地促进资源型地区创新转型提供应有的依据和建议。

第一节

资源依赖型发展路径仍未破解

资源型地区有一个突出现象:生产要素向资源部门流动和集聚,挤出具有规模报酬递增特点的制造业的发展,导致资源依赖与"反工业化"现象

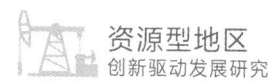

(张复明,2006)。对资源开发的过度依赖,挤出了非资源型产业、人力资本、科技创新和教育发展,导致区域经济结构失衡,产业结构、要素结构初级化特征突出(邵帅、杨莉莉,2010;刘那日苏,2015)。产业结构单一性、初级化,强化了经济增长的风险性,如短期经济增长波动、长期经济增长滞缓,也阻滞了区域经济发展方式的转变。如何既依托自然资源比较优势,又摆脱资源发展的路径依赖,打造和培育创新优势是资源型地区经济发展面临的重要问题。

一、资源依赖型发展模式仍占主导

资源富集地区,在发挥比较优势的区域分工理论指引下,对资源进行大规模开发,通过矿产品输出积累资本以推进区域工业化进程,进而资源部门或资源型产业成为资源型地区的主导或支柱产业。伴随区域发展和工业化演进,资源部或资源型产业逐步退出。然而,从资源型区域的实践来看,资源依赖成为一种常态,甚至会出现资源部门强化发展的态势。

那么,什么是资源依赖型发展路径(或发展模式),国内外并无统一的定义。仅从字面含义上看,资源依赖型发展模式就是对于资源的依赖程度大或者说资源产品在其原材料投入中所占比重大的发展模式。资源型地区对资源型产业的过度依赖,体现在三个层面(张复明、景普秋,2008):一是要素层面,劳动力和资本不断向资源部门或资源型产业流动,导致区域的劳动力、资本主要集中于资源部门或资源型产业。二是产业层面,要素投入的增加引起资源品产出增加、输出增加,区域经济体系主要依赖于资源部门或资源型产业,具体表现在产业结构和输出结构,以资源(型)产业为主。三是区域层面,经济增长贡献主要来源于资源部门或资源型产业的贡献。① 资源开发本身对经济发展具有促进作用,而当经济体系对资源开发形成过度依赖,则可能制约区域工业化进程和经济持续稳定增长,从长期来看,可能导致"资源诅咒"。

---

① 张复明,景普秋.资源型经济的形成:自强机制与个案研究[J].中国社会科学,2008(5):117-130.

资源型地区对资源进行大规模开发,可能基于以下三个原因:一是国家或地区发展战略需要,工业化起步阶段,需要通过大规模的资源开发为工业化积累原始资本,同时为工业化"起飞"阶段可能产生大量的能源、原材料需求做好准备。二是地域分工,基于比较优势分工理论,资源丰裕区域往往成为国家能源、原材料生产基地,以资源开发作为其主导或支柱产业。三是新发现资源,国家或区域可能处于工业化初期,也可能已经进入工业化中期。无论是哪种原因,比较利益的存在吸引大量生产要素包括资本、劳动力、企业家等,源源不断地向资源部门流动和集中。资源品价格频繁波动会加剧要素向资源部门的流动和集聚,而资源部门本身存在吸纳效应、黏滞效应和锁定效应,也具有自我强化的功能,资源部门很快成为资源丰裕国家或地区的主要部门,在经济体系中占有举足轻重的地位。

资源型地区为推进工业化进程,在加快资源开发的同时,往往也加快了资源型产业的发展。资源产业的功能:一是出口或向区外输送,换回外汇或者积累工业化资本。二是作为本国或本区域后续加工产业的能源、原材料,促进本国/本区域资源型产业的发展壮大。资源产业通常包括煤炭开采和洗选、石油和天然气开采、黑色金属矿采选、有色金属矿采选、非技术矿采选等。也就是说,资源型产业以资源开采、资源消耗为主要特征,属于资源密集型产业,具有重型化特征。

无论是国家战略或是区域分工需要形成的比较利益,还是矿产品价格波动带来的"横财",利益驱使引致要素向资源部门或资源型产业流动、集中和积聚,一业独大。资源型经济体对资源开发、资源加工业过度依赖。

据上述分析,一国或地区经济对于自然资源的依赖程度,主要体现在资源型产业对区域经济的产业结构、就业结构、技术进步水平、经济发展速度和方向等方面的重要程度和影响强度上,即资源型产业在区域经济中所具有的地位高低和作用大小。

经济体系对资源开发的依赖程度,可以通过资源依赖度来衡量。资源依赖度通常由以下两个指标来度量:一是要素层面,资源部门的劳动力、资本分别占地区劳动力、资本的比例,即劳动力结构和投资结构的变化。二是产业层面,资源部门增加值占地区 GDP 的比重、资源型产业增加值占工业增加值的比重、资源品输出额占地区总输出额的比重,即产业结构、工业结构、贸易结构等。

通常，资源产业依赖度应由相对指标予以度量，其指标分子应反映出资源产业部门的规模水平，指标分母则应为对应的经济总量水平。[①] 现有文献主要采用初级产品出口比重[②]（Sachs and Warner，1995，2001）、初级产品部门就业比重[③]（Gylfason et al.，1999；邵帅、杨莉莉，2010）、初级产品部门产值比重[④]（Papyrakis and Gerlagh，2004，2007；邵帅、齐中英，2008）等指标来对其进行度量。参照邵帅和杨莉莉（2010）的做法，我们采用采矿业城镇单位就业人数占地区总人口的比重来度量资源依赖度，结果报告如表6-1所示。

表6-1 采矿业从业人员占总人口的比例（%）

地区	2008年	2009年	2010年	2011年	2012年	2013年	2014年	2015年	2016年
北京	0.2569	0.2704	0.2294	0.3328	0.3325	0.3196	0.2839	0.2437	0.2085
天津	0.5969	0.7549	0.6928	0.7683	0.4897	0.5170	0.4377	0.4202	0.2817
河北	0.4019	0.3841	0.3864	0.3925	0.3952	0.3855	0.3692	0.3319	0.3048
山西	2.1011	2.1894	2.2272	2.3852	2.4996	2.8377	2.7007	2.6018	2.4739
内蒙古	0.7074	0.7274	0.7484	0.8280	0.8622	0.8623	0.8136	0.7133	0.6579
辽宁	0.7778	0.8169	0.8046	0.7545	0.7416	0.7752	0.7126	0.6561	0.5651
吉林	0.6441	0.6668	0.5679	0.5377	0.6051	0.5598	0.5189	0.5114	0.4782
黑龙江	1.1503	1.1189	1.1010	1.1343	1.0780	1.0016	0.9374	0.8358	0.7347
上海	0.0037	0.0041	0.0043	0.0021	0.0021	0.0021	0.0025	0.0025	0.0021
江苏	0.1751	0.1750	0.1601	0.1627	0.1620	0.1716	0.1479	0.1329	0.1069
浙江	0.0305	0.0315	0.0312	0.0286	0.0256	0.0176	0.0156	0.0126	0.0107
安徽	0.4768	0.4942	0.5389	0.5702	0.5780	0.5489	0.5150	0.4401	0.3722
福建	0.1325	0.1391	0.1300	0.1858	0.1419	0.0734	0.0665	0.0651	0.0534
江西	0.2293	0.1913	0.2017	0.1999	0.2247	0.1842	0.1711	0.1579	0.1259

---

① 邵帅，范美婷，杨莉莉. 资源产业依赖如何影响经济发展效率？——有条件资源诅咒假说的检验及解释［J］. 管理世界，2013（2）.
② 以初级产品出口额占 GDP 的比重反映资源禀赋水平。
③ 采矿业从业人数占全部从业人数比重。
④ 能源工业产值占工业总产值比重。

续表

地区	2008年	2009年	2010年	2011年	2012年	2013年	2014年	2015年	2016年
山东	0.6591	0.6662	0.6967	0.7619	0.8138	0.7665	0.7268	0.6551	0.5769
河南	0.5338	0.5620	0.5593	0.6782	0.6698	0.6647	0.5971	0.5447	0.4740
湖北	0.1763	0.1540	0.1728	0.2254	0.2071	0.1543	0.1338	0.1210	0.1103
湖南	0.2071	0.2343	0.2344	0.2327	0.2288	0.2317	0.1869	0.1513	0.1195
广东	0.0347	0.0329	0.0326	0.0306	0.0325	0.0276	0.0279	0.0278	0.0254
广西	0.1125	0.0894	0.0954	0.1023	0.1128	0.0924	0.0799	0.0626	0.0643
海南	0.1054	0.1042	0.1036	0.1140	0.1105	0.0883	0.0775	0.0703	0.0578
重庆	0.3241	0.3333	0.3258	0.3563	0.3528	0.3414	0.3006	0.2436	0.1847
四川	0.2850	0.2677	0.2536	0.2647	0.3031	0.2862	0.2888	0.2383	0.2250
贵州	0.3012	0.3263	0.3392	0.3903	0.5215	0.5260	0.5014	0.4382	0.3772
云南	0.2536	0.3183	0.3303	0.3975	0.4780	0.4890	0.3678	0.3222	0.2851
西藏	0.0445	0.0541	0.0667	0.0396	0.0649	0.1827	0.1761	0.1636	0.1390
陕西	0.6385	0.6225	0.6613	0.7726	0.7991	0.9647	0.9563	0.9325	0.9166
甘肃	0.3363	0.3448	0.3555	0.3779	0.3747	0.4098	0.4863	0.4562	0.4088
青海	0.3231	0.3465	0.3552	0.4577	0.4520	0.7647	0.7221	0.6684	0.5868
宁夏	0.8107	0.8880	0.9163	0.9405	1.0139	1.0092	0.9562	0.8937	0.7822
新疆	0.8329	0.8161	0.8009	0.8470	0.8442	0.8706	0.8355	0.7564	0.6685

资料来源：根据《中国统计年鉴》整理计算。

从表6-1可以看出，2008~2016年山西、内蒙古、辽宁、吉林、黑龙江、陕西、甘肃、宁夏、新疆、青海等典型资源型省区资源产业依赖度高于全国其他省份，其中山西省的资源依赖程度在全国处于最高，已超过2%，与资源依赖最低的上海形成鲜明对比（见图6-1）。此外，2008~2013年很多省份的资源依赖度呈上升趋势，此后虽呈微弱下降趋势（见图6-2），但2016年诸多中西部省份资源依赖度仍然高于0.4%。

从资源依赖度来看，2008~2013年山西省资源依赖度（城镇单位采矿业就业人数占地区常住人口的比重）不断提高，由2008年的2.1%上升到2013年的2.838%。2013年以后，这种形势虽有所好转，但2016年山西资源依赖度仍高达2.47%，这表明山西近年来的产业调整政策虽取得了一定成效，但

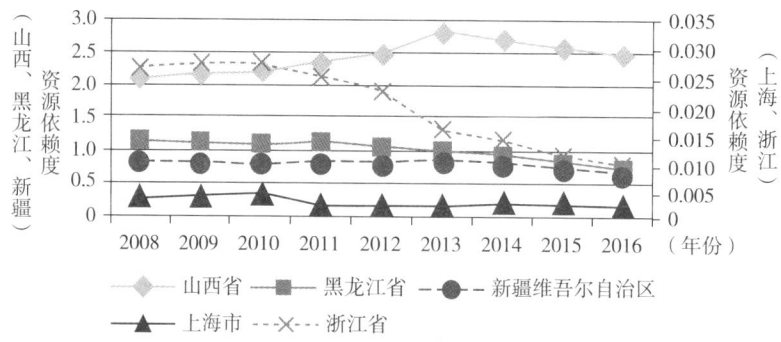

图 6-1 典型资源型省区与非资源型省区资源依赖度比较

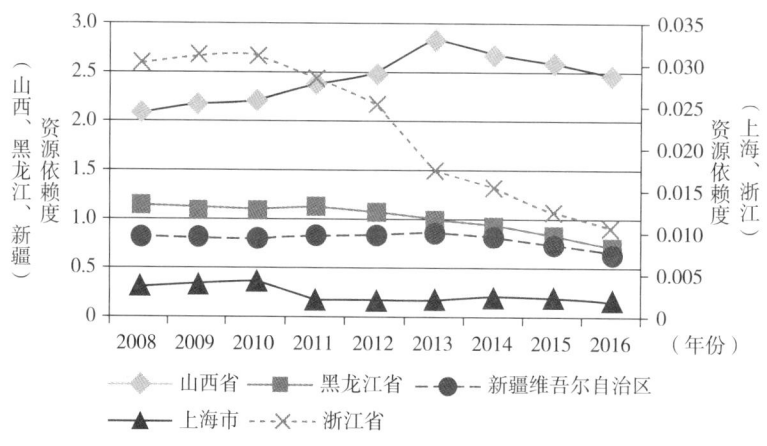

图 6-2 典型资源型省区资源产业依赖度变化趋势

资料来源：同表 6-1。

仍未破解地方经济发展高度依赖资源产业的发展路径。另外，可以看出煤炭开采业是山西最重要的资源型产业（见表 6-2）。2008~2013 年，煤炭开采和洗选业增加值占工业生产总值的比重由 50.98% 上升至 57.59%，说明山西产业结构仍处于"一煤独大"的发展阶段。在全国能源供给格局中，山西具有不可替代的能源基地的重要地位。山西的产业结构也主要是以煤炭产业为基础展开，高度依赖煤炭开采、焦化、煤化工等行业。近年来，受我国经济迅速发展导致国内能源原材料需求猛增、国际能源原材料价格不断上涨等影响，质量上乘、价格相对合理的山西省煤炭日益受到市场青睐，山西省的能源基地地位也更为凸显。

表6-2 山西省资源产业分行业增加值占工业生产总值的比重（%）

行业	2008年	2009年	2010年	2013年	2016年
煤炭开采和洗选业	50.98	60.12	58.39	57.59	48.32
黑色金属矿采选业	1.53	0.88	1.73	2.54	2.03
有色金属矿采选业	0.28	0.16	0.14	0.22	0.31
非金属矿采选业	0.02	0.03	0.02	0.02	0.01
石油加工、炼焦及核燃料加工业	13.14	8.69	8.12	4.07	4.59
化学原料和化学制品制造业	3.08	2.49	2.58	2.84	1.96
化学纤维制造	0.015	0.002	0.002	0.001	0.00
黑色金属冶炼及压延加工业	10.22	9.71	9.42	7.86	6.56
有色金属冶炼及压延加工业	3.00	0.88	1.87	1.61	3.80
电力、热力、燃气的生产和供应业	5.24	6.31	5.65	7.33	12.91
资源型产业	87.51	89.27	87.92	84.08	80.49

资料来源：根据《山西统计年鉴》计算整理。

二、生产要素向资源部门过度集中

资源型地区有一个突出现象：生产要素向资源部门流动和集聚。通常，比较利益的存在吸引大量生产要素包括资本、劳动力、企业家等，源源不断地向资源部门流动和集中。矿产品价格波动频繁，只要价格高企，资源部门要素报酬高于制造业、服务业等非资源产业部门，就会引起劳动力、资本等要素从制造业部门、服务业部门等持续向资源部门转移，出现资源繁荣，制造业和服务业被挤出。即使矿产品价格下跌，因锁定效应和退出壁垒，大量生产要素仍滞留在资源部门。

（一）劳动力向资源部门集中

以山西为例，2016年山西采矿业从业人数达到144.3万，占从业总人数的比重达到7.56%（见表6-3）。2009~2016年，采矿业所占比重均超过了7.5%，是吸纳劳动力的第四大部门。受采矿业吸纳劳动力过多影响，制造业的劳动力占比优势并不显著，2013年甚至低于采矿业占比。在其余非资源型产业中，2016年山西第三产业从业人员数达到756.6万，所占总从业人员数比重达39.65%。然而，第三产业中从业人数较多的是交通运输、仓储及邮政业，而诸如金融、租赁、科学研究、教育、医疗卫生、文化体育、批发零售、信息计算机服务等重要的生产性服务业从业人员依然较少。

表6-3 山西省资源型产业和非资源型产业分行业从业人数及其占比

行业	2009年（万人）	占比（%）	2013年（万人）	占比（%）	2016年（万人）	占比（%）
1. 农、林、牧、渔业	635.0	38.94	650.6	35.28	670.5	35.14
2. 采矿业	150.3	9.22	183.3	9.94	144.3	7.56
3. 制造业	158.5	9.72	176.4	9.57	187.2	9.81
4. 电力、煤气及水的生产和供应业	10.1	0.62	12.3	0.67	13.7	0.72
5. 建筑业	110.8	6.80	147.0	7.97	136.0	7.13
6. 交通运输、仓储及邮政业	86.9	5.33	196.5	10.66	230.8	12.10
7. 信息传输、计算机服务和软件业	11.2	0.69	98.8	5.36	99.7	5.22
8. 批发和零售业	160.6	9.85	59.7	3.24	81.8	4.29
9. 住宿和餐饮业	42.9	2.63	24.8	1.34	27.6	1.45
10. 金融、保险业	14.2	0.87	18.9	1.02	20.2	1.06
11. 房地产业	4.1	0.25	7.8	0.42	8.4	0.44
12. 租赁和商业服务业	15.9	0.98	16.3	0.88	20.9	1.10
13. 科学研究、技术服务和地质勘查业	9.4	0.58	9.4	0.51	10.4	0.55
14. 水利、环境和公共设施管理业	6.3	0.39	10.8	0.59	11.5	0.60
15. 居民服务和其他服务业	17.7	1.09	16.4	0.89	30.3	1.59
16. 教育	48.0	2.94	52.5	2.85	51.7	2.71
17. 卫生、社会保障和社会福利业	16.1	0.99	19.9	1.08	22.1	1.16
18. 文化、体育和娱乐业	5.7	0.35	6.5	0.35	8.3	0.43
19. 公共管理和社会组织	54.9	3.37	60.1	3.26	58.2	3.05
20. 其他行业	72.0	4.42	76.2	4.13	74.9	3.93

资料来源：根据《山西统计年鉴》计算整理。

(二) 资本要素向资源部门集中

由于资源型地区高度依赖以煤炭、石油、天然气为代表的资源型产业，这导致区域生产要素均向资源型产业集中，带来了生产要素配置扭曲的现状。从表6-4可以看出，2009年，山西、内蒙古、黑龙江、贵州、宁夏、新疆等我国典型资源型省份（自治区）的采矿业固定资产投资占全社会固定资产投资比重均超过了10%，而与此形成鲜明对比的是，上海、北京、浙江、江苏等东部沿海省份（市）的同类指标不到1%。2008~2016年，上述典型省区的采矿业固定资产投资比重均呈下降趋势，但资源型省区的采矿业投资比重仍然是非资源型省区的100倍甚至更高。例如，2016年山西、内蒙古的采矿业投资比重分别为7.428%、5.996%，而上海、北京的采矿业投资比重分别为0.004%、0.037%。

很显然，尽管考察期内资源型地区采矿业投资比重有所下降，但其依然对资本要素充满了吸引力。而且，即使相比其他资源型省份，新疆、山西、黑龙江、内蒙古资源型产业资本要素配置比重畸高。2016年，新疆、山西、黑龙江、内蒙古采矿业固定资产投资所占比重分别为5.631%、7.428%、3.437%、5.996%，而甘肃、青海、宁夏分别为1.851%、2.748%、1.250%。这表明，资源同样较为丰富的甘肃、青海、宁夏都能实现相对合理的资金配置，资源禀赋优势并非是资源型产业资金配置过多的唯一原因。

表6-4 采矿业固定资产投资占全社会固定资产投资比重（%）

地区	2008年	2009年	2010年	2011年	2012年	2013年	2014年	2015年	2016年
北京	0.804	0.500	0.172	0.156	0.071	0.133	0.104	0.034	0.037
天津	7.918	8.330	4.916	3.219	2.508	3.597	2.994	2.241	0.857
河北	4.024	2.905	2.915	3.514	3.156	2.979	2.474	1.907	1.393
山西	15.050	13.929	17.629	20.160	17.845	13.370	11.452	10.025	7.428
内蒙古	16.690	13.158	11.123	9.412	9.401	11.164	9.675	6.887	5.996
辽宁	4.005	3.157	3.954	3.084	3.131	2.590	2.496	2.137	1.858
吉林	6.433	6.879	6.208	5.303	5.759	4.153	4.458	4.192	3.232

续表

地区	2008年	2009年	2010年	2011年	2012年	2013年	2014年	2015年	2016年
黑龙江	12.908	10.010	8.624	7.595	6.147	5.537	5.173	4.509	3.437
上海	0.656	0.163	0.008	0.011	0.009	0.003	0.001	0.004	0.004
江苏	0.383	0.404	0.358	0.255	0.277	0.250	0.254	0.223	0.147
浙江	0.127	0.185	0.167	0.176	0.187	0.217	0.186	0.217	0.194
安徽	4.509	3.876	3.372	2.453	2.527	1.818	1.459	1.329	0.862
福建	1.716	1.750	1.392	1.121	1.310	1.539	1.359	1.306	0.947
江西	2.266	2.645	3.025	2.516	2.464	1.962	1.919	1.412	1.534
山东	2.804	2.795	2.288	2.215	1.825	1.610	1.522	1.343	0.937
河南	5.963	5.587	4.444	4.038	3.221	2.311	1.865	1.594	1.404
湖北	1.812	1.933	1.872	1.824	1.821	1.590	1.396	1.305	1.098
湖南	3.490	3.618	4.255	3.722	3.612	3.283	2.948	2.277	1.762
广东	0.984	0.882	0.506	0.438	0.440	0.706	0.946	0.534	0.491
广西	3.245	3.047	2.719	3.136	3.283	2.899	2.436	2.402	1.516
海南	0.549	0.861	0.342	0.899	1.410	0.824	0.819	0.219	0.250
重庆	2.222	2.081	2.050	1.984	1.919	1.949	2.300	1.990	1.252
四川	2.880	2.832	3.332	2.877	2.733	2.180	1.815	2.026	1.456
贵州	9.778	11.368	12.532	9.627	4.893	4.457	2.615	3.099	3.981
云南	5.432	4.368	4.547	4.233	4.635	4.604	3.333	3.164	2.350
西藏	2.491	2.585	4.388	2.959	6.409	7.219	4.902	5.787	3.023
陕西	7.288	7.908	8.683	9.461	8.649	8.524	6.332	5.816	3.233
甘肃	4.908	4.506	4.303	5.389	6.599	6.948	5.119	3.500	1.851
青海	10.695	6.789	7.258	6.130	4.479	5.677	5.836	6.356	2.748
宁夏	10.377	10.254	8.102	7.586	7.224	6.477	5.274	3.072	1.250
新疆	22.056	18.685	17.834	14.100	12.143	11.638	10.839	8.219	5.631

资料来源：根据《中国统计年鉴》计算整理。

第二节
科技基础薄弱与外部溢出依赖

一、科技基础薄弱

没有科技创新的支持,创新驱动就没有根基。资源型地区普遍存在接受教育的意愿度降低,大量具有较高知识水平和技能素质的人才流失的情况。资源型地区经济发展要实现资源依赖型向创新驱动型的转变,科技创新不足无疑是短板中的短板。

虽然目前非常重视技术创新,但相比先进省份,中西部资源富集省区技术创新能力依然较弱,企业创新自主研发比例偏低,重视技术引进而忽视技术引进后的消化吸收,二次开发的能力不强。从内蒙古对技术创新的投入来讲,2016年,全区共投入R&D经费147.5亿元,R&D经费投入强度为0.79%,低于全国平均水平1.32个百分点;全区财政科学技术支出占全区地方财政支出的比重为0.72%,与全国平均水平(2.42%)有较大差距。[①] 资源型地区科技投入资金不足且不到位,难以保证科技创新的资金需求。此外,资源型经济对科技创新具有典型的挤出效应,同时,由于具有资源优势,政府无须通过制度创新和建设来促进非资源型部门的发展。

技术创新水平的常见度量指标为R&D机构支出比重或从业人数比重以及专利申请授权量,我们按照李天籽(2007)的做法,采用各地区专利申请授权量作为其度量指标,结果报告如表6-5所示。从表6-5可以看出,资源相对富集的西部、中部和东北地区专利申请授权量所占比重明显低于东部地区,四大区域板块中,中西部和东北地区的专利申请授权量加起来也少于东部地区。此外,从典型省份比较来看,2016年广东省的专利申请授权量占全国总

---

① 根据《中国统计年鉴》计算整理。

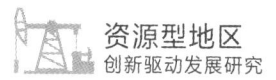

量的16.07%,江苏达到14.33%,而与之成鲜明对比的是,资源富集的山西和内蒙古的专利申请授权量还不到1%,内蒙古甚至小于0.5%。

表6-5 我国区域和省区专利申请授权量占全国总量比重(%)

年份	2008	2009	2010	2011	2012	2013	2014	2015	2016
中部地区	9.78	9.48	10.13	11.29	11.63	12.4	13.33	13.55	14.12
西部地区	10.02	9.85	10.13	8.82	9.36	10.73	11.64	12.74	13.41
东北地区	5.47	4.25	3.92	4.21	4.15	3.94	3.49	3.36	3.30
东部地区	74.74	76.41	75.82	75.68	74.87	72.93	71.53	70.35	69.18
山西	0.68	0.67	0.66	0.58	0.63	0.71	0.70	0.63	0.62
内蒙古	0.4	0.31	0.29	0.26	0.27	0.32	0.34	0.35	0.36
广东	18.63	17.3	16.59	14.86	13.43	14.08	15.10	15.28	16.07
江苏	13.34	18.06	19.24	23.13	23.60	19.80	16.79	15.86	14.33

资料来源:根据《中国统计年鉴》计算整理。

资源型地区的科研成果普遍数量不多,质量不高,尤其科技成果转化率较低。科技成果转化需要经历试验发展、工业化生产、产品商业化及产业化等环节,需要产学研之间的密切配合。其实,政府每年不少投入科技成果转化资金,但由于产学研之间的合作不通畅,导致转化的比例很低,转化的效果不明显。就企业而言,企业本应该是创新的主体,最应该理解市场需求的应该是企业,但是,有的企业满足于从国外引进先进技术,进行简单模仿或者照抄照搬,企业只要能够盈利,创新不创新无所谓。有的企业认为,由于政府对知识产权的保护不到位,减弱了创新的积极性;有的企业由于缺乏高层次创新人才财力支持无法进行创新尝试。企业的创新能力不足直接影响整个资源型地区的创新水平。

二、外部创新依赖

对于我国区域创新而言,其能力的提升不仅依靠区域自身的创新要素和条件,还依赖于其他区域创新要素的流动和空间溢出,这主要是源于经济活动在地域空间上存在很强的关联性。因此,区域创新成果的取得既要通过区域内部创新主体之间的互联互动,也要利用创新活动的空间关联溢出,换言之,要充分利用区域创新系统内部和系统之间的联结关系。

依据现有文献和本书第五章分析结果,我国区域创新存在普遍的空间溢出关系,而且这种关联关系已经超越了地理距离的局限,呈现出稳健多线程的网络结构,即存在空间溢出多重叠加现象。我国区域创新空间关联具有明显的极化特征,东中部省份的溢出比例较高,说明这些省份自身创新能力强劲,对其他地区普遍产生溢出的同时,自身创新相对独立,较少受到其他省份的影响,其中北京、天津、上海、福建、湖南最为典型;相反,西部多数省区溢出比例较低,自身创新能力不足,对其他地区创新溢出的依赖较明显,其中新疆、宁夏、内蒙古、青海最为典型。此外,我国区域创新整体空间溢出总量的半衰减期为 2~3 年,区域创新空间溢出的高速传导时间集中在 1~2 年。创新网络整体结构在时滞 1~2 年中未发生本质改变,但时滞 3~4 年尤其是时滞 4 年时网络结构发生根本性变化,说明区域创新溢出结构在 1~2 年时滞期内是稳定的。

因此,在国家层面有必要将创新空间关联作为区域协同创新的决策变量,又应当探索区域协同创新的新思路,创造更多区域创新关联"通道",促进空间关联的紧密程度,提高协同创新的质量和效益。同时,要针对各区域在创新网络中的不同地位和属性以及区域创新聚类板块的不同功能,应制定差别化的区域创新政策,做到定向施策精准调控。例如,进一步发挥北京、天津、上海、福建、湖南等主要创新溢出省(市)的创新优势,同时推进创新资源开放共享,不断辐射带动其他区域创新;而新疆、宁夏、内蒙古、青海等创新对外依赖区域,应充分利用比较优势,逐步强化特定领域创新,增强基层科技创新和服务能力,同时提高对外部创新溢出的接受能力和吸收速度,加强与国家创新平台的统筹衔接,加快形成协同创新共同体。同时,应找出时滞原因,缩短创新溢出的滞后期,建立有效的创新溢出机制。

第三节
思想观念固化与创新动力缺乏

思想观念固化、创新动力缺乏是资源型地区创新驱动转型发展的重要制约。Maloney 等（2002）[①] 指出，20 世纪为资源丰裕国家的经济增长提供了契机，而拉丁美洲国家却错过了经济的高速增长，没能像加拿大、澳大利亚那样发展成功，原因就在于拉丁美洲国家在技术选择和技术创新方面的障碍，没有形成开放型的创新环境，向其他国家学习的能力较差。

近年来，我国各地都制定了关于加快推进科技进步和创新的决定等一系列相关措施，但资源型地区作为能源基地、老工业基地、欠发达地区等的长期定位，使之思维固化，从资源依赖型向创新驱动型转变的难度异常巨大。

第一，传统发展理念在政策实施过程中没有得到根本改变，仍旧坚持"以量取胜"的传统观念。不少人认为，从生产力水平上讲，资源型地区与发达省份相比有很大差距，特别是某些产业领域非常落后，这部分领域情况的改善需要大力投资。从基础设施建设的角度看，资源型地区的基础设施建设仍有发展的空间，增大投资仍然是未来经济增长点的主要驱动所在。例如内蒙古 2017 年全区固定资产投资总额达 1.4 万亿元，固定资产投资与地区生产总值的比例接近 1∶1，充分表明内蒙古的经济发展仍然处于生产要素与投资要素并重的阶段。

第二，唯 GDP 的发展目标仍未彻底转变。政府人员的选拔、调任制度都是依靠相关人员在任职地所做出的建设成果，并且这种思维已经贯穿企业领导层、政府高层、高校领导层等群体，这些群体在各个地方的发展中有着举足轻重的地位。[②] 高校领导层等科研与教育单位同样为了迎合 GDP 式的发展

[①] Maloney W. F, Lederman D. Missed Opportunities: Innovation and Resource-based Growth in Latin America [J]. Economía, 2002, 3 (1).

[②] 李洪文. 我国创新驱动发展面临的问题与对策研究 [J]. 科学管理研究, 2013, 31 (3).

理念，不得不从传统的基础研究中脱离出来，进行横向课题的研究，从而使得基础研究成果减少、质量下降。①

第三，科研领域的行政色彩依然浓厚。资源型地区科研体制行政化、科研组织官僚化现象更为突出，致使创新动力不足。一些学者不愿真正做学术，一心想当官。由于利用行政职权谋取和占有大量科研经费资源，而真正做科研的人却很难获得资金支持。其结果是，一方面造成科研资金的巨大浪费，另一方面也导致了普通科研人员的积极性下降和创新动力不足。

第四，功利思想在科技领域的影响根深蒂固。科学家只要有了创新性成果，随之而来的是行政职务和各种头衔。一些人搞科研，想尽办法获奖，哪个科研项目能够尽快出成果，就做什么项目，遇到难度大的科研项目，往往绕过去，不肯吃苦，不肯忍受寂寞。受这种环境和氛围影响，很多青年科技工作者在选择自己的研究方向和导师时，往往更关注专业的热门程度和导师的影响力，而不是根据自己的兴趣和学术发展的自然规律。很多优秀博士生毕业后的第一选择，不是继续搞科研，而是报考公务员，这种现象在资源型地区尤为突出。

第四节
科技人才短缺与 R&D 投入不足

创新驱动转型发展的关键在于创新资源支持。资源型地区创新不足说到底就是缺乏创新人才和经费支持，难以获取创新优势。资源型地区在资源开发主导的经济发展中，往往形成资源依赖，对科技创新和人力资本积累产生排斥和挤出，形成科技创新难题。

科技创新过程与产品生产过程类似，都需要人力、资本等相关要素投入。在资源型经济体，资本要素集中在资源开发部门，科技创新投入明显不足，

---

① 汪建成，毛蕴诗. 技术引进、消化吸收与自主创新机制 [J]. 经济管理，2007，29 (3).

影响科技创新产出，表现为R&D投入占GDP比重低、专利数量少。邵帅、齐中英（2008）[①]在资源富足对创新行为挤出效应的研究中发现，资源富足降低劳动力供给水平，通过减少创新部门劳动力投入比重使知识的增长率降低。郭国峰等（2007）[②]对中国中部6省的研究发现，作为资源型区域的山西省创新能力最低，对科技资源的利用效率低下。

在国际社会，遭遇"资源诅咒"的国家R&D支出占GDP比重普遍较低，阿尔及利亚2005年为0.07%，厄瓜多尔2008年为0.26%，墨西哥2009年为0.40%，沙特阿拉伯2009年为0.08%，赞比亚2009年为0.34%，远低于21世纪初2.1%的世界平均水平。

从我国省域层面来看，2016年研究与试验发展（R&D）经费投入超过千亿元的省份有6个，分别为广东（占12.98%）、江苏（占12.93%）、山东（占9.99%）、北京（占9.47%）、浙江（占7.21%）和上海（占6.69%）。R&D经费投入强度（与地区生产总值之比）超过全国平均水平的省份有8个，分别为北京、上海、天津、江苏、广东、浙江、山东和陕西（见表6-6）。从上述分析可以看出，我国资源富集的中西部地区其R&D经费投入量及其经费投入强度明显低于东部沿海地区。

表6-6 我国各省份R&D经费情况

年份	R&D经费投入量（亿元）				R&D经费投入强度（%）			
	2008	2011	2013	2016	2008	2011	2013	2016
全国	4616	8687	13015.6	15676.7	1.54	1.84	2.05	2.11
北京	550.3	936.6	1268.8	1484.6	5.25	5.76	5.95	5.96
天津	155.7	297.8	464.7	537.3	2.45	2.63	2.96	3.00
河北	109.1	201.3	313.1	383.4	0.67	0.82	1.06	1.20
山西	62.6	113.4	152.2	132.6	0.90	1.01	1.19	1.03
内蒙古	33.9	85.2	122.1	147.5	0.44	0.59	0.69	0.79

---

① 邵帅，齐中英. 西部地区的能源开发与经济增长——基于"资源诅咒"假说的实证分析 [J]. 经济研究，2008（4）.

② 郭国峰，温军伟，孙保营. 技术创新能力的影响因素分析——基于中部六省面板数据的实证研究 [J]. 数量经济技术经济研究，2007，24（9）.

续表

	R&D 经费投入量（亿元）				R&D 经费投入强度（%）			
辽宁	190.1	363.8	435.2	372.7	1.41	1.64	1.52	1.69
吉林	52.8	89.1	130.7	139.7	0.82	0.84	0.95	0.94
黑龙江	86.7	128.8	161.3	152.5	1.04	1.02	1.07	0.99
上海	355.4	597.7	862	1049.3	2.59	3.11	3.66	3.82
江苏	580.9	1065.5	1652.8	2026.9	1.92	2.17	2.54	2.66
浙江	344.6	598.1	907.9	1130.6	1.60	1.85	2.26	2.43
安徽	98.3	214.6	393.6	475.1	1.11	1.40	1.89	1.97
福建	101.9	221.5	355	454.3	0.94	1.26	1.48	1.59
江西	63.1	96.8	153.1	207.3	0.97	0.83	0.97	1.13
山东	433.7	844.4	1304.1	1566.1	1.40	1.86	2.19	2.34
河南	122.3	264.5	400	494.2	0.66	0.98	1.14	1.23
湖北	149	323	510.9	600.0	1.31	1.65	1.87	1.86
湖南	112.7	233.2	367.9	468.8	1.01	1.19	1.36	1.50
广东	502.6	1045.5	1605.4	2035.1	1.41	1.96	2.37	2.56
广西	32.8	81	111.9	117.7	0.46	0.69	0.71	0.65
海南	3.3	10.4	16.9	21.7	0.23	0.41	0.48	0.54
重庆	60.2	128.4	201.9	302.2	1.18	1.28	1.42	1.72
四川	160.3	294.1	449.3	561.4	1.28	1.40	1.57	1.72
贵州	18.9	36.3	55.5	73.4	0.57	0.64	0.6	0.63
云南	31	56.1	85.9	132.8	0.54	0.63	0.67	0.89
西藏	1.2	1.2	2.4	2.2	0.31	0.19	0.26	0.19
陕西	143.3	249.4	366.8	419.6	2.09	1.99	2.07	2.18
甘肃	31.8	48.5	76.9	87.0	1.00	0.97	1.12	1.22
青海	3.9	12.6	14.3	14.0	0.41	0.75	0.62	0.54
宁夏	7.5	15.3	23.9	29.9	0.69	0.73	0.87	0.95
新疆	16	33	49.2	56.6	0.38	0.50	0.53	0.59

资料来源：根据《中国统计年鉴》计算整理。

资源型经济中人力资本积累缓慢表现在，制造业发展滞后导致专业技能人才流失，教育、培训等方面人力资本投资不足。Gylfason（2001）[1] 发现，资源丰裕国家中毛入学率逆转、受教育年限下降。资源型区域对资源开发的过度依赖，会从以下几方面挤出人力资本与技术：①大多数居民因被锁定在对劳动技能要求低的自然资源部门，以及居民的自负，降低了对教育的需求，导致人力资本的挤出。②资源依赖会挤出具有人力资本需求量大、技术进步比较快且具有溢出效应的制造业部门，进而导致区域人力资本积累不足，技术进步相对缓慢，区域形成以资源、劳动力、物质资本等为主的初级化要素结构。

创新人才的流失和缺失在我国资源型地区较为常见。资源型地区由于资源开发的过度依赖，导致人力资本与技术进步的流失。究其原因，主要源于资源产业为主的经济体系本身对人力资本的需求不足，以及较为严重的环境污染和缺乏激励性的人才管理制度对人力资本的挤出。以内蒙古为例，2015年，全区R&D人员全时当量（科技人力投入）居全国第20位，仅为江苏、广东等发达省份的6.6%、7.1%。在人才层次上，目前内蒙古仅有"两院"院士1人，而同属西部地区的陕西省、四川省分别有"两院"院士64人、62人；国家"千人计划"和"万人计划"入选者仅有26人，行业普遍缺乏领军人才。在人才结构上，新产业、新业态、新模式、新技术等新经济创新人才明显不足，人才结构与转型升级匹配度不高。[2]

我国区域层面的科技资源综合评价结果报告如表6-7所示。从我国三大区域层面来看，资源禀赋较好的东北、西部、中部地区的科技资源与东部地区的差距非常明显。再从省域层面来看，科技资源排名前10的省份分别是江苏、广东、北京、浙江、山东，排名倒数15名的省份中，除了海南省，其余均为中西部省份。

---

[1] Gylfason T. Natural Resources, Education, and Economic Development [J]. European Economic Review, 2001, 45 (4).

[2] 杨臣华. 资源型地区创新驱动引领质量效益提高的路径选择 [J]. 中国发展观察, 2017 (24).

表 6-7 我国区域科技资源综合评价结果

地区	科技人力资源	科技财力资源	科技物力资源	科技信息资源	综合评价结果	综合排名
东部地区	1.0000	1.0000	1.0000	1.0000	1.0000	1
中部地区	0.2126	0.1582	0.1957	0.1625	0.1820	2
西部地区	0.2220	0.1404	0.1623	0.1924	0.1789	3
东北地区	0.0000	0.0048	0.0000	0.0000	0.0012	4
江苏	0.7566	0.6512	0.8328	0.5601	0.5035	1
广东	0.7869	0.7042	0.6458	0.4937	0.4514	2
北京	0.4232	0.3222	0.3388	0.6788	0.3204	3
浙江	0.5052	0.3013	0.5756	0.3760	0.3099	4
山东	0.5144	0.3768	0.4248	0.2769	0.2655	5
上海	0.3075	0.4094	0.2766	0.2755	0.2336	6
湖北	0.2467	0.1818	0.2098	0.2556	0.1569	7
安徽	0.2476	0.1523	0.2377	0.1837	0.1411	8
四川	0.2863	0.1458	0.1970	0.2040	0.1332	9
福建	0.2058	0.1618	0.1799	0.1536	0.1211	10
河南	0.2906	0.1240	0.1945	0.1623	0.1180	11
湖南	0.2433	0.1510	0.1858	0.1419	0.1175	12
辽宁	0.2030	0.1199	0.1602	0.1639	0.1082	13
陕西	0.2055	0.1249	0.1334	0.1608	0.1016	14
天津	0.1762	0.1410	0.1425	0.1129	0.0971	15
河北	0.2326	0.1056	0.1503	0.0968	0.0870	16
重庆	0.1224	0.1172	0.1182	0.1214	0.0868	17
江西	0.1236	0.0911	0.1356	0.0791	0.0756	18
黑龙江	0.1654	0.0520	0.1049	0.1086	0.0648	19
吉林	0.1390	0.0892	0.0848	0.0729	0.0603	20
云南	0.1218	0.0840	0.0879	0.0679	0.0587	21
广西	0.1298	0.0373	0.0886	0.0718	0.0486	22
山西	0.1300	0.0448	0.0846	0.0480	0.0440	23
甘肃	0.0794	0.0474	0.0565	0.0552	0.0388	24
内蒙古	0.0819	0.0438	0.0529	0.0574	0.0375	25

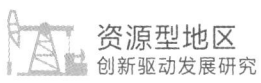

续表

地区	科技人力资源	科技财力资源	科技物力资源	科技信息资源	综合评价结果	综合排名
贵州	0.0893	0.0296	0.0697	0.0502	0.0369	26
新疆	0.0663	0.0169	0.0500	0.0595	0.0307	27
宁夏	0.0158	0.0629	0.0175	0.0163	0.0233	28
海南	0.0144	0.0069	0.0188	0.0207	0.0113	29
青海	0.0078	0.0050	0.0063	0.0115	0.0054	30
西藏	0.0000	0.0000	0.0000	0.0003	0.0000	31

资料来源：张治河，焦贝贝，李怡等．科技资源匮乏地区创新驱动发展路径研究［J］．科研管理，2018（2）：46-59．

第五节
体制机制不完善与制度变迁滞后

体制机制创新是资源型地区创新驱动发展的重要条件。但从我国资源型地区（城市）科技水平和创新能力的现状及特征来看，在某种程度上是资源富集带来的"制度弱化"效应的结果。在初始资源产业繁荣时期，由于缺乏相应的制度安排和监督管理，因资源财富的快速积累和资源产业的过度繁荣而形成资源优势陷阱，最终导致政治制度弱化，寻租和腐败盛行，恶化创新环境，扼杀了创新文化，流失了创新人才，抑制了创新的活力，挤出了区域创新。

当前，我国欠发达资源富集地区的科技政策与制度存在诸多问题需要研究解决，如科研体制行政化、官本位思想在科技界长期存在，政治权力一定程度上影响支配国有科研单位，出现垄断资金、技术、人才资源现象，而私营企业、民间科研机构发展缺乏必要的扶持引导，造成发展极不均衡，创新力、影响力严重不足。另外，缺乏有效监督和公开透明的科技决策机制，公正科学的民主程序流于形式，造成决策严重失误，科技界腐败现象时有发生。

科研组织官僚化的风气严重。一些学者不愿真正做学术，一心想当官。因为有了职务头衔，科研经费就容易拿到，官越大科研经费拿得就越多。由于利用行政职权谋取和占有大量科研资源，而真正做科研的人员却很难获得资金支持。此外，功利主义思想在科技领域的影响根深蒂固。

产学研协同创新的体制机制还没有完全建立。我国资源型地区产学研协同创新仍然停留在一般意义的技术转让、合作开发和委托开发等较低层次合作上，以企业为核心共建研发机构及技术联盟、共建科工贸一体化的经济实体等高层次的合作还很匮乏，科技与经济的对接、研发与产业的对接以及科研工作者创新劳动与利益收入对接还很不够，多数企业缺乏从技术优势转化为产业优势的环境与能力。此外，现在各地对于创新驱动发展既没有相应的标准，也没有相同的监管政策，更缺少透明的可以预见的法制环境，这又进一步阻碍了地区间的创新合作。

创新活动的政府服务机制不够完善。创新通常需要多个创新要素的共同协作，但这种协作一般不会自发产生，它需要各类服务机构的协调与组织。但目前我国尤其是我国资源型地区政府部门各管一摊，各地政策互不相同，导致无论是科技投入还是科技成果都有碎片化的倾向，对于区域内部创新主体的相互合作与协同创新缺乏有效的组织和协调，以及区域内部与其他区域之间的创新合作等方面也缺乏战略对接。需要打通部门壁垒、行业垄断、利益藩篱等体制性障碍，从根本上激发创新活力。

创新成果转化机制不健全。长期以来，我国（资源型省区更为突出）R&D活动与生产需求严重脱节，一直存在着科技成果向现实生产力转化不力、不顺、不畅的痼疾，科技创新链条上存在诸多难点、堵点、痛点，致使许多科研成果停留在"纸上科研""创新盆景""实验样品"阶段，科技发展与经济发展"两张皮"的问题长期存在。当前，急需增强科技成果对经济发展的驱动力，改变有的政府部门只管投资不关心科技投入收益、有的科研机构只管研发不关注成果产业化的倾向，将经济社会发展的需求充分体现在科技规划中。

上述现象说明我国尤其是我国资源型欠发达地区创新驱动发展的制度性障碍突出存在。为此，必须加快体制机制改革，充分调动广大科技人员的科研积极性和创造性，并创造条件将科研成果转化为发展优势，为我国资源型地区创新转型提供强大动力和制度保障。

第七章

促进我国资源型地区创新驱动发展的对策

我国资源型地区经济发展长期高度依赖资源型产业，发展方式相对粗放，加之资源产品价格形成机制不合理，导致资金、技术、劳动力、土地等生产要素过度配置到资源型产业，造成产业结构严重失衡。近几年来，尤其是党的十八大明确提出实施创新驱动战略以来，我国中西部资源富集省区和地区不断创新投入机制，加快产业转型升级，以矿产资源为基础促进多元发展取得了积极成效。但也应该看到，资源富集地区长期形成的"资源诅咒"抑制了非资源优势释放，"一业独大"的产业结构难以从根本上扭转。当前，我国资源型地区实施创新驱动发展转型面临着诸多机遇和挑战，从外部环境来看，世界范围内新工业革命正在兴起，低碳、绿色发展成为大势所趋，煤炭等化石能源清洁利用的压力增大。从国内形势来看，全国经济增长进入换挡期，资源型省份的经济也由高速增长的黄金期转入平缓增长的调整期。同时，工业化和城镇化持续推进、东部地区加快产业转移、中央提出全面深化改革的决定，这些均成为资源型地区创新转型和产业多样化发展的机遇和挑战。

总之，资源型地区的创新转型是其经济社会发展方式的长期转变过程，需要资源、资本、劳动、技术等要素创新的支撑，以及体制机制改革的保障。在我国资源型地区创新转型过程中，应以新时代中国特色社会主义思想为指导，必须把创新摆在发展全局的核心位置，不断推进理论创新、制度创新、科技创新、文化创新等各方面创新，让创新在全社会蔚然成风。坚定不移地把改革创新精神贯彻到转型的各个环节，以解放思想、转变观念为先导，以发展目标创新为方向，以发展方式转型、产业升级转型为主线，以科技创新为动力，以体制机制创新为保障，通过不断完善各项政策制度，推动资源型地区经济发展从资源依赖型向创新驱动型转变。

本章在前文的基础上，提出我国资源型地区创新驱动转型的推进路径和对策建议。

第一节 摆脱资源依赖的对策

破解资源型经济科技创新难题，需要在提升创新能力的同时，以科技创新驱动资源型经济转型，其核心是通过科技创新，摆脱资源依赖，实现产业升级与转型。

一、转变思维定势，明确发展目标

根据我国资源型地区现有的发展现状，在经济发展不断取得新成就的时候，借助国家实施创新驱动发展战略的契机，考虑引入符合当前客观自然环境和世界各国发展环境的创新理念，考虑运用新型的发展思路克服资源依赖型发展模式带来的各种困难，提高区域自主创新水平。另外，由于客观自然环境的不可再生特性在近年来的资源竞争领域愈加明显，故在进行技术创新之时，必须考虑采用创新驱动来代替传统的资源驱动发展模式，力求以现有自然资源为基础，以创新驱动为主要手段，采用创新技术优化资源利用率、采用创新思维优化资源配置体系，实现经济与资源环境的协调可持续发展。[①]

（一）创新经济发展目标，推动高质量发展

长期以来，受制于传统的发展观和唯 GDP 论的政绩观，我国资源型地区（或资源枯竭地区）忽略了从追求单一经济目标向追求社会目标、环境目标以及经济社会环境协调发展目标的转变。[②]

当前，我国经济发展进入了新常态。在这一大背景下，资源型地区要立

---

① 刘锐. 基于动态规划的企业投资决策模型 [J]. 科学技术与工程, 2009, 9 (22).
② 王必达, 介小兵, 高云红等. 从资源依赖到创新驱动：我国资源枯竭型地区经济转型研究 [M]. 北京：经济科学出版社, 2014.

足大局、抓住根本、看清长期趋势、遵循经济规律，主动适应、把握、引领经济发展新常态。要牢固树立正确的政绩观，不简单以 GDP 论英雄，不被短期经济指标的波动所左右，坚定不移实施创新驱动发展战略，主动担当、积极作为，推动区域经济在实现高质量发展上不断取得新进展。

实现高质量发展主要有以下路径：一是通过提高效率和集约化程度来实现高质量发展；二是通过经济结构优化来实现高质量发展；三是通过增长动力转换来实现高质量发展。从这三个路径来看，实现高质量发展关键是创新驱动，即要着力推进以科技创新为核心的全面创新。"创新是引领发展的第一动力。"习近平总书记指出："之所以要把科技创新摆在这样突出的位置上，是因为这是加快转变经济发展方式、破解经济发展深层次矛盾和问题、增强经济发展内生动力和活力的根本措施。"创新驱动实质上是一种经济发展方式，是经济增长动力由资源、投资等要素向知识、创新、人力资本等高级要素转换的过程，是不断提高发展质量的过程。在这个过程中，通过创新可以完全替代或部分替代资源、改变组合方式，提高资源利用效率；通过创新可以放大生产力各要素的作用，大大提高经济发展的整体效益和效率；通过创新可以建立起以新技术、新产品、新服务等为核心的新优势，提高核心竞争力；通过创新可以在解决资源环境与发展突出矛盾的同时，实现产业升级、经济的可持续发展。所以，创新性是高质量发展的重要特性。

（二）创新社会发展目标，促进社会经济协调发展

资源型地区的社会发展目标，是在其自然资源生态环境承载约束的背景下，正视日益严峻的社会问题，重视民生，解决好社会保障、教育、医疗卫生、安全生产等重大问题，通过经济转型，切实缩小社会贫富差距，维护社会公正与公平，着力改善、提高人民生活水平和质量，促进人的全面发展，使经济发展与社会进步相适应。对于我们这个拥有 13 亿多人的发展中国家来说，如何将做好做大的"蛋糕"公平合理地分好，是我们必须解决好的关键问题。实现高质量发展就是要把做大蛋糕和分好蛋糕有机统一起来，处理好公平和效率的关系。推动高质量发展必须着力解决收入分配差距较大的问题，调整国民收入分配格局，使发展成果更多更公平地惠及全体人民。这样不仅有利于激发各种生产要素特别是劳动者的积极性，扩大中等收入群体，而且

有利于提升全社会购买力，创造更大规模的市场，推动经济更有效率、更加公平、更高质量、更可持续发展。

要注重社会公平，缩小贫富差距。公平与效率是人类经济活动中的一对基本矛盾，也是经济学研究的永恒主题。人类经济活动不仅需要追求各类社会经济资源的配置效率，还需关注经济主体在社会生产中的起点、机会、过程和结果的公平。[①] 无疑，这两大目标之间的内在关联和制度安排，是引发无数争论的两难选择。我国资源型地区在其发展过程中对于资源的掠夺式开发和利用，不仅造成了代内公平与效率的矛盾，也导致了代际间的不公平。因此，资源型地区应深化收入分配制度改革，建立居民收入增长和经济发展同步、劳动报酬增长和劳动生产率提高同步机制。完善劳动、资本、技术、管理等要素按贡献参与分配的初次分配机制。完善对垄断行业工资总额和工资水平的双重调控政策，加大对高收入者的调节力度。加快健全再分配调节机制，合理运用税收政策工具，减轻中低收入者税负，加大对高收入者的税收调节力度，不断健全公共财政体系，提高公共服务支出在财政支出中的比重，加大社会保障投入、大幅提高居民转移性收入，重点向基本公共服务均等化倾斜，确保低收入者收入水平稳步提高。建立缩小收入差距长效机制，完善最低工资制度，动态调整最低工资标准，大力扭转城乡、区域、行业和社会成员之间收入差距扩大趋势。加快推进覆盖城乡居民的社会保障体系建设，进一步完善城乡基本养老、基本医疗保险和最低生活保障制度。大力发展慈善事业，加大社会福利服务网络建设力度，健全社会福利服务体系，推动社会福利服务社会化。

（三）创新生态环境目标，正确把握生态环境保护和经济发展的关系

生态环境保护和经济发展不是矛盾对立的关系，而是辩证统一的关系。生态环境保护的成败，与经济结构和经济发展方式息息相关。绿色发展是建设现代化经济体系的必然要求，我们绝不能把生态环境保护和经济发展割裂开来，更不能对立起来，要坚持在发展中保护、在保护中发展。要加大力度

[①] 王必达，介小兵，高云红等. 从资源依赖到创新驱动：我国资源枯竭型地区经济转型研究[M]. 北京：经济科学出版社，2014.

推进生态文明建设,正确处理好绿水青山和金山银山的关系,构建绿色产业体系和空间格局,引导形成绿色生产方式和生活方式。这不仅是推动资源型地区高质量创新发展的内在要求,更是关系中华民族永续发展的根本大计。

资源型地区应建立完善矿山环境保护与修复治理责任机制,建立矿山资源开采、地质环境恢复治理、土地复垦与生态修复同步规划、同步实施机制。进一步完善矿产开发生态环境综合补偿机制,建立生态环境恢复评估制度和矿山环境恢复治理制度。加快建立科学的生态环境评估体系,推动生态环境的定性评价向定量评价转变。加强环境监督,健全生态环境保护责任追究制度和环境损害赔偿制度。

二、探索实施资源产业退出机制,孕育壮大接续替代产业

(一)建立健全资源产业退出机制

如果区域缺乏合理的资源收益分配与使用制度,资源收益转化为资源部门要素报酬和超额利润,就会吸引大量要素向资源部门集中,形成资源依赖。资源依赖具有自我强化的功能,其原因在于资源部门资产专用性强,沉没成本高,若从资源部门退出,不仅要承担沉重的沉没成本,而且制造业等其他非资源型产业的进入也存在一定的门槛,如劳动力技能、生产技术约束等。如果区域具备资源产业退出机制,能够降低企业承担沉没成本的负担,安置劳动力或者转岗培训,矿业权可以流转等,那么企业可以择机退出资源产业,减少资源依赖。

有鉴于此,资源型地区有必要建立和完善资源产业退出机制,适度加速资源部门的固定资产设备折旧,建立资源部门转型发展的援助基金,帮助资源型企业转型发展。通过税收、技术补贴、金融优惠,激励技术含量高、劳动力就业弹性系数大、产业关联性强的非资源型产业发展。破解资源部门资产专用性的高沉没成本,可以从会计角度,加速固定资产的折旧速度,从而将固定成本从更短的投资年限中收回,也可以按照《中华人民共和国税法》的规定减少应纳税所得额,获得税收优惠。

同时,政府可以在高专用性资产投资时给予一定的支持和激励,以降低

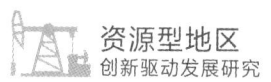

企业投资的风险和成本。此外，积极引导投资者的风险偏好，加大非资源型产业发展的政策宣传和具体示范，增加投资者信心。也就是从经济补偿和政策支持角度破解资源型产业的退出难题。

（二）改造传统资源产业，加快产业转型升级

产业转型是摆脱资源依赖的关键。利用资源优势，通过产业多元化布局，拉长产业链条，由单一的资源主导产业结构向多元化主导产业结构转变，逐步摆脱对不可再生的耗竭性资源的依赖，培育和发展资源接替产业，形成本地各具特色的优势产业和产品，从而实现区域产业的转型。

加快传统资源产业的升级改造。对资源主导产业进行纵向发展和技术进步以及产业改造，扩展原有产业链，增加产品加工深度，提高资源产出价值，从而带动区域产业的转型和区域的可持续发展。充分利用高新技术和先进适用技术改造、提升传统资源产业，实现传统产业优化升级。例如，内蒙古、山西等煤炭资源型地区应推进煤、电、路、港、化工相关产业一体化发展，开发和应用新一代煤气化技术，推进煤矸石无害化处理和综合利用。鼓励煤炭企业多元发展，着力提高非煤产业比重，打破产业边界，推进焦化、冶金、电力、建材等行业整合重组，促进煤、焦、电、钢等上下游产业联合，促进资源型企业跨行业、一体化发展。发展节能降耗发电技术，推动电力产业优化升级。鼓励建材企业跨地区、跨行业重组，利用粉煤灰、煤矸石、矿渣等工业废渣生产新型建材。

（三）孕育壮大接续替代产业

鼓励和培育非资源型产业，加大对制造业、高新技术产业的支持，引导激励中小企业发展，建立创新公共服务组织、平台，降低创新成本，将企业创新需求转化为有效需求。发展接续产业是资源型经济转型的核心和关键，接续产业必须有较高的科技含量，能代表产业发展的未来方向，能够在未来的竞争中占有一席之地，具有一定的规模效应，并具有对前、后及辅助等产业链的辐射扩散功能。创造条件发展节能环保、高端可再生能源和清洁能源，推进新能源的产业化。

三、调控矿业收益[①],促进产业多样化

首先,要调整资源部门的利益分配,促进资源产业的健康发展。基于矿产开发的特殊性,提出适合于矿产开发的收益分配机制,包括体现资源稀缺性的基本租金、体现资源可耗竭性的浮动租金、体现外部性的完全成本、体现价格波动的稳定基金。[②] 借鉴国际上矿业收益分配模式,调整矿业收益在中央和地方之间的分配,建立有利于资源型区域可持续发展的收益分配机制。如果说要素向资源部门集中、集聚的原因是资源部门存在的高额收益,那么高额收益的来源并不是技术进步带来的利润空间,而是资源部门相关制度的缺失引起利益的转化。改革矿业收益分配制度,缩小资源部门利润空间,对资源部门的强化发展起到约束作用,同时也能积累资源型经济转型资金。

其次,要监督与调控资源部门与非资源部门之间的要素报酬比价,防止出现大规模要素流动。对资源部门进行监督,一是价格与利润监督,如果出现价格迅速上升,则要适时启动稳定基金制度,调控资源部门的利润空间;二是对不同部门间的工资水平、资本收益率进行监控,防止要素在部门间大规模流动,避免资源繁荣现象的发生。资源型企业工资水平与制造业、金融业、高科技企业工资水平的差距维持在一定范围内。资源型产业高工资率会导致劳动力由非资源产业向资源产业转移,导致非资源产业劳动力不足,竞争力下降。为了抑制资源从其他部门向资源产业部门流动,保证相对稳定的部门间工资差异,必须建立产业间要素收益调控机制,通过政策机制手段,将各产业部门间的工资差异、资本收益差异控制在较低水准,促进资源型产业和非资源型产业协调均衡发展。

再次,提高矿业企业的技术进入门槛,加大资源部门的科技投入,增强资源开发利用效率。推进资源部门的技术进步,一是能够提高资源利用效率,间接降低资源依赖度,实现资源的可持续开发利用;二是能够提高劳动者的技能与资本投入比例,弱化资源部门发展对物质资本与人力资本的挤出效应,

---

[①] 借鉴了张复明等(2016)的研究成果。
[②] 张复明. 矿业收益的偏差性现象及其管理制度研究 [J]. 中国工业经济, 2013 (7): 81-94.

有助于资源部门从一个低技术含量的初级部门转变为高技术含量的、能够带来规模报酬递增的现代化产业部门。

最后,非资源产业的激励。根据替代主导产业发展方向,修订产业布局指导意见和产业指导目录,发挥政府资金的导向和带动作用。资源型地区引进高新科技项目时,各级政府通过入股、借贷、出让工地等方式给予一定支持,以引导民间投资向资源型地区非资源型产业流动。通过税收优惠、财政补贴,大力推动战略性新兴产业发展和生产性服务业发展。通过税收返还、结算补助、专项补助的形式向地方政府进行财政支持。对于条件较为优越、新产业发展较快的地区,有条件地加大补助力度,对于指定的替代主导产业项目进行重点补助。

第二节
培育创新理念的对策

一、积极塑造创新文化

宽松良好的创新文化氛围是催生科技创新活动的土壤。创新意味着探索、探险和拓荒,没有每次都成功的道理。要求创新者事事求稳求妥,对创新失败者一票否决,极易打击创新者的创新积极性和信心,不利于创新者才能的发挥。习近平总书记在《两院院士大会上的讲话》中指出:"要在全社会积极营造鼓励大胆创新、勇于创新、包容创新的良好氛围,既要重视成功,更要宽容失败。"[①] 塑造鼓励创新、容忍失败的创新文化、创新氛围,有利于充分释放群众中蕴藏的创新智慧、迸发更强的创新能量。

---

① 习近平. 在中国科学院第十七次院士大会、中国工程院第十二次院士大会上的讲话[N]. 人民日报, 2014-06-10.

（一）强化创新意识

思想是行动的先导。各级领导干部、企业家要充分认识创新驱动转型对资源型地区可持续发展的重大意义，切实把创新摆上核心位置，改变以往"等等看""跟着干"的思维方式和行为方式，积极顺应当前创新发展的新趋势，主动担当、勇于创新。增强做好创新工作的责任感和使命感，使创新成为一种时尚、一种精神和主要的生活方式，真正做到认识上自觉、行动上到位。

（二）加大科技知识的普及和科学思想的传播

广泛开展科学普及教育，不断提升劳动者科学文化素质，加快科学精神和创新文化的传播，在全社会形成讲科学、爱科学、学科学、用科学的良好氛围。没有全民科学素质普遍提高，就难以建立起宏大的高素质创新大军，难以实现科技成果快速转化。因此，一方面需要充分利用高校、企业等的各类科研设施，大力开展科学知识、科学思想和科学方法的教育与普及活动，传播科学思想，倡导科学方法，帮助人们树立科学的世界观，提高全民科学素质；另一方面重视青少年的创新教育，进一步出台扶持大学生创新创业的政策措施，大力促进科技与人文的融合，培养和造就大批具有集成创新能力的复合型人才。此外，在既有的文化环境中，不断将创新精神融入民族或地区文化，从而形成越来越有利于创新的文化氛围和文化环境。也就是说，自觉继承和发扬我国长期以来形成的奋勇争先、崇尚一流、不甘落后的优良传统，始终保持严谨求实、勇于创新的科学精神，使蕴藏在亿万人民中间的创新智慧得到充分释放。

（三）营造宽容失败的机制和氛围

营造宽容失败的机制和氛围，鼓励和保护敢于创新、勇于创新、不怕失败的精神。人们之所以不能容忍失败，很大程度上并不是害怕失败本身，而是害怕失败之后的惩罚。中国传统文化以成败论英雄的思维惯性，使得人们对成功褒奖有加，而对失败却雅量不足，冷嘲热讽。整个社会评价系统的价值倾斜造成了人们普遍畏惧失败的心理。在这种急功近利、追求速成的大背

景下,创新者们难以静下心来搞充满风险的研发,利益相关者也很难容忍失败。因此,要大力提倡敢为人先、敢冒风险的文化,坚持敢于创新、勇于竞争和宽容失败的先进文化的前进方向。

二、培育创新友好的社会环境

大力宣传广大科技工作者爱国奉献、勇攀高峰的感人事迹和崇高精神,在全社会形成鼓励创造、追求卓越的创新文化,推动创新成为民族精神的重要内涵。倡导百家争鸣、尊重科学家个性的学术文化,增强敢为人先、勇于冒尖、大胆质疑的创新自信。营造宽松的科研氛围,保障科技人员的学术自由。加强科研诚信建设,引导广大科技工作者恪守学术道德,坚守社会责任。加强科学教育,丰富科学教育教学内容和形式,激发青少年的科技兴趣。加强科学技术普及,提高全民科学素养,在全社会塑造科学理性精神。与此同时,加快创新薄弱环节和领域的立法进程,修改不符合创新导向的法规文件,废除制约创新的制度规定,构建综合配套精细化的法治保障体系。

第三节
改善创新投入不足的对策

一、壮大创新主体,引领创新发展

明确各类创新主体在创新链不同环节的功能定位,激发主体活力,系统提升各类主体创新能力,夯实创新发展的基础。

(1)培育世界一流创新型企业。鼓励行业领军企业构建高水平研发机构,形成完善的研发组织体系,集聚高端创新人才。引导领军企业联合中小企业和科研单位系统布局创新链,提供产业技术创新整体解决方案。培育一批核心技术能力突出、集成创新能力强、引领重要产业发展的创新型企业。

（2）重视一流大学和一流学科建设。加快中国特色现代大学制度建设，深入推进管、办、评分离，扩大学校办学自主权，完善学校内部治理结构。引导大学加强基础研究和追求学术卓越，组建跨学科、综合交叉的科研团队，形成一批优势学科集群和高水平科技创新基地，建立创新能力评估基础上的绩效拨款制度，系统提升人才培养、学科建设、科技研发三位一体创新水平。增强原始创新能力和服务经济社会发展能力，推动一批高水平大学和学科进入世界一流行列或前列。

（3）建设国内一流的科研院所。明晰科研院所功能定位，增强在基础前沿和行业共性关键技术研发中的骨干引领作用。健全现代科研院所制度，形成符合创新规律、体现领域特色、实施分类管理的法人治理结构。围绕国家重大任务，有效整合优势科研资源，建设综合性、高水平的国际化科技创新基地，在若干优势领域形成一批具有鲜明特色的科学研究中心。

（4）发展面向市场的新型研发机构。围绕资源型区域特点、资源型产业重大技术需求，实行多元化投资、多样化模式、市场化运作，发展多种形式的先进技术研发、成果转化和产业孵化机构。

（5）构建专业化技术转移服务体系。发展研发设计、中试熟化、创业孵化、检验检测认证、知识产权等各类科技服务。完善区域和全国技术交易市场体系，发展规范化、专业化、市场化、网络化的技术和知识产权交易平台。科研院所和高校建立专业化技术转移机构和职业化技术转移人才队伍，畅通技术转移通道。

二、加大创新投入，筑牢创新根基

（一）建设高水平人才队伍

加快建设科技创新领军人才和高技能人才队伍。围绕重要学科领域和创新方向造就一批世界水平的科学家、科技领军人才、工程师和高水平创新团队，注重培养一线创新人才和青年科技人才，对青年人才开辟特殊支持渠道，支持高校、科研院所、企业面向全球招聘人才。

倡导崇尚技能、精益求精的职业精神，在各行各业大规模培养高级技师、

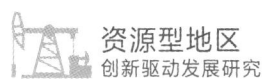

技术工人等高技能人才。优化人才成长环境,实施更加积极的创新创业人才激励和吸引政策,推行科技成果处置收益和股权期权激励制度,让各类主体、不同岗位的创新人才都能在科技成果产业化过程中得到合理回报。

发挥企业家在创新创业中的重要作用,大力倡导企业家精神,树立创新光荣、创新致富的社会导向,依法保护企业家的创新收益和财产权,培养一大批勇于创新、敢于冒险的创新型企业家,建设专业化、市场化、国际化的职业经理人队伍。

推动教育创新,改革人才培养模式,把科学精神、创新思维、创造能力和社会责任感的培养贯穿教育全过程。完善高端创新人才和产业技能人才"二元支撑"的人才培养体系,加强普通教育与职业教育衔接。

与此同时,要把引进国内外顶尖人才相结合并放在更加突出的地位,遵循人才集聚规律,倡导尊重人才,改善服务,努力扩大"以人才聚集人才"效应。制定人才引进政策,设立创新人才发展基金,在全球吸引研发和创业型领军人才,每年在重点产业领域引进一批具有国际先进水平的项目带头人,并对项目带头人主持的研发项目给予一定比例的资助,用于项目的研发和成果产业化。加快完善人才使用政策机制,提供更加具有竞争力的人才发展机会,营造更加适合人才干事创业、宜居幸福的发展环境。建立具有国际竞争优势的人才制度和建构符合全球发展特点的现代人才治理体系。要围绕人才关心的实际问题,进一步强化利益导向和激励机制,完善人才考评机制。以资源主导产业和战略性新兴产业的发展为载体,突出重点培育人才竞争优势。支持开展专业技术培训与鼓励终生学习,对资源型地区从业人员参加符合地区产业发展导向的专业技能培训给予适当补贴,对企业员工的专业化认证培训、出国进行与企业发展直接相关的业务培训提供学习补贴。制定创新型企业家培训计划,每年对一批重点中小科技企业创业者进行培训,提高创业能力和经营管理水平,培养一批创新型企业家人才队伍。

(二) 多渠道增加创新投入

改革科技管理体制,加大研发经费投入力度,建立政府引导、市场驱动、企业投入为主体,多元化、多层次、多渠道的新型科技投融资体系。设立政府科技创新引导基金,发展创业投资,推进科技与金融结合,创建全省科技创新投融资服务平台,更好地发挥创业投资支持创业创新的作用。完善科技人才发展机制,激发科技人员积极性、创造性,建立与资源型经济转型相适应的人才教育、培养和引进体系。建立以科研能力和创新成果等为导向的科技人才评价标准,探索有利于创新人才发挥作用的多种分配方式,完善科技人员收入分配政策,健全与岗位职责、工作业绩、实际贡献紧密联系和鼓励创新创造的分配激励机制。

切实加大对基础性、战略性和公益性研究稳定的支持力度,完善稳定支持和竞争性支持相协调的机制。改革中央财政科技计划和资金管理,提高资金使用效益。完善激励企业研发的普惠性政策,引导企业成为技术创新投入主体。探索建立符合中国资源型地区实际,适合资源型企业创新发展的金融服务模式。鼓励银行业金融机构创新金融产品,拓展多层次资本市场支持创新的功能,积极发展天使投资,壮大创业投资规模,运用互联网金融支持创新。充分发挥科技成果转化、中小企业创新、新兴产业培育等方面基金的作用,引导带动社会资本投入创新。

此外,应鼓励符合条件的银行业金融机构,探索试点为企业创新活动提供股权和债权相结合的融资服务方式,与创业投资、股权投资机构实现投贷联动。政策性银行在有关部门及监管机构的指导下,加快业务范围内金融产品和服务方式创新,对符合条件的企业创新活动加大信贷支持力度。稳步发展民营银行,建立与之相适应的监管制度,支持面向中小企业创新需求的金融产品创新。建立知识产权质押融资市场化风险补偿机制,简化知识产权质押融资流程。加快发展科技保险,推进专利保险试点。

三、充分利用国内外的创新资源

开放创新是当前全球创新发展的大趋势。随着经济全球化和快速科技进步,知识、人才、信息、技术等各种创新要素加速在全球范围内流动和配置,哪里环境好,创新要素就向哪里流动。党的十八大报告提出,要以全球视野谋划和推动创新。"十三五"国家科技创新规划提出"实施科技创新国际化战略,全方位融入和布局全球创新网络"。因此,资源型地区创新发展必须密切关注和紧跟世界科技发展的大趋势,进行科技和创新布局,赢得主动、有所作为。因此，要坚持开放创新，加强国内外合作，有效利用国际国内科技资源。由于技术复杂度增加、要素成本提高，研发成本也大大上升，因而迫切需要在更大范围开放创新，有效整合、运用全国乃至全球创新要素，提高创新能力和质量。同时，要制定与国际接轨的创新政策，消除阻碍创新要素流动的人才、资金管理制度，吸引全球创新要素和有效利用两种资源和两个市场。此外，要搭建多样化的国际创新合作平台，实现互利共赢。与"一带一路"建设相结合，与沿线不同发展阶段的国家开展不同形式的科技合作，与发达国家开展研究开发方面的合作，对发展中国家开展技术转移等。

与国内研发机构开展多种形式合作，推进矿产开采、煤化工、新能源、装备制造、文化创意等领域的最新研究成果在资源型省区或城市落地转化，形成"研发在外，应用在内，内外互动，合作共赢"的高端科技要素配置新格局。①

此外，依据我国资源型省区对外创新高依赖的特征，资源型地区各级政府既有必要将创新空间关联作为区域协同创新的决策变量，又应当探索区域协同创新的新思路，创造更多区域创新关联"通道"，促进空间关联的紧密程度，提高协同创新的质量和效益。新疆、宁夏、内蒙古、青海、海南等创新对外依赖区域，应充分利用比较优势，逐步强化特定领域创新，增强基层科技创新和服务能力，同时提高对外部创新溢出的接受能力和吸收速度，加强与国家创新平台的统筹衔接，加快形成协同创新共同体。

第四节

完善创新驱动体制机制的对策

实现创新驱动实体经济发展，最紧迫的是破除体制机制障碍。各级政府应加快转变职能，着力抓宏观、抓前瞻、抓重点、抓环境，完善科技创新管

---

① 黄群慧，杨丹辉等. 破除"资源诅咒"——山西省资源型与非资源型产业均衡发展机制研究[M]. 北京：经济管理出版社，2015.

理，特别是科技成果处置权和收益权制度，优化科技政策供给，促进创新链、产业链和市场需求有机结合，形成推进创新的合力。顺应新形势下产业技术路线更加多变、商业模式更加多样的趋势，着力培育公平开放的创新市场，具体创新活动则放手让市场"说话"、让企业发力。针对我国资源型地区科技资源匮乏且分散这个制约其实施创新驱动发展的关键问题，必须进行顶层设计，依法行政为创新驱动提供优质政策服务的同时加强"政产学研用"协同创新，把基础创新与转化应用方面落下的课补足补好。

一、建立和完善创新驱动发展的顶层设计

西方创新经济学中的"制度创新经济学"认为，经济创新发展的基本条件是由政府主导进行的体制创新和制度环境创新。我国资源型地区实施创新驱动发展战略时，必须建立和完善创新驱动发展的顶层设计。首先，创新驱动战略的开展必须以科技成果和项目为依托，提供相关优惠政策及配套措施，加强科研项目经费管理改革。其次，政府需要为科技创新提供完善的政策环境支持，落到实处，切忌"放空炮"，这样人们才能"信之而行之"。并能够根据创新驱动发展的新情况制定相应的新政策，为创新驱动的顺利实施保驾护航。再次，完善创新驱动评价体系。发达国家已经形成了比较成熟的创新驱动评价体系，如欧洲的创新记分牌。美国竞争力委员会把创新评价指标体系划分为四代：第一代创新评价体系强调创新的投入；第二代创新评价体系强调创新产出；第三代创新评价体系所含的评价指标更丰富，主要以创新调查和公共数据整合为基础；第四代创新评价指标则包括了创新环境、创新条件、创新过程。我国政府或资源型地区地方政府可以参照此标准，根据区域经济发展实际制定相应的创新驱动发展评价指标体系，不仅包括创新投入、创新产出和创新效果等方面的评估指标，而且纳入创新环境和创新文化等软指标的评价，对创新驱动发展进行全面有效的评价，形成积极正面的创新导向，对区域创新经济的发展状况提供实证参考。最后，完善政策环境，为科技创新提供保障。包括已有政策的完善落实、试点政策的总结推广及新政策的制定和完善。此外，建立健全科技项目决策、执行、评价相对分开、互相监督的运行机制，实现以人才促进科技、以科技带动产业和经济发展的良性互动局面。

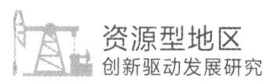

二、依法行政为创新驱动提供优质服务

中共十八届四中全会《中共中央关于　全面推进依法治国若干重大问题的决定》提出，深入推进依法行政，建立权责统一、权威高效的依法行政体制，加快建设职能科学、权责法定、执法严明、公开公正、廉洁高效、守法诚信的法治政府。这是创新驱动发展对依法行政与法治政府建设的客观要求。具体而言：

（1）进一步转变政府的职能。形成边界清晰、分工合理、权责一致、运转高效、依法保障的政府职能体系和科学有效的权力监督、制约、协调机制。要贯彻中共十八届三中全会精神，打破行政主导和部门分割，建立主要由市场决定技术创新项目和经费分配、评价成果的机制。按照职权法定和市场优先的原则，运用和落实好权力清单、责任清单和负面清单制度，发挥市场在资源配置中的决定性作用，消除政府权力设租寻租的空间，赋予私权利主体更充分的自由，让市场真正成为配置创新资源的力量，让企业真正成为技术创新的主体，政府应在企业不愿意投入或无力投入的领域发挥作用，提供具有外部性的科学和技术产品与服务，保障我国经济顺利转型。

（2）政府应以创新驱动发展为核心，以激发企业和社会的创新激情与潜能为目标科学作为。创新驱动主要是依靠知识、技术、劳动者素质提高和管理创新等高级要素，而不是主要依靠土地、资源、劳动力等初级要素规模扩张的发展模式，其本质是依靠自主创新。充分发挥人才与科技的主导作用，走内生性增长道路，实现全面协调可持续发展。故政府应当遵循创新发展的规律，在大力培育创新型企业、切实提高全民科学素质、真诚为企业和社会服务、有效保护知识产权等方面取得显著成效。

（3）政府要优化创新环境，设立公共服务平台或者扶持中介机构，促进技术创新的转移应用，拓宽成果转化渠道，推动产学研用有机结合并落到实处，着力解决好科技经济"两张皮"现象。

（4）要完善对政府的评估考核制度。纠正单纯以经济增长速度评定政绩的偏向，综合运用社会进步、经济发展、科技创新、生态改善、安全生产、人民幸福等多个标准，实现对政府的科学考核评价，促使政府在创新驱动发展系统中功用得到有效发挥。

三、加强"政产学研用"协同创新，着力构建区域创新体系

实践证明，加强政产学研合作，构建以企业为主体、市场为导向、产学研相结合的技术创新体系，是提高自主创新能力的有效途径。充分发挥政府的引导、监管作用，利用政府、行业、高校、科研院所和用户等的优质创新要素，推进科技、经济和社会的深度融合，充分释放协同创新效应。

第一，强化企业创新主体地位，重点引导和支持科技创新要素向企业集聚，加快形成企业为主体、市场为导向、产学研相结合的区域科技创新体系。企业是市场的主体，要充分发挥企业作为自主创新主角的作用，培育若干综合竞争力居国家或世界前列的创新型企业和科技型中小企业创新集群。

第二，依托企业、高校、科研院所建设一批国家或地区技术创新中心，形成若干具有强大带动力的创新型城市和区域创新中心。要着力提高科研院所和高等学校服务经济社会发展的能力，鼓励产学研开展深度合作，实现企业、高等院校、科研机构、政府、金融机构等一起构建分工协作、有机结合的创新链，形成具有资源型地区特色的协同创新体系。通过相互参股联合建立技术开发机构，开展重大产业共性技术和关键技术的联合攻关。创新产学研合作模式，建立产学研主体之间成果共创、信息互通、利益共享、风险共担的合作机制。以产业发展为目标，依托高等院校、科研院所和骨干企业，组织、优化科技资源，建设一批以研发生产、风险投资、市场营销为链条的创新服务平台和科技成果转化平台，形成多层次的科技创新服务体系，提高整体效能，实现科技资源优化配置。此外，要发挥创新型城市或科技创新中心的辐射带动作用，构建布局合理、开放高效的区域创新资源共享网络，引导高技术产业、研发机构和融资平台向创新中心集聚。

第三，要充分发挥政府在自主创新中的统筹协调、宏观引领作用。充分发挥各级政府在政产学研合作机制中统筹规划、资源配置、环境优化、公共服务的调控作用，加强和支持政产学研合作机制体系建设，优化科技孵化器、专业园区、公共服务体系建设环境，放活人才资源、科技要素和创新资源的市场体系，完善知识产权制度和技术标准体系，推动和支撑科技中介组织发展。

参考文献

[1] Abernathy W. J., Utterback J. M. Innovation and the Evolving Structure of the Firm. [J]. Apmis, 1975.

[2] Agarwal R., Gort M. First-Mover Advantage and the Speed of Competitive Entry, 1887~1986 [J]. Journal of Law & Economics, 2001, 44 (1).

[3] Alecke B., Mitze T., Reinkowski J., et al. Does Firm Size make a Difference? Analysing the Effectiveness of R&D Subsidies in East Germany [J]. German Economic Review, 2012, 13 (2).

[4] Alexander L. Subnational Resource Curse: Do Economic or Political Institutions Matter? [R]. Frankfurt School-Working Paper Series, 2010.

[5] Arrow K. Economic Welfare and the Allocation of Resources for Invention [J]. Nber Chapters, 1972, (12).

[6] Aschhoff B. The Effect of Subsidies on R&D Investment and Success – Do Subsidy History and Size Matter? [M]. New York: Social Science Electronic Publishing, 2009.

[7] Audretsch D. B., Feldman M. P. R&D Spillovers and the Geography of Innovation and Production [J]. American Economic Review, 1996, 86 (3).

[8] Auty R. M. Patterns of Rent-extraction and Deployment in Developing Countries: Implications for Governance, Economic Policy and Performance [M]. Research Paper, UNU-WIDER, United Nations University (UNU), 2006.

[9] Auty R. M. Resource-based Industrialization: Sowing the Oil in Eight Developing Countries [M]. Oxford: Clarendon Press, 1990.

[10] Auty R. M. Sustainable Development in Mineral Exporting Economies [J]. Resources Policy, 1993, 19 (1).

[11] Auty R. M. Sustaining Development in Mineral Economies: The Resource

Curse Thesis [M]. London: Routledge Press, 1993.

[12] Bartezzaghi E. M. R. Continuous Improvement and INTER - project Learning in New Product Development [J]. International Journal of Technology Management, 1997, 14 (1).

[13] Birdsall N., Subramanian A. Saving Iraq from its oil [J]. Foreign Affairs, 2004, 83 (4).

[14] Blanco L., Grier R. Natural resource dependence and the accumulation of physical and human capital in Latin America [J]. Resources Policy, 2012, 37 (3).

[15] Blundell R., Bond S. Initial Conditions and Moment Restrictions in Dynamic Panel Data Models [J]. Journal of Econometrics, 1998, 87 (1).

[16] Boschini A. D., Pettersson J., Roine J. Resource Curse or Not: A Question of Appropriability [J]. The Scandinavian Journal of Economics, 2007, 109 (3).

[17] Bottazzi L., Peri G. Innovation and Spillovers in Regions: Evidence from European Patent Data [J]. European Economic Review, 2003, 47 (4).

[18] Bourguignon F. Decomposable Income Inequality Measures [J]. Econometrica, 1979, 47 (4).

[19] Bravo-Ortega C., De Gregorio J. The Relative Richness of the Poor? Natural Resources, Human Capital and Economic Growth [R]. World Bank, Washington D. C., 2007.

[20] Brunnschweiler C. N., Bulte E. H. The Resource Curse Revisited and Revised: A Tale of Paradoxes and Red Herrings [J]. Journal of Environmental Economics and Management, 2008, 55 (3).

[21] Brunnschweiler C. N. Cursing the Blessings? Natural Resource Abundance, Institutions, and Economic Growth [J]. World Development, 2008, 36 (3).

[22] Bérubé C., Mohnen P. Are Firms that Receive R&D Subsidies More Innovative? [J]. Canadian Journal of Economics, 2010, 42 (1).

[23] Collier P., Goderis B. Commodity Prices, Growth, and the Natural Resource Curse: Reconciling a Conundrum [J]. Growth, and the Natural Resource Curse: Reconciling a Conundrum (June 5, 2008), 2009.

[24] Corden W. M. Booming Sector and Dutch Disease Economics: Survey and Consolidation [J]. Oxford Economic Papers, 1984.

[25] Coxhead I. A New Resource Curse? Impacts of China's Boom on Comparative Advantage and Resource Dependence in Southeast Asia [J]. World Development, 2007, 35 (7).

[26] Czarnitzki D., Licht G. Additionality of Public R&D Grants in a Transition economy [J]. Economics of Transition, 2010, 14 (1): 101-131.

[27] Dagum C. A New Approach to the Decomposition of the Gini Income Inequality Ratio [J]. Empirical Economics, 1997, 22 (4).

[28] Damanpour F., Gopalakrishnan S. The Dynamics of the Adoption of Product and Process Innovation in Organizations [J]. Journal of Management Studies, 2001, 38 (1).

[29] Davis G. A., Tilton J. E. The Resource Curse [C]. Natural Resources Forum [M]. Blackwell Publishing, Ltd., 2005, 29 (3).

[30] Davis G. A. Learning to Love the Dutch Disease: Evidence from the Mineral Economies [J]. World Development, 1995, 23 (10).

[31] Dorothy Leonard, Sylvia Sensiper. The Role of Tacit Knowledge in Group Innovation [J]. California Management Review, 1998, 40 (3).

[32] Dosi G., R. Nelson. An Introduction to Evolutionary Theories in Economics [J]. Journal of Evolutionary Economics, 1994, 4 (3).

[33] Ezeala Harrison F. Structural Re-Adjustment in Nigeria: Diagnosis of a Severe Dutch Disease Syndrome [J]. American Journal of Economics and Sociology, 1993, 52 (2).

[34] Fischer M. M., Griffith D. A. Modeling Spatial Autocorrelation in Spatial Interaction Data: an Application to Patent Citation Data in European Union [J]. Social Science Electronic Publishing, 2008, 48 (5).

[35] Freeman C. Networks of Innovators: A Synthesis of Research Issues [J]. Research Policy, 1991, 20 (5).

[36] Fritsch M., Franke G. Innovation, Regional Knowledge Spillovers and R&D Cooperation [J]. Research Policy, 2004, 33 (2).

[37] Frosini B. V. Aggregate Units, Within-group Inequality and the Decomposition of Inequality Measures [J]. Statistica, 1989, 49 (3).

[38] Gylfason T., Herbertsson T. T., Zoega G. A Mixed Blessing: Natural Resouces and Economic Growth [J]. Macroeconomic Dynamics, 1999, 3 (2).

[39] Gylfason T., Zoega G. Natural Resources and Economic Growth: The Role of Investment [J]. The World Economy, 2006, 29 (8).

[40] Gylfason T. Natural Resources, Education, and Economic Development [J]. European Economic Review, 2001, 45 (4).

[41] Gylfason T. Nature, Power and Growth [J]. Scottish Journal of Political Economy, 2001, 48 (5).

[42] Haber S., Menaldo V. Do Natural Resources Fuel Authoritarianism? A Reappraisal of The Resource Curse [J]. American Political Science Review, 2011, 105 (1).

[43] Hamel G. Innovation Now! [J]. Fast Company, 2002 (12).

[44] Herbertsson T. T., Skuladottir M., Zoega G. Three Symptoms and a Cure: A Contribution to the Economics of the Dutch Disease [R]. CEPR Discussion Papers, 2000.

[45] Jaffe A. B., Trajtenberg M., Henderson R. Geographic Localization of Knowledge Spillovers as Evidenced by Patent Citations [J]. Quarterly Journal of Economics, 1993, 108 (3).

[46] Jaffe A. B. Real Effects of Academic Research [J]. American Economic Review, 1989, 79 (5).

[47] James A., Aadland D. The Curse of Natural Resources: An Empirical Investigation of US Counties [J]. Resource and Energy Economics, 2011, 33 (2).

[48] Keller W. Trade and the Transmission of Technology [J]. Journal of Economic Growth, 2002, 7 (1).

[49] Kondo M. Regional Innovation Policy and Venturing Clusters in Japan [J]. Asian Journal of Technology Innovation, 2006, 14 (2).

[50] Kurtz M. J., Brooks S. M. Conditioning the "Resource Curse": Globalization, Human Capital, and Growth in Oil-Rich Nations [J]. Comparative Political

Studies, 2011, 44 (6).

[51] Lederman D., Maloney W. F. In Search of the Missing Resource Curse [J]. Economía, 2008, 9 (1).

[52] Lee H. H., Stone J. A. Product and Process Innovation in the Product Life Cycle: Estimates for U. S. Manufacturing Industries [J]. Southern Economic Journal, 1994, 60 (3).

[53] Leite C., Weidmann J. Does Mother Nature Corrupt? Natural Resources, Corruption, and Economic Growth [J]. IMF Working Paper, 1999 (99/85).

[54] Maloney W. F., Lederman D. Missed Opportunities: Innovation and Resource-based Growth in Latin America [J]. Economía, 2002, 3 (1).

[55] Manzano O., Rigobon R. Resource Curse or Debt Overhang? [R]. National Bureau of Economic Research, 2001.

[56] Martin W. Outgrowing Resource Dependence: Theory and Some Recent Developments [M]. World Bank-free PDF, 2005.

[57] Matsen E., Torvik R. Optimal Dutch Disease [J]. Journal of Development Economics, 2005, 78 (2).

[58] Mauro P. Corruption: Causes, Consequences, and Agenda for Further Research [J]. Finance & Development, 1998 (35).

[59] Mehlum H., Moene K., Torvik R. Institutions and the Resource Curse [J]. The Economic Journal, 2006, 116 (508).

[60] Mikesell R. F. Explaining the Resource Curse, with Special Reference to Mineral-exporting Countries [J]. Resources Policy, 1997, 23 (4).

[61] Murphy K. M., Shleifer A., Vishny R. W. The Allocation of Talent: Implications for Growth [J]. The Quarterly Journal of Economics, 1991, 106 (2).

[62] Murshed S. M., Serino L. A. The Pattern of Specialization and Economic Growth: The Resource Curse Hypothesis Revisited [J]. Structural Change and Economic Dynamics, 2011, 22 (2).

[63] Nannestad P., Paldam M. The Grievance Asymmetry Revisited: A Micro Study of Economic Voting in Denmark, 1986~1992 [J]. European Journal of Political Economy, 1997, 13 (1).

[64] Nelson R. R., Winter S. G. In Search of a Useful Theory of Innovation [J]. Research Policy, 1977 (6).

[65] Bhattacharya N., Mahalanobis B. Regional Disparities in Household Consumption in India [J]. Journal of the American Statistical Association, 1967, 62 (317).

[66] Ofpresident E. O. A Strategy for American Innovation: Driving towards Sustainable Growth and Quality Jobs [J]. Executive Office of the President, 2011 (26).

[67] Papyrakis E., Gerlagh R. Resource Abundance and Economic Growth in the United States [J]. European Economic Review, 2007, 51 (4).

[68] Papyrakis E., Gerlagh R. The Resource Curse Hypothesis and Its Transmission Channels [J]. Journal of Comparative Economics, 2004, 32 (1).

[69] Pegg S. Is there a Dutch disease in Botswana? [J]. Resources Policy, 2010, 35 (1).

[70] Petit P., Soete L. Technology and the Future of European Employment [M]. Elgar, Cheltenham, 2001.

[71] Poelhekke S., Van der Ploeg F. Volatility, Financial Development and the Natural Resource curse [J]. CEPR Discussion Paper No. DP6513, 2007 (36).

[72] Prebisch R., The Economic Development of Latin America and Its Principal Problems [M]. New York: United Nations, 1950.

[73] Prell C. Wealth and Pollution Inequalities of Global Trade: A Network and Input-output Approach [J]. Social Science Journal, 2016 (1).

[74] Romer P. New Goods, Old Theory, and the Welfare Costs of Trade Restrictions [J]. Nber Working Papers, 1994, 43 (1).

[75] Roodman D. How to Do Xtabond2: An Introduction to Difference and System GMM in Stata [J]. The Stata Journal, 2009, 9 (1).

[76] Sachs J. D., Warner A. M. Natural Resource Abundance and Economic Growth [R]. National Bureau of Economic Research, 1995.

[77] Sachs J. D., Warner A. M. Sources of Slow Growth in African Economies

[J]. Journal of African Economies, 1997, 6 (3).

[78] Sachs J. D., Warner A. M. The Big Push, Natural Resource Booms and Growth [J]. Journal of Development Economics, 1999, 59 (1).

[79] Sachs J. D., Warner A. M. The Curse of Natural Resources [J]. European Economic Review, 2001, 45 (4).

[80] Sachs J. D., Warner A. M. The Curse of Natural Resources [J]. European Economic Review, 2001, 45 (6).

[81] Sala-i-Martin X., Subramanian A. Addressing the Natural Resource Curse: An Illustration from Nigeria [R]. National Bureau of Economic Research, 2003.

[82] Sarmidi T., Law S. H., Jafari Y. Resource Curse: New Evidence on the Role of Institutions [J]. International Economic Journal, 2012, 28 (1).

[83] Sarraf M., Jiwanji M. Beating the Resource Curse: the Case of Botswana [M]. World Bank, Environment Department, 2001.

[84] Scherngell T., Lata R. Towards an Integrated European Research Area? Findings from Eigenvector Spatially Filtered Spatial Interaction Models Using European Framework Programme Data [J]. Papers in Regional Science, 2013, 92 (3).

[85] Schroeder R. G., Van de Ven A. H., Scudder G. D., Polley D. The Development of Innovative Ideas [M]. New York: Harper & Row, 1989.

[86] Singer H. W. The Distribution of Gains between Investing and Borrowing Countries [J]. The American Economic Review, 1950, 40 (2).

[87] Sosnick S. H., Scherer F. M. Industrial Market Structure and Economic Performance, Chicago, Rand McNally & Co. [J]. Social Science Electronic Publishing, 1990, 2 (2).

[88] Stijns J. P. C. Natural Resource Abundance and Economic Growth Revisited [J]. Resources policy, 2005, 30 (2).

[89] Suzuki K., Kim S. H., Bae Z. T. Entrepreneurship in Japan and Silicon Valley: A comparative study [J]. Technovation, 2002, 22 (10).

[90] Torvik R. Natural Resources, Rent Seeking and Welfare [J]. Journal of Development Economics, 2002, 67 (2).

[91] Welsch H. Resource Abundance and Internal Armed Conflict: Types of

Natural Resources and the Incidence of "New Wars" [J]. Ecological Economics, 2008, 67 (3).

[92] Wheeler B. C. NEBIC: A Dynamic Capabilities Theory for Assessing Net-Enablement [J]. Information Systems Research, 2002, 13 (2).

[93] Wright G., Czelusta J. Why Economics Slow: the Myth of the Resource Curse [J]. Challenge, 2004, 47 (2).

[94] Zaltman G., Duncan R., Holbeck J. Innovations and Organizations [M]. NewYork: Wiley, 1973.

[95] Özçelik E., Taymaz E. R&D Support Programs in Developing Countries: The Turkish Experience [J]. Research Policy, 2008, 37 (2).

[96] 安虎森, 周亚雄, 薄文广. 技术创新与特定要素约束视域的"资源诅咒"假说探析 [J]. 南开经济研究, 2012 (6).

[97] 白津夫, 刘中伟. 经济新常态亟须创新驱动发展 [J]. 中国党政干部论坛, 2015 (4).

[98] 白俊红, 卞元超. 要素市场扭曲与中国创新生产的效率损失 [J]. 中国工业经济, 2016 (11).

[99] 白俊红, 李婧. 政府 R&D 资助与企业技术创新——基于效率视角的实证分析 [J]. 金融研究, 2011 (6).

[100] 白俊红. 中国的政府 R&D 资助有效吗？来自大中型工业企业的经验证据 [J]. 经济学（季刊）, 2011, 10 (4).

[101] 鲍超, 陈小杰, 梁广林. 基于空间计量模型的河南省用水效率影响因素分析 [J]. 自然资源学报, 2016, 31 (7).

[102] 陈彪. 资源型地区创新驱动发展面临的问题与对策 [J]. 经济问题, 2015 (9).

[103] 陈淮. 日本产业政策研究 [M]. 北京: 中国人民大学出版社, 1991.

[104] 陈建宏. 矿产资源经济学 [M]. 长沙: 中南大学出版社, 2009.

[105] 陈劲, 贾根良. 理解熊彼特: 创新与经济发展的再思考 [M]. 北京: 清华大学出版社, 2013.

[106] 陈强, 余伟, 等. 创新驱动发展国际比较研究 [M]. 上海: 同济

大学出版社，2015.

[107] 陈耀，陈钰. 资源禀赋、区位条件与区域经济发展 [J]. 经济管理，2012（2）.

[108] 程开明. 城市体系中创新扩散的空间特征研究 [J]. 科学学研究，2010，28（5）.

[109] 程永宏. 基尼系数组群分解新方法研究：从城乡二亚组到多亚组 [J]. 经济研究，2008（8）.

[110] 程志强. 破解"富饶的贫困"悖论——煤炭资源开发与欠发达地区发展研究 [M]. 北京：商务印书馆，2009.

[111] 崔启源. 测算中国省际地区差距问题 [M]. 北京：中国统计出版社，1994.

[112] 邓可斌，丁菊红. 政府干预、自然资源与经济增长：基于中国地区层面的研究 [J]. 南开经济研究，2007（3）.

[113] 董娟，陈士俊. 美国科技创新政策的法律制度研究 [J]. 科技管理研究，2007，27（5）.

[114] 方颖，纪衍，赵扬. 中国是否存在"资源诅咒" [J]. 世界经济，2011（4）.

[115] 冯宗宪，王青，侯晓辉. 政府投入、市场化程度与中国工业企业的技术创新效率 [J]. 数量经济技术经济研究，2011（4）.

[116] 符淼. 地理距离和技术外溢效应——对技术和经济集聚现象的空间计量学解释 [J]. 经济学（季刊），2009，8（4）.

[117] 傅家骥，姜彦福，赵军，等. 技术创新与我国经济发展道路的选择 [J]. 改革，1990（6）.

[118] 傅家骥，施培公. 技术积累与企业技术创新 [J]. 数量经济技术经济研究，1996（11）.

[119] 郭军. 兖矿集团与德国鲁尔集团的比较分析 [J]. 管理世界，2001（6）.

[120] 国家计委宏观经济研究课题组. 我国资源型城市的界定与分类 [J]. 宏观经济研究，2002（11）.

[121] 胡援成，肖德勇. 经济发展门槛与自然资源诅咒——基于我国省

际层面的面板数据实证研究［J］. 管理世界, 2007（4）.

［122］黄杰, 贾登勋. 中国低碳经济发展的空间非均衡及动态演进［J］. 统计与信息论坛, 2015, 30（3）.

［123］黄群慧, 杨丹辉等. 破除"资源诅咒"——山西省资源型与非资源型产业均衡发展机制研究［M］. 北京: 经济管理出版社, 2015.

［124］姜四清, 张庆杰, 赵文广. 德国鲁尔老工业区转型发展的经验与借鉴［J］. 中国经贸导刊, 2015（7）.

［125］蒋伏心, 王竹君, 白俊红. 环境规制对技术创新影响的双重效应——基于江苏制造业动态面板数据的实证研究［J］. 中国工业经济, 2013（7）.

［126］蒋贵凰. 企业创新过程解析［J］. 改革与战略, 2008, 24（12）.

［127］焦敬娟, 王姣娥, 程珂. 中国区域创新能力空间演化及其空间溢出效应［J］. 经济地理, 2017, 37（9）.

［128］解维敏, 唐清泉, 陆姗姗. 政府R&D资助, 企业R&D支出与自主创新——来自中国上市公司的经验证据［J］. 金融研究, 2009（6）.

［129］金春华. 美国国家科技预算决策分析［J］. 科技管理研究, 2010（17）.

［130］金刚, 沈坤荣, 胡汉辉. 中国省际创新知识的空间溢出效应测度——基于地理距离的视角［J］. 经济理论与经济管理, 2015, 35（12）.

［131］靖学青. 自然资源开发与中国经济增长［J］. 经济问题, 2012（3）.

［132］九州经济产业局. 九州的经济概况（2004/1）［EB/OL］. http://www.kyushu.meti.go.jp/chinese/jiuzhou.htm, 2005-12-15.

［133］李晨, 覃成林, 任建辉. 空间溢出、邻近性与区域创新［J］. 中国科技论坛, 2017（1）.

［134］李国平, 王春杨. 我国省域创新产出的空间特征和时空演化: 基于探索性空间数据分析的实证［J］. 地理研究, 2012, 31（1）.

［135］李宏伟. 美国的研发体系及研发投入概况［J］. 全球科技经济瞭望, 2002（3）.

［136］李洪文. 我国创新驱动发展面临的问题与对策研究［J］. 科学管理研究, 2013, 31（3）.

［137］李敬, 陈澍, 万广华, 等. 中国区域经济增长的空间关联及其解

217

释——基于网络分析方法[J].经济研究,2014(11).

[138] 李平,王春晖.最优政府研发资助规模及资助企业选择——基于中国行业异质性的门槛回归分析[J].产业经济评论(山东大学),2010,9(3).

[139] 李润田.中国资源地理[M].北京:科学出版社,2003.

[140] 李天籽.自然资源丰裕度对中国地区经济增长的影响及其机制研究[J].经济科学,2007(6).

[141] 李颖,赵文红,周密.政府支持、创业导向对创业企业创新绩效的影响研究[J].管理学报,2018(6).

[142] 李子奈,潘文卿.计量经济学(第三版)[M].北京:高等教育出版社,2010.

[143] 梁洪力,王海燕.日本创新体系的演进特征及启示[J].中国国情国力,2014(7).

[144] 刘斌.美国科技创新法律制度研究[D].天津大学硕士学位论文,2008.

[145] 刘凤朝,孙玉涛.我国政府科技投入对其他科技投入的效应分析[J].研究与发展管理,2007,19(6).

[146] 刘海波,肖尤丹,勒宗振.日本科技法制与我国借鉴[J].中国软科学,2013(8).

[147] 刘宏兵.对日本煤炭工业消亡的思考[J].经济问题,2004(12).

[148] 刘华军,何礼伟,杨骞.中国人口老龄化的空间非均衡及分布动态演进:1989~2011[J].人口研究,2014(2).

[149] 刘华军,何礼伟.中国省际经济增长的空间关联网络结构——基于非线性Granger因果检验方法的再考察[J].财经研究,2016,42(2).

[150] 刘华军,刘传明,孙亚男.中国能源消费的空间关联网络结构特征及其效应研究[J].中国工业经济,2015(5).

[151] 刘华军,刘传明,杨骞.环境污染的空间溢出及其来源——基于网络分析视角的实证研究[J].经济学家,2015(10).

[152] 刘华军,张耀,孙亚男.中国区域发展的空间网络结构及其影响因素——基于2000~2013年省际地区发展与民生指数[J].经济评论,2015(5):59-69.

[153] 刘军. 整体网络分析 [M]. 上海：上海人民出版社，2014.

[154] 刘那日苏，郝戍. 中国资源产业依赖的地区差异及演变——基于Dagum基尼系数分解 [J]. 工业技术经济，2016，35（7）.

[155] 刘那日苏，袁雪晴. 自然资源开发、空间溢出与经济增长——基于空间面板回归偏微分效应分解方法的实证 [J]. 软科学，2017，31（10）.

[156] 刘那日苏. 自然资源开发对经济增长作用的区域差异研究 [M]. 北京：经济管理出版社，2015.

[157] 刘庆岩，孙早. 私营企业发展中的资源开发效应——基于中国1998~2006年省际面板数据的经验分析 [J]. 中国工业经济，2009（6）.

[158] 刘锐. 基于动态规划的企业投资决策模型 [J]. 科学技术与工程，2009，9（22）.

[159] 柳卸林. 技术创新经济学 [M]. 北京：中国经济出版社，1992.

[160] 吕拉昌，李勇. 基于城市创新职能的中国创新城市空间体系 [J]. 地理学报，2010，65（2）.

[161] 吕薇. 新时代中国创新驱动发展战略论纲 [J]. 改革，2018（2）.

[162] 马静，邓宏兵，蔡爱新. 中国城市创新产出空间格局及影响因素——来自285个城市面板数据的检验 [J]. 科学学与科学技术管理，2017（10）.

[163] 马述忠，任婉婉，吴国杰. 一国农产品贸易网络特征及其对全球价值链分工的影响——基于社会网络分析视角 [J]. 管理世界，2016，（3）.

[164] 满颖之. 日本经济地理 [M]. 北京：科学出版社，1984.

[165] [英] 蒙德尔等著. 经济学解说 [M]. 胡代光等译. 北京：经济科学出版社，2000.

[166] 牛冬梅，刘庆岩. 西部资源开发与私营企业成长的关系研究 [J]. 当代经济科学，2011（6）.

[167] 牛胜强. 西部欠发达地区经济从资源型向创新驱动型的转变 [J]. 开放导报，2012（2）.

[168] 牛文元. 自然资源开发原理 [M]. 开封：河南大学出版社，1989.

[169] 潘恩荣. 创新驱动发展与资本逻辑 [M]. 杭州：浙江大学出版社，2016.

[170] 潘文卿. 中国的区域关联与经济增长的空间溢出效应 [J]. 经济研究, 2012 (1).

[171] 全国科技创新大会两院院士大会中国科协第九次全国代表大会在京召开 [N]. 人民日报, 2016-05-31.

[172] 邵帅, 范美婷, 杨莉莉. 资源产业依赖如何影响经济发展效率?——有条件资源诅咒假说的检验及解释 [J]. 管理世界, 2013 (2).

[173] 邵帅, 齐中英. 西部地区的能源开发与经济增长——基于"资源诅咒"假说的实证分析 [J]. 经济研究, 2008 (4).

[174] 邵帅, 齐中英. 资源输出型地区的技术创新与经济增长 [J]. 管理科学学报, 2009 (6).

[175] 邵帅, 杨莉莉. 自然资源丰裕、资源产业依赖与中国区域经济增长 [J]. 管理世界, 2010 (9).

[176] 邵帅. 煤炭资源开发对中国煤炭城市经济增长的影响——基于资源诅咒学说的经验研究 [J]. 财经研究, 2010 (3).

[177] 苏屹, 林周周. 区域创新活动的空间效应及影响因素研究 [J]. 数量经济技术经济研究, 2017 (11).

[178] 苏英, 赵兰香, 吴灼亮, 曲婉. 美国创新政策的演变及其启示 [J]. 科学学与科学技术管理, 2006, 27 (6).

[179] 孙永平, 叶初升. 资源依赖, 地理区位与城市经济增长 [J]. 当代经济科学, 2011 (1).

[180] 谈力, 李栋亮. 日本创新驱动发展轨迹与政策演变及对广东的启示 [J]. 科技管理研究, 2016 (5).

[181] 腾飞. 煤炭开发与欠发达地区经济增长 [J]. 浙江社会科学, 2009 (7).

[182] 童爱香, 孙艳艳. 美国与日本创新驱动模式比较 [J]. 全球科技经济瞭望, 2011, 26 (10).

[183] 万建中. 农业自然资源经济学 [M]. 北京: 中国农业出版社, 1992.

[184] 汪建成, 毛蕴诗. 技术引进、消化吸收与自主创新机制 [J]. 经济管理, 2007, 29 (3).

[185] 汪江桦, 冷伏海, 王海燕. 美国科技规划管理特点及启示 [J].

科技进步与对策，2013，30（7）.

[186] 王必达，介小兵，高云红等. 从资源依赖到创新驱动：我国资源枯竭型地区经济转型研究［M］. 北京：经济科学出版社，2014.

[187] 王常青. 习近平创新驱动发展思想述要［J］. 岭南学刊，2017（4）.

[188] 王承武，孟梅，王志强，等. 西部地区资源开发"资源诅咒"效应传导机制与测度［J］. 生态经济（中文版），2017，33（3）.

[189] 王佳存. 美国政府科技计划及经费管理［J］. 全球科技经济瞭望，2011，26（6）.

[190] 王俊. R&D 补贴对企业 R&D 投入及创新产出影响的实证研究［J］. 科学学研究，2010，28（9）.

[191] 王晓蓉. 日本创新体制的经验教训及其借鉴［J］. 经济社会体制比较，2003（5）.

[192] 魏国学，陶然，陆曦. 资源诅咒与中国元素：源自135个发展中国家的证据［J］. 世界经济，2010（12）.

[193] 吴志强，陆天赞. 引力和网络：长三角创新城市群落的空间组织特征分析［J］. 城市规划学刊，2015（2）.

[194] 伍红林. 20世纪90年代后美日高等教育本科人才培养模式变革比较［J］. 江苏高教，2005（1）.

[195] 习近平. 在中国科学院第十七次院士大会、中国工程院第十二次院士大会上的讲话［N］. 人民日报，2014-06-10（2）.

[196] 习近平总书记在中央财经领导小组第七次会议上的讲话［EB/OL］. http：//www.gov.cn/xinwen/2014-08/18/content_ 2736502.htm.

[197] 习近平总书记在中央财经领导小组第七次会议上的讲话：加快实施创新驱动发展战略，加快推动经济发展方式转变，2014-08-18.

[198] 肖文，林高榜. 政府支持、研发管理与技术创新效率——基于中国工业行业的实证分析［J］. 管理世界，2014（4）.

[199] 谢伟，胡玮，夏绍模. 中国高新技术产业研发效率及其影响因素分析［J］. 科学学与科学技术管理，2008，29（3）.

[200] 徐康宁，邵军. 自然禀赋与经济增长：对"资源诅咒"命题的再检验［J］. 世界经济，2006（11）.

[201] 徐康宁, 王剑. 自然资源丰裕度与经济发展水平关系的研究 [J]. 经济研究, 2006 (1).

[202] 徐小钦, 袁凯华. 资源诅咒区域效应及原因分析——基于省际面板数据的门限模型的检验 [J]. 统计与信息论坛, 2013, 28 (5).

[203] 徐雪琪, 程开明. 创新扩散与城市体系的空间关联机理及实证 [J]. 科研管理, 2008, 29 (5).

[204] 徐振宇. 社会网络分析在经济学领域的应用进展 [J]. 经济学动态, 2013 (10).

[205] 薛雅伟, 张在旭, 李宏勋, 等. 资源产业空间集聚与区域经济增长: "资源诅咒"效应实证 [J]. 中国人口·资源与环境, 2016, 26 (8).

[206] 阎钢. 日本的大学现状及其问题分析 [J]. 西南民族学院学报(哲学社会科学版), 2002 (2).

[207] 杨臣华. 资源型地区创新驱动引领质量效益提高的路径选择 [J]. 中国发展观察, 2017 (24).

[208] 杨凡, 杜德斌, 林晓. 中国省域创新产出的空间格局与空间溢出效应研究 [J]. 软科学, 2016, 30 (10).

[209] 杨莉莉, 邵帅, 曹建华. 资源产业依赖对中国省域经济增长的影响及其传导机制研究——基于空间面板模型的实证考察 [J]. 财经研究, 2014, 40 (3).

[210] 杨庆敏. 关于资源枯竭型产业地区振兴的研究——日本煤炭产业枯竭地区的产业振兴政策的启示 [J]. 长春理工大学学报(社会科学版), 2004 (1).

[211] 杨新华. 创新驱动发展战略的理论与实践路径 [M]. 长春: 吉林人民出版社, 2015.

[212] 杨洋, 魏江, 罗来军. 谁在利用政府补贴进行创新?——所有制和要素市场扭曲的联合调节效应 [J]. 管理世界, 2015 (1).

[213] 杨振凯. 日本九州老工业基地改造政策分析 [J]. 现代日本经济, 2006 (6).

[214] 姚顺波, 韩久保. 基于资源丰裕和资源依赖不同视角下的"资源诅咒"问题再检验——以陕西省10个地市面板数据为例 [J]. 经济经纬,

2017（5）.

［215］余稳策，张雪妍，徐静．美国创新驱动战略及对中国的启示［J］．亚太经济，2017（2）.

［216］余泳泽．政府支持、制度环境、FDI与我国区域创新体系建设［J］．产业经济研究，2011（1）.

［217］［美］约瑟夫·熊彼特．经济发展理论［M］．郭武军，吕阳译．北京：华夏出版社，2015.

［218］张菲菲，刘刚，沈镭．中国区域经济与资源丰度相关性研究［J］．中国人口·资源与环境，2007（4）.

［219］张复明，景普秋．资源型经济及其转型研究述评［J］．中国社会科学，2006（6）.

［220］张复明，景普秋．资源型经济的形成：自强机制与个案研究［J］．中国社会科学，2008（5）.

［221］张复明．矿业收益的偏差性现象及其管理制度研究［J］．中国工业经济，2013（7）.

［222］张复明．破解"资源诅咒"：矿业收益、要素配置与社会福利［M］．北京：商务印书馆，2016.

［223］张复明．资源的优势陷阱和资源型经济转型的途径［J］．中国人口·资源与环境，2002，12（4）.

［224］张复明．资源型区域面临的发展难题及其破解思路［J］．中国软科学，2011（6）.

［225］张辉，赵琳．资源型地区创新驱动发展战略研究——以山西省为例［J］．中国商论，2016（24）.

［226］张杰，陈志远，杨连星，等．中国创新补贴政策的绩效评估：理论与证据［J］．经济研究，2015（10）.

［227］张景华．自然资源、经济增长与创新三者的关系分析［J］．当代经济科学，2008（6）.

［228］张抗私．资源枯竭型地区就业问题：基于劳动力市场运行机制视角的研究［J］．管理世界，2007（9）.

［229］张明喜．美国联邦政府研发预算管理及对我国的启示［J］．科学

学研究，2015，33（1）.

[230] 张玉喜，赵丽丽. 政府支持和金融发展、社会资本与科技创新企业融资效率 [J]. 科研管理，2015，36（11）.

[231] 张战仁. 创新空间溢出的差异影响研究述评 [J]. 经济地理，2012，32（11）.

[232] 张战仁. 中国创新发展的区域关联及空间溢出效应研究——基于中国经济创新转型视角的实证分析 [J]. 科学学研究，2013，31（9）.

[233] 张志刚. 耕地资源与经济增长之间的关系研究——基于"资源诅咒"假说的实证检验 [J]. 农业技术经济，2018（6）.

[234] 张治河，焦贝贝，李怡，等. 科技资源匮乏地区创新驱动发展路径研究 [J]. 科研管理，2018，39（2）.

[235] 赵灵，张景华. 我国西部资源诅咒的传导机制与路径选择 [J]. 统计与决策，2008（21）.

[236] 赵涛. 德国鲁尔区的改造：一个老工业基地改造的典型 [J]. 国际经济评论，2003（3）.

[237] 中共中央宣传部. 习近平总书记系列重要讲话读本 [M]. 北京：学习出版社，2014.

[238] 中央编译局. 马克思恩格斯选集（第四卷）[M]. 北京：人民出版社，1995.

[239] 周喜君，郭丕斌. 煤炭资源就地转化与"资源诅咒"的规避——以中国中西部8个典型省区为例 [J]. 资源科学，2015（2）.

[240] 朱英明，张珩，童毛弟. 创新驱动发展论 [M]. 北京：经济管理出版社，2014.

后 记

自从 2016 年初确定选题之后,资源型地区创新转型话题始终萦绕在我的脑海中。基于此,我申报了内蒙古科技大学创新基金项目"资源型地区创新驱动转型的现实障碍及其破除机制研究",2016 年 7 月获批立项。立题之时,关注的焦点是我国资源型地区实施创新驱动发展战略面临的诸多难题,从创新资源匮乏、创新制度不健全、创新激励不够、创新动力不足等问题入手,总结和借鉴发达国家和国外典型资源型地区创新驱动转型的成功模式和特点,探讨我国资源产业依赖的空间分布及其地区差异、我国区域创新的空间关联网络结构特征,进一步明确了资源依赖与地区创新的内在关系,并进行了理论阐释。在此基础上,系统认识我国资源型地区创新转型面临的关键难题,并提出了破解资源型地区实现创新驱动转型之困境的对策思路。可以说,这也是课题研究的初衷。

回首这段岁月,不仅体会到了忙碌、焦虑,还有求索的自在、发现的乐趣、顿悟的兴奋、偶得的轻松、撷取的满足。在此,我要深深地感谢所有给予我帮助和鼓励的老师、同学、家人和朋友。

特别感谢内蒙古科技大学创新基金对本书的支持。感谢课题组全体成员为本书提出的宝贵建议,他们严谨的治学态度、卓越的学术涵养,令我深深敬佩,难以忘怀。这部著作参阅了国内外大量的参考文献,汲取和借鉴了许多观点,在此向有关学者表示诚挚的敬意!

最后,再次感谢所有关心和帮助过我的老师、同学、家人与朋友!

刘那日苏